晚明东林党人政治精神研究

葛荃 著

天津出版传媒集团

天津人民出版社

图书在版编目（ＣＩＰ）数据

晚明东林党人政治精神研究 / 葛荃著. -- 天津：
天津人民出版社, 2023.4
ISBN 978-7-201-13411-6

Ⅰ.①晚… Ⅱ.①葛… Ⅲ.①东林党—研究 Ⅳ.
①K248.305

中国国家版本馆 CIP 数据核字(2023)第 041856 号

晚明东林党人政治精神研究
WANMING DONGLINDANG REN ZHENGZHI JINGSHEN YANJIU

出　　版	天津人民出版社
出 版 人	刘　庆
地　　址	天津市和平区西康路35号康岳大厦
邮政编码	300051
邮购电话	(022)23332469
电子信箱	reader@tjrmcbs.com

策划编辑	王　康
责任编辑	郭雨莹
装帧设计	汤　磊

印　　刷	天津新华印务有限公司
经　　销	新华书店
开　　本	710毫米×1000毫米 1/16
印　　张	18.25
插　　页	2
字　　数	230千字
版次印次	2023年4月第1版　2023年4月第1次印刷
定　　价	86.00元

目　录

导　言

　　士人是中国传统文化的载体之一,也是中国古代政治文明的主要承传者。

　　作为一个特殊的社会群体,士人一般以学习、研究儒学经典和传播儒家文化作为基本生存方式;以求取功名,居官从政,封妻荫子并光宗耀祖作为人生道路的最佳设计。

　　从历史的进程看,士人既是儒家文化的实际承载者,又是君主政治的主要参与者。随着汉代察举制、隋唐科举制等政治录用方式的完善,士人愈益深入地介入君主政治体制,成为官吏系统的主要成员,在政治运作中举足轻重。可以说,历史上的士人确乎处在文化与政治的中心地带,这是他们的历史定位。因此他们的所思与所为,就不能不带有生而与俱的政治文化意义。换言之,士人是中国传统政治文化的凝聚,这是他们的历史宿命。研究中国传统政治文化,士人是最有价值和最具吸引力的课题。

　　在今人看来,士人是一种历史的存在,他们与近代以来的知识分子①并不相同。士人身负的文化内涵,诸如道德品性、理想信仰、人格特质、思维定式等在长期的历史遭递中,已经融入了文化传统而符码化,它们并没有随着士人的消亡而寂灭,而是偕裹于传统文化之中延传下来。士人身上曾经具备

---

　　① 关于现代知识分子的内涵,学界颇多争论。一种主要观点是:现代意义的知识分子指的是作为“社会良心”的人文知识分子,他们把文化关注置于社会关注之上;怀有无偿无私的“终极关怀”精神;在行为选择上,他们义不容辞地站在了批评席上。

的所有优长与拙劣、胆识与怯懦、精湛与平庸,仍然以各种形式和各种面目,不同程度地存留在当代中国知识分子身上。据此,我们有理由认为,认真剖析历史上士人们的思与行,将是当代中国知识分子反思和认识自我的起步。

然而中华数千年的文化承传,士人何止万千,漫漫一部政治史,一部士人从政史,究竟从哪里叙起呢? 与其泛泛而论,浮光掠影,大而化之,不如把握典型,深入分析,以见士人政治精神之一般。于是我选择了晚明东林党人作为剖析的对象,主要基于下面四点考虑:

一是明朝思想文化的发展最有特点。概括言之,王阳明心学及其后学在明代中后期广为传布,与正统的程朱之学形成互峙之势。王门后学中又旁逸出泰州学派——李贽一脉,出现了平等化、个性化的思想趋势。再加上王学末流混迹于佛、道,晚明思想界实际呈现比较杂乱的状态。正是在这样的文化背景下,东林讲学诸君宗极孔子,调合朱王,抨击佛老,修正王学末流之弊。他们以儒家道统的护卫者自居,代表了儒家文化的主流及正宗传统,很具有典型性。

二是明代政治到了中后期,已是百病缠身,大凡在历史上所能找到的政治弊端,此时几乎备具。内忧外患,政以贿成,争权夺利,宦官擅政,加之矿监税使,民众抗争等等,不一而足。这一切社会冲突和政治矛盾的焦点,最后都集中在党争上,以至明亡以后,有人认为东林党人咎责难逃。①那么,研究党争中士人的种种表现,揭示他们的观念与心态,考察其文化与政治价值就很有典型意义了。

---

① 据《东林列传·高攀龙传》“外史氏”曰:“说者谓汉家党锢四十年而黄巾起,党锢始解,然无补于汉室之亡。东林亦四十余年而闯贼犯阙,门户乃败,更无救于明社之墟。噫,是何言欤!”

　　三是东林一派的核心人物,如顾宪成①、高攀龙②、邹元标③、顾允成④、赵南星⑤等,均学有所成,领袖士林。他们从政能忠君爱民,清廉刚正,是士人之中"积极求道"的代表,展现的是士大夫的正面形象。与之相对,魏忠贤⑥一派中的士大夫们则是嗜利小人的代表。通过对比分述,剖析他们的政治精神,不只是饶有兴味,而且可以将士人正反双方的内心世界展示出来,以广今人闻见。

　　四是东林党人的结局悲惨壮烈,天启朝两次诏狱,十数位东林君子做了专制王权的政治祭品。大限将至,生死之际,罹难诸君的思想、心态、情感最真实,最感人,使我们得以穿透历史的表象,真切地感受到他们人格的伟大,体味其原本就有的凡人层面,从而为我们考察士人政治精神提供了最佳脚本。

　　本书以"政治精神"为题。那么何为政治精神? 从政治文化角度看,政治精神指的是理性思维的升华,是社会主体关于政治价值认识、政治伦理观念、政治意识及情感等在思想上的凝聚和提升。政治精神的表达可以通过话语,也可以通过政治行为或其他政治表现。政治精神一旦形成,对于认识主体的行为选择将产生强大的支配力。英国历史学家阿诺德·汤因比认为:"人除了是一个身心相关的生物体和物质世界的组成部分之外,他还是一个精

---

　　①　顾宪成(1550—1612),字叔时,无锡人,人称泾阳先生。万历八年进士,官至吏部文选司郎中。万历二十二年革职还乡,得到常州郡守欧阳东风支持,重修宋儒杨时(龟山)旧讲院,是为东林书院。顾宪成集合同志,聚讲心性,为一时之盛。后病故。著作有《泾皋藏稿》《顾端文公遗书》等。

　　②　高攀龙(1562—1626),字存之,一字景逸,无锡人。万历十七年进士,官至左都御史。曾长期在东林书院讲学,声望极高。天启六年投水自尽。文集有《高子遗书》。

　　③　邹元标(1551—1624),字尔瞻,江西吉水人。万历五年进士,官至左都御史。为东林首领之一。天启初受魏党攻击,辞官还乡,旋病故。著有《愿学集》等。

　　④　顾允成(1554—1607),字季时,号泾凡,顾宪成胞弟。曾"举万历十一年会试",殿试忤权贵,未成进士。参与东林讲学,后以讲学入仕。著有《小辨斋偶存》等。

　　⑤　赵南星(1550—1627),字梦白,号侪鹤,高邑人。万历二年进士。官至吏部尚书。为东林首领之一,与元标、宪成号称三君。天启中谪戍代州,病故。著作有《味檗斋文集》《赵忠毅公文集》等。

　　⑥　魏忠贤(1568—1627),河间肃宁人。万历朝入宫为宦官。泰昌元年(1620)熹宗即位,升任司礼监秉笔太监,旋又兼领东厂,势力大增,网罗党羽,专擅朝政。麾下有五虎、五彪、十狗、十孩儿等。是天启党祸之魁首。崇祯帝即位后失势,后惧罪自缢。

神的存在物。"①如其所言，则精神是人之为人暨人之所以存在的必要条件。如果说政治精神是人的精神的一个层次，那么政治精神对于人的政治存在是至关重要的。我们把政治精神作为士人研究的切入角度，正是从士人政治存在的必要条件入手。这样一来，我们的学术视域就会从单纯的思想层面迈进一步，进入至东林君子们深埋在灵魂内里的精神底蕴，最终将制约着他们的政治存在及其行为选择的志向、观念、情感、心理等逐一梳理出来。我们将要展示的可不是严肃深沉、不苟言笑的思想家，而是有血有肉、七情具备的士人形象。

在方法论上，本书借鉴了现代"政治文化"（political culture）理论，从政治价值、政治意识、政治信仰、政治心态等层面剖析东林党人的精神内涵，并且将这种方法论与政治人格（political personality）研究结合起来。角度既新，则视野不同，必然能在前人耕耘过的土地上培育出新品种。如若从大处着眼，则迄今为止，人类认识的每一次跨越，都需要率先在方法论上有所创新，这已是不争的事实。如若从细微处立意，则通过方法论上的些许改进与尝试，必能令我们对于中国士人政治精神的解读有所推进。另外，为了进一步开拓领域，我还借用现代社会学的整合理论和马克斯·韦伯宗教社会学的某些观点。说起来似乎有些零杂，其实这正是研究中国传统政治文化的合理途径——这个学科本身就是现代人文社会科学学科交叉融合的产物。

历史上的士人是思想上的巨人，他们祖述尧舜、宪章文武。自命为往昔圣贤的当然传人，研习经典为的是"为天地立心，为生民立命"。因而他们胸怀大志，或内圣，或外王，一心向往"为万世开太平"。正所谓"士不可以不弘毅，任重而道远"（《论语·泰伯》）。士人又是行动上的矮子，他们尊师孔子，礼敬权威，奉行的根本价值准则是"尊王"，遵行的首要道德规范是"忠诚"。因而在实际政治生活中，在无可抗拒的王权面前，他们总要跪拜阶下，以额抢

---

① 《汤因比论汤因比》，王少如、沈晓红译，上海三联书店，1997年，第57页。

地。虽说他们有时也能做到直言敢谏,据理力争,但最终还是会匍匐在地,口称"死罪",坚信"雷霆雨露,俱是君恩"。当然,也有士人耽于利、权,或是老于世故,他们偏不要做巨人。有的竭力磨去棱角,有的则自甘下流,一心一意做侏儒。亦巨人,亦侏儒;有巨人,有侏儒;跻身士林者,何其哀哉!

"外史氏"陈鼎自述其作《东林列传》,"每多慷慨激烈之言,牢骚不平之语,怨天尤人之句。然不如是,则无以示劝惩,慰幽愤矣"(《东林列传·凡例》)。我读东林诸子遗卷,读《玉镜新谭》《碧血录》等,深为东林诸君子存心之光明正大,际遇之困顿坎坷,下场之哀凉悲壮而吁吁然,愤愤然,虽说不至于"怨天尤人",但下笔失当之处,或者不免,唯幸读者识焉。

第一章　循道学旨

统观中国古代的士人，他们的人生出路在政治，安身立命的根基在治学。自汉唐以至宋明，学乃士人立身之本，概莫能外。具体到晚明东林人士，他们谋生计、求发展，别无他务，无不立足于学之一途。东林人士的政治活动轰轰烈烈，激荡人心；如若溯其根本，则东林党人的政治人格和政治精神大抵肇源于学。因而开篇伊始，我们首先要对东林一脉的治学旨要做一番探究，才好追根溯源，以揣摩东林政治精神的实质与内蕴，才好理出东林人格与政治实践的来龙去脉。

第一节　明代道学与东林学旨

中国学术思想的发展大体上可以分为四个阶段，即先秦诸子学、汉唐经学、宋明理学和清代朴学（考据学）。明朝初期的思想界正是程朱理学的一统天下。明成祖永乐年间诏令编纂的《五经大全》《四书大全》《性理大全》，标志着明代统治者对程朱理学的崇敬与膜拜，可谓一揖到地，无以复加。按理说，程朱理学原本是民间学术，经由元朝仁宗皇帝爱育黎拔力八达的首倡而升为官学，地位日隆。发展到明朝，三种"大全"问世，程朱之学的势位也可算是达到了顶峰。然而继之而来的却不是程朱之学的进一步发扬光大。简言之，程朱之学虽然占有政治上的绝对优势，但是在思想界，程朱一脉反而居于守势。他们虽有官学之名，有王权撑腰，却也阻挡不住王守仁（阳明）心学的崛起。①

---

① 关于朱学不抵王学的原因，学者多有睿见。如嵇文甫认为，这是由于朱学独占的局面导致儒学思想陈陈相因，学者们"谨守朱子门户，道学至此，几乎纯成一种烂熟的格套了"。参见《晚明思想史论》，东方出版社，1996 年，第 3 页。容肇祖认为是陋儒浅视，"高谈性命"，"空疏无学"。参见《明代思想史》，开明书店，1941 年，第 3 页。侯外庐等《宋明理学史》认为是朱门后学零杂支离，致使程朱之学逐渐丧失了在思想学术领域的实际霸主地位。参见该书下卷（一），人民出版社，1987 年，第 6 页。究其实，任何一种学术思想，一旦与政治权力相结合，必然使自己的学理发展屈从于政治利益和政治规律，从而窒息了自身的学术活力，走向僵化和教条化。元仁宗以后的程朱之学正是如此，所以会成为"格套"，后学支离。

　　王门心学兴起于明代中期。在学术承传上,王守仁深受陈献章、湛甘泉"江门心学"的影响,几番变化调整,终于形成了以"致良知"为核心的思想体系。冯友兰总括其说是:"以《大学问》为其全貌,以'致良知'为其结论,以'四句'①为全貌的概括,并为'致良知'的说明。他的体系有纲领,有条目,有功夫,简易明了,直截了当,所以是心学发展的高峰。"②毋庸讳言,主宰了明代后期的思想界,并且成为众多思想家、政论家乃至几代学人研习争论中心的正是阳明之学。这是不争的事实。那么问题是,东林人士与阳明之学处于何种关系呢?

　　一个通常的看法是,东林人士学宗程、朱而诋陆、王,他们在学旨上的归属上有调和朱、王的迹象,而其治学旨要在于救治王学末流的弊害。不过,也有人认为东林首脑顾宪成、高攀龙等人是以朱学为本,否定王学,不是"王学的修正派"也不是"朱王之学的调和折中者"。③今查吴桂森《真儒一脉叙》载:

　　　　盖良知之说与紫阳氏原自立一赤帜也,故议之最久乃定。自是宗王学者导流扬波,至有心学理学之名,而脉若分为二矣。悟门既辟,一切穷理居敬之学,视为尘垢秕糠,而流弊且中于人心。于是东林君子起而维之,言体则必合之于用,言悟则必证之于修。程朱之说,复揭中天,而于文成之书,则研析精微,而为之剖其异,指其同,而脉之分者复合,所谓继往开来,以承千古之统者,不在兹乎!"(《东林书院志·卷一六·真儒一脉叙》)

　　吴桂森字叔美,别号瓘华,曾为诸生,有意于功名。35岁时,母殁。遂自言

---

　　①　王门四句教:无善无恶是心之体,有善有恶是意之动。知善知恶是良知,为善去恶是格物。阳明曰:"以此自修,直跻圣位;以此接人,更无差失。"

　　②　冯友兰:《中国哲学史新编》(第五册),人民出版社,1988年,第222页。

　　③　侯外庐等:《宋明理学史》(下卷),人民出版社,1987年,第555页。

心志"吾终日咭哗,冀得寸进,以慰母耳。今已矣"。从此绝意仕进,专心学问,成为东林书院的中坚人物(《东林书院志·卷九·吴觐华先生传》)。天启元年(1621 年)主持东林事务的高攀龙应诏进京。"以东林嘱先生(指吴)主盟"可知吴桂森不仅一生致力于学术,而且是后期东林书院的核心人物,其学自当秉承顾、高真传,由他口中道出程朱学脉"分者复合",又指明东林诸子对王学的态度是"剖其异,指其同",似乎更有说服力。看来东林之学虽然以程朱为号召,但也确有"调和朱王"之迹。

我之所以不厌其烦,一再辨析东林之学与朱、王的关系,确是由于这里是东林学旨的根脉,他们修正王学弊端、崇圣尊孔的致思特点正是从"调和朱王"中来,不可不明辨。

此外,还有一个需要注意的问题。迄今为止,关于东林学派的成员,人们多以黄宗羲的既定之论为标准。黄宗羲作《东林学案》,认为真正有资格讲论学旨的东林人士,只是曾经在东林书院讲学传道的顾宪成、高攀龙、钱一本等人,连邹元标、冯从吾亦算不得东林正宗。[①]日本学者沟口雄三氏对此大为不满:"其中钱一本赞赏有加的冯少墟未被列入'东林',就思想史来看,是极为怪异之事",认为黄宗羲之见是"刻意把冯少墟排除于《东林学案》之外的"[②]。

沟口氏的不满深有道理。历史上的"东林学派"本是一个极宽泛的概念,参与者的学派归属并不完全一致,典型者如冯从吾,据《明史》本传:"从吾生而纯悫,长志濂、洛之学,受业许孚远"。许孚远,字孟仲,号敬庵,湖州人。他的业师唐枢,是湛若水的二传弟子,湛则是陈白沙(献章)的高足。故此冯从吾是陈氏"江门心学"的正宗传人。[③]然而,万历三十四年(1606 年),冯从吾在《关学编·序》中盛赞"我关中自古称理学之邦",他历数自张载以来的知名大

---

① 黄宗羲:《明儒学案·东林学案》:"东林讲学者不过数人已耳。其为讲院亦不过一郡之内已耳。""京师首善之会,主之者为南皋(邹)、少墟(冯)两先生。与东林初无与也。"

② 沟口雄三:《中国前近代思想的演变》,台北编译馆,1994 年,第 172 页。

③ 侯外庐等:《宋明理学史》(下卷),人民出版社,1987 年,第 200 页。

儒,自谓"余不肖,私淑有日。倾山中无事,取诸君子行实,僭为纂次,题曰《关学编》,聊以识吾关中理学之大略云"。(《冯少墟集·卷一九·关学编》)冯氏籍贯长安,从他自己的心志剖白来看,显然是以关学传人自居的。但在批评王学痼弊方面,冯从吾的认识与顾、高相通,亦有调和朱王痕迹。张秋绍撰《冯少墟传》述曰:"素衣吴氏(桂森)著《真儒一脉叙》,顾(宪成)、高(攀龙)、钱(一本)为东林三先生,而冯先生附焉。闻者遂以泾阳(顾)、景逸(高)、启新(钱)、少墟(冯)为东林四大君子。盖论道不论地也。"(《东林书院志·诸贤轶事》)"论道不论地"一语指明了东林士子相互交结、意气相投、生死与共的脉系根基。事实上,正是着眼于一个"道"字,东林人士方能联结成一股政治势力而有所作为,并且在认识上、精神上和心态上与前朝后世的仁人君子相沟通。据此,所谓东林一派的学统选择不宜过于狭窄,或是固执前人之见。一般说来,凡政见相通,参与讲会,论及君臣父子、道学心性,以及抱有满腔救世情怀者,似乎均可容括在内。

一、心性善恶辨

辨析人性善恶是中国传统文化的主要内容之一,战国时代已经成为热门话题。从人类文化的认识发展来看,人性讨论是人的自我认识,它构成了哲学思维的一个永恒主题。这一问题的提出和引起思想文化界的普遍关注,则标志着一个民族理性思维的成长或深化。不过,先秦诸子讲论人性不是贵族式的哲理遐思,或是追寻人的精神升华和自性完善,而是有鉴于社会动荡,意欲从人性善恶中提取高明的救世之方,构筑新秩序。先秦诸子的性说不一,有善、恶、自为、好利之分,但其致思方式没有什么不同。嗣后,自汉唐及至宋明,儒学人性论从"性品"说发展为"性理"之学,可是致思方式仍然未能超出先秦诸子的套路,论者总是要从人性中为"治道"寻找依据。这就是为什么我们探讨东林人士的政治精神,要从他们的"心性之辨"起笔。

宗羲总括顾宪成之学,说他"深虑近世学者乐趋变易,冒认自然",故而一再于心性问题上查勘,"而于阳明无善无恶一语,辨难不遗余力,以为坏天下教法自斯言始"。(《明儒学案·东林学案》)黄氏之见原有所本,高攀龙撰《顾泾阳先生行状》曰:"先生之学,性学也。远宗孔圣,不参二氏(指佛、道),近契元公(周敦颐),恪遵洛、闽(程朱之学)。尝曰:'语本体只是性善二字,语功夫只是小心二字'。"(《东林书院志·顾泾阳先生行状》)依高子之见,顾氏之学无非"性学",立论之本在"性善"。然而,顾氏为什么在阳明"无善无恶"的问题上"辩难不遗余力"呢? 这当然不是空穴来风,而是与明代中期稍后的王学末流弊害相关。

据《宋明理学史》载,明朝后期,以管志道、钱渐庵、周汝登、陶望龄等人为代表的"王学末流",利用王门"四句教"中"无善无恶心之体",而"谈空说玄,并提倡'三教合一',大张宗风"。这一评述合乎实情。顾宪成身为东林领袖,对阳明之学研习最力,体悟甚深,真切感到王学末流之弊其实肇源于王学本身。这个认识体现在他对王门"四句教"的基本评价中。他说,"阳明得力处在此,而其未尽处亦在此矣"。(《泾皋藏稿·与李见罗先生书》)又说,无善无恶"此四字是最玄语,是最巧语,又是最险语"。(《泾皋藏稿·朱子二大辨序》)这种"成也萧何,败也萧何"的句式最能表明顾氏的基本态度:王学自有其高明之处,但也内蕴着极大的危机。顾宪成曾对其胞弟季时详道其弊,也曾在与管志道(东溟)的论辩中讲说透彻。总括其说,要点如下:

首先,顾宪成认为,如果认定人心没有善恶之分,必然导致空、混之弊。空是说"本体只是一空",人的道德本性空空如也,丧失了凭借和准则。所谓"空则一切扫荡,其所据之境界为甚超,故玄也,世之谈顿悟者大率由此入耳"。(《泾皋藏稿·朱子二大辨序》)心性本体的玄思与"空"解必将导向禅佛之境,这种认识逻辑恰好与孔孟之学的道德理性相悖。于是人们的道德实践似是而非,任意胡为。如顾氏之言:

空,则一切解脱,无复挂碍,高明者入而悦之,于是将有如所云:以仁义为桎梏,以礼法为土苴,以日用为缘尘,以操持为把捉,以随事省察为逐境,以讼悔迁改为轮回,以下学上达为落阶级,以砥节励行、独立不惧为意气用事者矣。(《小心斋札记》卷一八)

混是说"善恶必至两混",人的道德行为混混如也,以黑为白,是非倒置。顾宪成谓之"混则一切包裹,其所开之门户为甚宽,故巧也,世之谈事功者大率由此出耳"。(《泾皋藏稿·朱子二大辨序》)道德行为的杂混无序,使得投机者、取巧者可以肆意妄为,同时又能冠以有德之名。正如顾宪成所言:

> 混,则一切含糊,无复拣择,圆融者便而趋之,于是将有如所云:以任情为率性,以随俗习非为中庸,以阉然媚世为万物一体,以枉寻直尺为舍其身而济天下,以委曲迁就为无可无不可,以猖狂无忌为不好名,以临难苟免为圣人无死地,以顽钝无耻为不动心者矣。(《小心斋札记》卷一八)

儒家千百年来圣圣相传的道德规范在"性无善恶"的误导下落到了这步田地,岂能不令顾宪成痛心疾首,而竭力斥之呢!

其次,认定人心无善无恶必然给那些醉心于名利的投机之士大开方便之门,致使人们在认识上王霸不分,善恶混同。依照顾宪成的本意,"性善"与性"无善无恶"正是分辨圣学和异学的分水岭:"圣学以性善为宗,异学以无善无恶为宗。"可是如今主张性无善恶者,认为"无善无恶谓之至善,然后其说各不相碍,合而一矣"。这样的认识逻辑必然导向善恶和同,以至"儒、释、王、霸混为一途。卒之,儒不儒,释不释,王不王,霸不霸,而两无归着也"。(《泾皋藏稿·朱子二大辨续说》)顾氏认为,理论上的混淆会促使人们在行为上投机取巧,所谓行险侥幸,"其法上之可以张皇幽渺而影附于至道,下之可以邀名邀利而曲济其无忌惮之私",世人不辨性之善恶,"而内以欺己,外以欺人者,大率就此拨弄耳"。(《泾皋藏稿·朱子二大辨序》)儒学自孔子以来,即汲汲于王道理想,虽童子亦羞言五霸之事。而今王学末流奢言性无善恶,搅得王霸不分,致使人们邀名逐利,欺己欺人,如此歪论,焉能不辨!

顾氏关于人性问题的立论得到东林诸君认同。如高攀龙称,性善之说始于孟子,源自孔子。至王守仁,"始以心体为无善无恶,心体即性也"。而今海内能诘讯其说者,"吾邑顾泾阳(宪成)先生也"。(《高子遗书·方本庵先生性善绎序》)高攀龙主张以性善为本,"善一而已矣。一之而一元,万之而万行,为物不二者也"。阳明之学以无善无恶为"心体",以善为"善念",其说"足以乱教"(《高子遗书·方本庵先生性善绎序》)。

与之相近,冯从吾也持性善本体说,他针对王门后学的禅佛之弊,侃侃而讼:"吾儒之旨,只在善之一字。佛氏之旨,却在无善二字。近日学者既惑于佛氏无善之说,而又不敢抹杀吾儒善字,于是不得已,又有无善之善之说耳。"(《冯少墟集·辨学录一》)"无善之善"的出现是王学末流性说之弊的极致,不由得冯氏不恼火。他断然驳之:"吾儒论学,只有一个善字,直从源头说到究竟,更无两样。故《易》曰:继善;颜(回)曰:一善;曾(参)曰:至善;(子)思曰:明善;孟(轲)曰:性善;又曰:孳孳为善。善虽只是一个善,为总只是一个为。非善与利之间复有个无善之善也。"(《冯少墟集·辨学录》)

那么东林诸君为什么要在性善本体上大作文章呢?其目的为何?仅仅是出于一种学术论辩的严肃性,或是基于其自身治学的逻辑结果,还是另有其现世的利益考虑呢?我们细细思忖,看到东林诸子在性善本体论的具体论辩上各有偏重,言辞钝利不一,但是有一点是相同的,就是在他们的心中怀有一个大忧虑、大恐惧:王学末流倡言"无善无恶",其结果必是"以学术杀天下万世"。在这一点上,顾宪成讲得很清楚:由于性无善恶,理论上陷于空、混,"由前之说(指空),何善非恶;由后之说(指混),何恶非善。是故欲就而诘之,彼其所占之地步甚高,上之可以附君子之大道;欲置而不问,彼其所握之机缄甚活,下之可以投小人之私心。即孔、孟复作,其亦奈之何哉!此之谓'以学

术杀天下万世'"。(《小心斋札记》卷一八)

从一般意义上看,中国传统的儒家学说在思辨模式上是将原则性放在第一位的。虽然孔、孟等儒学宗师也曾推崇中庸之"至德",深知时势、进退、取予、出(仕)处(世)之灵便,故而孟子有言:"男女授受不亲,礼也;嫂溺,援之以手者,权也。"(《孟子·离娄上》)权者,权变调节,权宜之举,看来儒学宗师并非一味地呆板僵化,冥顽不灵。正因为如此,孟子曾赞许孔子为"圣之时者也",以为唯孔子洞悉审时度势。然而,大凡事物情理一旦触及原则,儒学宗师们就要板起脸孔,不敢含糊。恰如汉儒董仲舒论经与权:"夫权虽反经,亦必在可以然之域。不在可以然之域,故虽死亡,终弗为也。"(《春秋繁录·玉英》)这里说的经即道,即原则。这一致思逻辑自先秦延及后世,诸如儒学"道"的权威,君臣等级原则;汉代经学的天道、圣人,宋儒的天理观,以及贯穿儒学肌里的君权神圣、父权至尊等,都是"不在可以然之域"的神圣律条,都是不可动摇、不容置疑的。

那么在顾宪成看来,性善亦属于原则之列。他笃信"性,太极也,太极,天地之枢纽,万物之根柢也"。(《证性编·罪言上》)"上下千载,先圣后圣,更相发明,总之只是道性善而已。"(《证性编·再与管东溟书》)性善之说乃凿凿可信,本不可增改。阳明之误,正是在这一原则问题上把持不住,含糊其辞。"为善去恶,凡为儒者皆能言之,阳明却又搭个无善无恶来说。"顾宪成承认将"为善去恶"与"无善无恶"在理论上结为一体是"阳明最苦心处"。然而其"苦心"的结果是自相矛盾:"既无善无恶,当其为善去恶,善从何来? 即曰为善去恶,当其无善无恶,善从何往? 本有而强去之,是截鹤也,岂性可得而损欤? 本无而强有之,是续凫也,岂性可得而加欤? "(《证性编·与管东溟书》)好端端一个性善论被王阳明"截鹤""续凫"。"谓之无善则恶矣,却又曰无恶;谓之无恶则善矣,却又曰无善。只此两转,多少曲折,多少含蓄,一切笼罩包裹,假借弥缝,逃匿周罗,推移迁就,回护闪烁,那件不从这里拨弄出来。"(《证性篇·罪言上》)正是鉴于王阳明论学不够严密,导致后学流弊,善恶难分,顾宪成方才有所警醒,"始见以无善无恶为极透语,今乃知为极险语也"。(《证性篇·罪言上》)于是他疾呼"无善无恶"是"天下之逋逃主、萃渊薮也。吁,可畏哉!"(《还经录》)这一番辨析正是顾宪成批评王学"以学术杀天下万世"的认识依据:原则含混则行为失范,实为大乱之道。

相比之下,程朱之学的原则性和规范性要严谨得多,尤其是在约束人的行为方面,得到了顾氏的竭力推崇:"论道必推元公(周敦颐),论法必推淳公(程颐)。朱子道不如元公之精,德不如淳公之粹,乃维世之功,直与两先生鼎立天壤,莫得而轩轾也。"(《南岳商语》)不过究其实,顾宪成从不想彻底否定阳明学,而是以朱学调和阳明学,以匡其失。关于这方面,学术界已有许多研究,这里只征引两则,以见一般。

一则,顾宪成认为朱、王后学各有其弊。"朱子揭格物,不善用者流而拘矣。阳明以良知破之,所以虚其实也。阳明揭致知,不善用者流而荡矣。(李)见罗①以修身收之,所以实其虚也。皆大有功于世教。""朱子之所以格物者,即阳明之所以致知者也。总只一般,有何同异,可以忘言矣。"(《小心斋札记》卷七)二则,顾宪成认为如若追溯朱、王立论之据,格物、良知、修身"三言原并列于《大学》一篇之中也。是故以之相发明则可,以之相弇髦则不可。以之相补救则可,以之相排摈则不可"。(《小心斋札记》卷一一)很明显,顾宪成极言朱学王学同源互补,确乎是要纠匡阳明后学的理论偏失。

顾宪成深惧阳明学谬种流传的心态很有代表性,其他东林学子大都怀有类似的忧虑。如顾允成:"世道人心,愈趋愈下,只被无善无恶四字作祟。君子有所淬励,却以无字埋藏;小人有所贪求,却以无字出脱。"(《小辨斋偶存·卷六·与邹大泽铨部·又》)他的认识与乃兄相近,指出学术一旦以性无善恶

---

① 李材,字孟献,丰城人,别号见罗。顾宪成《小心斋札记》卷一四:"李见罗先生《性善编》专为阳明'致良知'之说而作,其见卓矣。但'致良知'三字,何尝不是诚。使人人肯致良知,便人人是个圣贤,亦有何害于天下?唯是阳明以'无善无恶'为性,则亦以无善无恶为良知,此其合商量处也。见罗校勘到此,可谓洞见病根。"可知顾氏亦认可王学。

宗旨,必将使人"浮游于莫可是非之地",王霸之分、义利之辨全然没有了意义,"至其酿毒之深,贻祸之远,且在义利双行、王伯并用之上,甚可惧也!"(《小辨斋偶存·拟上〈惟此四字编〉疏》)而且,在顾允成看来,人的行为如果失去了是非标准就会无所不为,甚至杀人放火亦不以为非①,真的令人"可惧也"。冯从吾的担忧与顾允成略同。他最怕"小人无忌惮",怕他们黑白颠倒,是非混淆:"以纲常伦理为情缘,以诗书礼乐为糟粕,以辞受取予为末节,以规矩准绳为桎梏。"冯氏认为,这些人都是"异端之害道者"。他们"以礼为伪,以肆为真,贻祸于天下后世不小"。顾宪成忧心所系,顾允成视为祸根的,正是这类人。冯氏曰:"先儒有言,无以学术杀天下后世,此小人乃以学术杀天下后世者。"(《冯少墟集·疑思录二》)此外,高攀龙也指出阳明之学的无善无恶未能循理一贯,反至善恶不分。虽然,"明者自可会通。然而以之明心性者十之一,以之灭行检者十之九矣"。(《高子遗书·卷八上·观白鹭洲问答泾阳》)这正是"姚江②俗学流弊"。

东林诸子论辩心性自有其学理贯通之处,其中,忧心由于原则含混而至"以学术杀天下万世"乃一大症结,表明了他们高谈阔论的着眼之处不是理论本身,而是现世问题。论辩心性,调和朱王正是他们尊师孔子,追循圣道,蕴结忧国救世情怀的学理根源之一。

二、宗极孔门正学

据顾宪成《东林会约》,东林讲学是将孔子奉为宗师的:"愚惟孔子万世斯文之主,凡言学者必宗焉。"《会约》还举出宗师孔子的榜样:"善学孔子,则颜(回)、曾(参)、(子)思、孟(轲)其选也。"(《东林书院志·院规》)自汉武崇儒

---

① 《小辨斋偶存·札记》引:"龟山(杨时)常问林志宁:'至道无难,惟嫌拣择,是否?'曰:'是。'曰:'若尔,公何不杀人放火?'志宁无语。此亦近来谈无善无恶者之断案也。"顾宪成的看法即缘于这一"断案"。

② 姚江即指阳明学。

以来,孔子受到历代帝王的礼敬。明代的孔子不只冠有"先师"之名,而且承皇帝诏令,天下通祀。《明史·太祖记》:洪武十五年(1382年)夏四月丙戌,"诏天下通祀孔子"。在这样的政治生态中,为学者以孔子为宗师是不言而喻的。《明史·儒林传》总述明代学术,认为"有明诸儒"在学术承传上"袭谬承伪,指归弥远","经学非汉、唐之精专,性理袭宋、元之糟粕,论者谓科举盛而儒术微,殆其然乎"。又评说阳明学"别立宗旨,显与朱学背弛,门徒遍天下,流传逾百年,其教大行,其弊滋甚"。(《明史·儒林传》)《儒林传》作者评论明代学术,认为弊端丛出,如果其说有据,则东林诸君宏扬朱学,整治阳明流弊,旨称调和二家,颇有些拨乱反正的气势。由是以观,则东林讲学大张孔子旗号是其聊以招徕,说说而已?还是在治学路数上另有所虑,别有深意呢?愚以为答案恐怕是后者。东林诸君之尊孔,并非只要孔子做招牌,而是东林一脉学术特质的某种体现。

顾宪成说:"孔子之道,大中至正,万世无弊。自此以下,类不能无偏。是故程朱之后,不能不流而支离也,势也。阳明之所以揭良知也。阳明之后,不能不流而荡也,亦势也。"(《证性编·质疑上》)顾宪成论辩心性,对待朱、王虽然有所偏重,却也没祖护朱学。一个"势"字道出后学流弊是一种必然现象,其中含有非人力能左右的因素。能够流传万世而无弊者,惟有孔子之道。这一论断方式不是顾氏的独到之见,而是汉唐以来的普遍认识。西汉董仲舒早有明论:"道者万世亡弊,弊者道之所失也。"师古注:"言有弊非道,由失道故有弊。"(《汉书·董仲舒传》)在认识上强调道的永恒真理性,这在致思逻辑上就把孔子及其经典放在一个具有绝对权威性的特殊位置上,使得后世的学术论辩无论孰是孰非,只有在承认孔子之道为绝对真理的前提下,才能完成自家学说的合理性论证。我们看到,顾宪成关于心性的认识正是经由这一逻辑而找到最终的立足点的。他以"性善"为据,认为:

人之一心,浑然天理,其是,天下之真是也,其非,天下之真非也。然而能全之者几何，惟圣人而已矣。自此以下，或偏或驳，遂乃各是其是，各非其非。欲一一而得其真，吾见其难也。(《明儒学案·东林学案》)

除了圣人在心性上能够"全之"，其余皆有偏有驳而失其"真"，这是典型的尊道崇圣思维，顾氏在这一思维方式上继承了汉唐以来的儒学传统。

顾宪成崇圣宗孔的致思方式在东林学派中有着广泛的回响，许多人都有相近的认识，他们尊崇孔子之道的言谈充溢于字里行间。如高攀龙论"知"，说："唯圣人方有全知，一彻俱彻。知之所及，即仁、即庄、即礼，一以贯之。"(《高子遗书·讲义》)圣人以后，关于知的领悟分成两路，"一者在人伦庶物实知实践去，一者在灵明觉知默识默成去"。这种变化初显于孟子，成型于朱、陆，可谓"孟子于夫子微见朕兆，陆子于朱子遂成异同"。(《高子遗书·讲义》)有了歧义，就要有所选择。高子的选择是："夫学者，学为孔子而已。"他的首选是宗极孔子。由于孟子、朱熹在承传孔子之道上大有功绩，而且"孔子之教四，曰：文行忠信。惟朱子之学得其宗，传之万世无弊"。(《高子遗书·卷九上·崇文会语序》)于是高子因宗孔而宗孟、宗朱，"学必以孔、孟、程、朱为宗"。(《高子遗书·无锡县学笔记序》)

冯从吾论"道"，明确指出了道与孔子的绝对真理性："天地间惟有此道。吾儒之学亦惟有此道。故孔子曰志于道。又曰吾道一以贯之。"(《冯少墟集·疑思录二》)基于这样的前提，冯子力主学以孔子为宗："宋儒云：天不生仲尼，万古如长夜。余亦云：人不学仲尼，万古如长夜。"(《冯少墟集·宝庆语录》)邹元标论"良知"，认为其说始于孔、孟。"夫今以良知为出自王先生者，诬也。"(《愿学集·王门宗旨序》)譬如孔子当年即讲过"知之为知之，不知为不知"；孟子也说过"不虑而知者良知"；朱熹亦有言"人心之灵，莫不有知"。如今以良知为阳明独创，"不知非先生臆言，圣贤所已言也"。(《愿学集·王门宗旨序》)

以上这些言论涉及的问题并不相同，但他们在思维方式上表现出共同的特征,他们面对朱、王纷争,儒、禅相混,以至王学末流弊端百出的学术态势,最终拉开了一副溯源复古的架势,表现出满腔归复"原典",宗学孔门的虔诚。

所谓"归返原典"(return to sources),正如学者余英时所指,在人类的思想史上是一种普遍现象,"并不是中国儒家为然"。他援引汤用彤之论,以坚其说。汤氏认为:"大凡世界圣教演进,如至于繁琐失真,则常生复古之要求。耶酥新教,倡言反求圣经。佛教量部称以庆喜(阿难)为师,均斥后世经师失教祖之原旨,而重寻求其最初的根据也。"①汤氏之论指出了一种人类文化发展过程中的普遍现象,这种现象直到当代仍有典型的表现,例如宗教中的"原教旨主义"。具体到中国学术的演进史,这一现象也不是偶一见之。比较有代表性的,如宋代理学、清代汉学都曾在其各自的学术形成过程中表现出"归返原典"的思维特征。

从宋学的发展看,由于汉唐儒学专一在笺注训诂上用功,学者大多固守家法师说,理论日趋繁琐,思维日趋僵化,故而大约自中唐起始,出现了疑经惑古之风,至宋而愈炽。宋儒纷纷以己意阐释经传,进而由"舍传求经"而至疑经、易经。诚如蒋伯潜所指出:"唐人治《春秋》者,如啖助、赵匡一派已开兼综《三传》之风;至宋,乃有并弃《三传》而自为《春秋传》之胡安国……朱子之《大学章句》,已分经分传,且为补《格致传》矣;其《孝经刊误》,已重分章节,删去经文矣;王柏之《书疑》《诗疑》,乃并《诗》《书》而疑之删之。"②正是在这一过程中,宋儒提升孟子之学,追溯尧、禹、文、武,以"道统"自固。他们在儒学原典的旗帜下诋斥汉唐儒说,以成其一家之言。他们疑经易经并不是怀疑孔子之道的权威性,而是质疑后世儒生的篡改之嫌。清代汉学批评宋学,崇扬经典的意图更为鲜明,他们以《六经》、孔、孟的权威抵制宋学诸子,从而实现了从宋学到汉学的学术转换。

---

① 余英时:《中国思想传统的现代诠释》,台北联经出版事业公司,1987 年,第 431 页。
② 蒋伯潜:《十三经概论》,上海古籍出版社,1983 年,第 19 页。

至于晚明东林人士，他们"归返原典"的思维别有风格，他们没有像宋代理学家们那样疑经、易经，以己意取代前儒传注而独树一帜；也没有像后世的清代汉学家们批评宋学那样抨击朱学、王学。东林诸君崇拜原典，只是在王门后学强劲的学术纷争中力求找到一个牢固的立足点，以示真理在我，树立自家的学术权威。于是他们言必称孔孟、《六经》。

顾宪成撰《东林会约》有"四要"之说，其三曰"尊经"。"尊经云何？经，常道也。孔子表章（章同彰，下同——引者注）《六经》，程、朱表章《四书》，凡以昭往示来，维世教，觉人心，为天下留此常道也。"（《东林书院志·院规》）顾宪成把儒学经典比作日月、雨露，强调如果经典遗失、毁弃，便会"万古晦冥"，"万古枯槁"。经典能给人类社会带来光明和生机，这一譬喻使得儒学经典的地位和权威性得以无限提升。当然，东林诸子在尊经的同时也使得自家学派的正统性得到确认。邹元标对经典的权威性也是笃信不疑的，论曰："圣人，尽性者也。《六经》，圣人尽性之书也。"《六经》是圣人心性的凝聚。圣人之德被后世描述为"常道"，而无处不在。"在天谓之命，在人谓之性，由之为道，修之为教。父子亲、君臣义、夫妻别、长幼序、朋友信，皆是物也。"（《愿学集·清江公署新刻〈六经正义〉记》）如果说邹元标把经典视为宇宙的主宰，"如日月丽天"，"如江河行地"，因而权威至上；那么，高攀龙则把经典视为天地大法，决定着人类社会的治乱存亡。他说："是《六经》者，天之法律也。顺之则生，逆之则死。天下所以治而无乱，乱而即治者，以《六经》在也。"（《高子遗书·程朱阙里志序》）"吾尝谓《五经》《四书》四子①是天地之定局也。"（《高子遗书·西斋日录序》）这些认识都是极为典型的《六经》崇拜。

圣人崇拜和《六经》崇拜是中国古代士人共有的文化心态。自汉代崇儒和祀孔开始，崇拜圣人和经典逐渐被儒生和士人们视为理所当然，从理论、观念到心态，崇圣成为一种"文化时尚"。这种崇拜不仅仅是士人的文化信仰

---

① 据文意，四子当指孔、孟、程（颐）、朱。

或精神寄托,作为一种"政治文化"现象,它还意味着这些致力于"代圣贤立言"的士人们的存在价值或意义——崇圣是士人们对于自身存在的合理性的一再确认与肯定。从这个意义上看,东林学子崇拜圣人和经典,无非是这一政治文化传统的延续,表明在崇圣观念和心态上,他们与士人群体并没有什么不同,他们像先儒们一样遵从古代中国的"文化时尚",不曾想标新立异。然而,从东林诸子置身其中的具体文化生态来看,强调尊孔而尊经则是他们特有的一种"归返原典"思维方式的体现。在晚明的学术纷争中,他们的价值选择是"原典",认为圣人经典的权威高于所有的流派门户之见,故此力排众议,唯孔为尊。但这并不是说东林人士没有派别倾向,而是说,当他们在学派归属上有所侧重时,他们没有简单地认可或推崇,而是以儒学原典为标尺,进行裁断,为自家的学派倾向建立经典依据。例如,高攀龙推崇朱学,曾概括朱学的学术要点"不出'涵养用敬''进退在致知'二语"。但他随即又指出:"此非程朱之教也,孔子之教也。"(《高子遗书·崇正学辟异说疏》)高子尊奉程朱之学为正统,是缘于"圣人之道载在六籍,得其言而得其意,以之而明圣人之道"。反之,"不得其言而不得其意,以之而晦圣人之道"。朱子恰好属于前者:"自朱子出,而六籍之言乃始幽显毕彻,吾道如日月之经天,江河之流地。"(《高子遗书·朱子节要序》)尊朱学即是奉孔子,因而尊得有理。

从总体上看,东林诸子始终不敢稍偏孔子之道。宗极孔门正学,尊奉圣学经典正是东林学派的学术立足之处,他们的认识只是到此为止,并不敢须臾背离。这样的认识特点与前世宋学"突出己意"相比较,或是与后世清人汉学力驳宋学汉儒相对照,显然不够激烈,不够犀利,特色似乎不那么鲜明。不过,仅此一点亦足以使东林人士在治学路数上有别于朱学、王学,形成自家特色;同时,也表露了东林之学骨子里的正统与保守。他们的治学思路不是要推陈出新,而是力图守住阵脚。宗极孔门正学是东林学旨特点得以形成的认识根基。

三、学旨三特色

东林诸子通过辨析心性以寻求思想的规范，通过尊崇孔子之道而建造致思的根基，由此可以察知，他们治学尚严谨，讲规矩，并无标新立异、心裁独特的认识创新，总体上属于守成、保守的治学风格。据《宋明理学史》，可知，东林首脑顾宪成、高攀龙讲论的题目无非是"理是主宰"的本体论，"道性善"的人性论，理气观、知行观、辟佛论、格物穷理和修悟并重①，等等。作者言之有据，讲述分明。不过，其中许多论题属于哲学史或学术史论阈，与"士人政治精神"关联无多，毋庸重述。这里只是从政治思维和政治精神的角度，分析东林学旨的三个理论特色，为我们进一步探察东林人士的政治人格和精神世界指引路径。

特色之一，学术为治道人心之本。

重视学习知识技能和道德修习原本是儒家学派的立派根基。孔子以学立世，以学教子。他谆谆告诫孔鲤，"不学诗，无以言"；"不学礼，无以立"。（《论语·季氏》）凡出自孔门者，以及后世儒生，无不深知学与仕的关系。因之可以说，倘若无学，世上几无儒家可言。东林诸子跻身于儒，自然极其看重一个"学"字。然而东林之重学，不只是致力于以学立身，以学立世，他们更为看重的是治学实是整治世道，整饬人心，实现其政治目标的重要手段。总括其论，可以分为两个层次：学与人心，学与治乱。

关于学与人心，东林诸子大体上承续了汉唐以来的正统之论，主要集中在以下三个方面：

其一，学与不学是区分个人品性的关键。高攀龙即指出"人不知学，险矣哉"。在他看来，人所基始的天命之性没有什么差别，"尧、舜与桀、纣何尝有添减？"可是尧与舜"兢兢业业"，桀与纣"放荡淫佚"，由此观之，双方之"所不

---

① 参阅《宋明理学史》（下卷），第21、22章。

同者,学与不学耳。学则为尧为舜,不学则为桀为纣,可畏也哉"。(《东林书院志·卷六·高景逸先生东林论学语下》)其二,学的目的是知性和做人。顾宪成说:"认得一学字亲切,即欲一毫自用,而有所不敢也。故曰惟知学然后可与言性"。(《小心斋札记》卷一)高攀龙认为,"学非他也,人还其人之谓也"。如同人的耳、目、心、体,本应聪、明、仁、恭,不学则失之,学则还其本来面目。如"君臣、父子、兄弟、夫妇、朋友本亲、义、序、别、信而还其亲、义、序、别、信。本来如是之谓性,知其如是而还其如是之谓学"。(《高子遗书·东林志序》)其三,学的具体方法是道德修习,改造心性。如邹元标说:"吾侪树立乾坤,全在此学。"(《愿学集·复羊嵩原侍御》)其方法是"内而修身缮性,由家而乡而国而天下,斯学之实也"。(《愿学集·重修袁州府儒学记》)当有人问冯从吾"学也者,所以学为人也,不知当从何处为?"冯答"在为仁","在孝弟",即从德行入手,不可"泛然用功"。把握住道德修习,即找到了为学的根本。他重述孟子的"求放心":"学问之道无他,求其放心而已矣。求放心者,求不失此赤子之心也。可见不学不是,泛学亦不是。"(《冯少墟集·疑思录三》)

东林诸子讲论学与人心,其认识程度未能超出宋学诸子,无非也是些"涵养德性""变化气质"之类。如说"德性人人都是有的,只是被气质埋没了。所以德性不能用事,须是要变化气质。气质变化后,德性才现,方才说得涵养。然则如何去变化,如何去涵养,曰:在讲学!"(《冯少墟集·太华书院会语》)这些认识似曾相识,表明在学与人心的思路上,东林人士秉承了儒学传统而亦步亦趋,他们的思绪亦大多在道心人心、天理人欲之辨中纠缠不休,整体乏善可陈。

关于学与治乱,东林诸子的认识却很有特色,这一点正是他们极力阐明,并且倚为立学之本的学理依据。

顾允成有一句话,把学术与政治的关系讲论得十分清楚。他说:"窃惟天下之治乱系于人心,人心之邪正系于治道,治道之隆污又系于学术。"(《小辨斋偶存·拟上〈惟此四字编〉疏》)他认为,自从尧舜孔孟等圣人殁世之后,学术陷于淆乱,于是"治道人心从之",天下愈乱而不堪。虽然有些豪杰之士也有志于"天下国家",却往往热衷于事功,结果事与愿违,治道更加混淆不明,几至"岌岌乎殆哉"。鉴于这样的历史教训,顾允成认为,唯有从学术入手,讲学、治学、端正其风,才能从根本上端正人心,于是治道可成。

顾允成的认识很有代表性,其他人的看法多数与之相近。如高攀龙:

> 天下不患无政事,但患无学术。何者?政事者存乎其人,人者存乎其心。学术正则心术正,心术正则生于其心,发于政事者,岂有不正乎?故学术者,天下之大本。(《高子遗书·语》)

如赵南星:

> 今之学士大夫有志于唐虞三代之治者,皆谓古之教者以伦常,今之教者以荣华。以荣华也者谓之教,余以为此弗学之患也。(《赵忠毅公文集·贺邑大夫澄源丁公考最思褒序》)

儒学历来主张人治德化,人是政治中的决定因素,所谓为政由人,有治人无治法。因而在东林诸君看来,学术关系到人之心术,两者共同构成了理想治道的主要条件。

东林诸子的认识形成了传统,东林弟子们遵奉师教,也都坚持了这一观点。如高攀龙的高足华凤超作《崇祀真儒疏》,文中也强调"学术之邪正,关系治乱甚大"。他说:

> 臣闻天下治乱始于人心,人心邪正由于学术。学者天地之心,生人之命。人心之所以不死,纲常之所以不坠,忠臣义士之一线所以常昭揭于宇宙,而不为乱臣贼子所磨灭者,恃此学以维之尔。(《东林书院志·崇

祀真儒疏》)

依照华凤超的理解,"此学"功效非凡:得以恃之维系纲常,以正克邪。学术倘有偏差,政事必然遭殃。这个认识其实也带有普遍性,冯从吾就曾举出王安石为例:"安石不是自为功名富贵计,亦不是执拗自是,亦不是有心祸天下。只是学术主意差了,所以自误误人,国家至此耳,可恨可惜。"(《冯少墟集·太华书院会语》)冯子认为,王安石学术误国并不是个别现象,而是渊源有自。他历数前朝曰:"安石这一派,学术自淳于髡、商鞅、李斯、申(不害)、韩(非)、桑(弘羊)、孔(僅),以及李觏,至安石遂大坏决裂,不可言矣。"(《冯少墟集·太华书院会语》)

东林诸子正是由于普遍意识到了学术与政治的关系,看到王安石等"这一派误人不小",故而大多极力倡导"此学"。他们以顾宪成为首,积极参与书院讲会。多数人都能做到为官一地,讲会一方。典型者如冯从吾建首善书院。据翟凤翥撰《冯从吾传》,天启二年(1622年),冯任左副都御史,与同官邹南皋(元标)、钟龙源(羽正)、曹真予(于汴)等人"会讲都城隍庙",建首善书院。与者日隆,"缙绅士庶环听者,至庙院不能容"。有人认为,在京师辇毂之下讲学,谣诼难免,必定要招惹是非,况且"国家多事,宜讲者非一端,学其已乎?"冯从吾正色言道:"正以国家多事,士大夫不知学,抱头鼠窜者踵相接也。亲上死长之义,非讲奚明?"(《东林书院志·冯从吾传》)以学术为政术,冯从吾言之凿凿,掷地有声。

儒家文化从来就没有将治学与治政相分离。强调学与政的互通性,正是儒学的传统认识。不过,将学与政的关系讲得如此直接,如此密切,则是晚明东林学派的学术特色。然而需要注意的是,东林诸子努力阐明学与政的关系,并不是要以学干政,或以政代学。在他们设计的讲学规则中,并不主张"与言政事",而是坚持以学为学的纯学术性,或者说是"此学"的纯粹性。

顾宪成制定《东林会约》,有"九损"之说,其中之一就是以党同伐异,评论时政为损,"或评有司短长,或议乡井曲直,或诉自己不平,浮也"。嗣后,吴桂森又再次申定《东林会约》,明文规定了"绝议论以乐时"。其文曰:

> 学问二字原不尚议论。惟昔先贤,间出清议,以扶持世道,盖时或使然,万非得已。如吾侪,闭户人也,原隔霄壤。幸逢盛世,圣天子当阳,登用必良真,宣布必惠泽,何缘更有游乡之论。夫子不云乎:"天下有道,则庶人不议。"自今谈经论道之外,凡朝廷之上,郡邑之间,是非得失,一切有闻不谈,有问不对,一味勤修学业,以期不负雍熙。是为今日第一时宜也。(《东林书院志·吴觐华先生申定〈东林会约〉》)

这里吴桂森讲了三点:其一,孔子教诲,天下有道则不议论,如今乃有道盛世;其二,先贤有议论者,乃时势所迫,情非得已;其三,绝对不可议论时政。吴氏说来说去,核心只是四个字:"莫谈国事。"

以吴氏《会约》与顾宪成的规定比较,顾子以"浮"之一语禁绝议政,着眼点在于治学本分,认为议政超出了治学范围,乃非分之举。吴氏再申《会约》,其"幸逢盛世"云云,着眼处不免有避祸自保之虞。当然不论怎样,不议政成为东林治学的通识。除了东林书院,许多人在讲会规约中都明文规定了不可议政。例如冯从吾的"宝庆寺讲会",其《会约》规定:

> 会期讲论毋及朝廷利害,边报差除;毋及官长贤否,政事得失;毋及各人家门私事,与众人所作过失及词讼请托等事,亵狎戏谑等语。其言当以纲常伦理为主,其书当以《四书》《五经》《性理通鉴》《小学》《近思录》为主,其相与当以崇真尚简为主,务戒空谈,敦实行以共任斯道。(《冯少墟集·学会约》)

冯从吾曾经把治学弊端汇归为三种,曰:异端之学、越俎之学、操戈之学。异端之学指以佛、老"非毁吾儒"者;操戈之学指专任孔子而诋斥周、程、张、朱等宋儒者;越俎之学指"以议事当讲学,以论人当讲学也"。冯从吾认为,治学应当研习圣道,讲学即要泛论道理,"如孔子论'明德''新民',子思论'天命''率性',孟子论'夜气''性善',皆是泛论,何尝着迹?"所以,"无论居官居乡。当讲学日不得议及他事,论及他人,方得讲学家法"。(《冯少墟集·辨学录跋》)如果讲论涉及朝廷得失,执政臧否,是以议事论人当作讲学,正是"越俎"之弊。

东林诸子一方面认为学与政的关系至为密切,学术通治乱;另一方面,他们又坚持"讲间惟当泛论道理",莫谈国事。这岂不是自相抵牾?问题当然不那么简单。

首先,儒家文化的传统认识之一是"道"与"王"相对又相通。道德文章是士人的立足根基,君王朝廷是士人的安身之处。所以子夏训导诸生"仕而优则学,学而优则仕"。(《论语·子张》)仕与学相通,却不宜相混。如果以仕代学,学仕混淆,只会导致学不成,仕不就。因而对于士人来说,治学是其分内的功课。只有今日学业有成,才能来日仕途通达。顾宪成把由学而入仕,或立功或立言,比作本根与枝叶的关系。他说:

> 吾见世之能自树者亦不少矣。或立节,或立功,或立言。非不足以名当时而传后世也。然自道观之,犹枝叶非本根也。会以明学,学以明道,以本根出枝叶。而后其立言也声为律矣,非复如世俗之所谓立言矣。其立功也日新而富有矣,非复如世俗之所谓立功矣。其立节也成仁取义,浩然塞天地矣,非复如世俗之所谓立节矣。岂非人生一大究竟耶?(《东林书院志·顾泾阳先生〈东林会约〉》)

东林诸子当然洞悉学与仕的因果关系,治学正是要抓住本根,以求日后的建功立业或超凡脱俗。因而在其治学阶段,要求学政相分。他们不是要截然分之,永久分之,将学与仕相对立,而是通过暂时的相分以追寻并践行其间的逻辑过程。

其次,东林诸子坚持"此学"的纯粹性,体现了他们的价值追求。东林诸子是把学术视为"治道人心之本"。如华凤超说:"讲学一事似迂而无当,实至切而不容已。自天子至于庶人,无一人不成于学;自修身至平天下,无一事不根于学。"(《东林书院志·崇祀真儒说》)所谓"本",意指事物的出发点和最终根源,意谓无论治道、庶务、德行,最终都要取决于学术。在这一点上,东林诸子恪守儒学传统的修、齐、治、平之道,把道德修身看作齐家、治国、平天下的中枢环节,这样的价值选择正是从"以学为本"中来的。高攀龙对此深有感触:"学者神短气浮,须得数十年静力,方可变化气质、培养德性。而其最受病处,又在自幼以干禄为学,先文艺而后德行,俗根入髓,非顷刻可拔。必埋头读书,使义理浃洽,变易其俗肠俗骨,澄神默坐,使尘妄消散,坚凝其正心正气乃可耳。"(《东林书院志·高攀龙行状》)这真是经验之论,亦是高子的肺腑之言。孔子早就表露过对于道德价值的态度,"富而可求也,虽执鞭之士,吾亦为之。如不可求,从吾所好";"不义而富且贵,于我如浮云"。(《论语·述而》)。东林诸子虽说不能忘情于政,但在治学实践中,则严守孔子的教导,坚持以道德修身为首务。所以顾宪成在《东林会约》中引述朱熹之说,以为指导:"熹切观古昔圣贤所以教人为学之意,莫非讲明义理,以修其身,然后推己及人。非徒欲其务记览,为词章,以钓声名,取利禄而已。"(《东林书院志·院规》)

道德修身是治道人心的根基,也是保障治道可平、人心可正的检测之方。倘若治道人心偏而不正,依照东林诸子的价值选择,就要回到治学的起点,从道德修身进行校正。此之谓"以学干政",与"以学干禄"天差地别,不可同日而语。换言之,正是由于"以学干政"体现了儒学传统的价值追求,东林诸子们才坚持了"此学"的纯粹性,并以"以干禄为学"为大忌。

以"学术为本"不是东林人士的创见,却是他们的思想特点和学旨特色。

"以学干政"是一个由学而入仕的逻辑过程,学与政之间形成因果联系,意味着人生实践的不同发展阶段。东林诸子正是以学为"因",为"本",为起点,才使他们领悟到了孔儒一脉"道高于君"价值理想之三昧,找到了以儒学理想的政治价值制约君权的感觉,从而促使他们在以后的"干政"实践中保持了积极求道、追寻理想社会与完美人生的宏大志向。

特色之二,循道是东林学旨的最高标的。

"道"的概念由来久矣。先秦诸子坐而论道,孔子以"有道""无道"评估时政。汉儒经由独尊儒术而完成了道的经典化。唐代儒生建构了道的圣化体系,提出道统说,以抗衡佛说"法统"以自固。宋儒在认知上达成了道的天理化,完成了孔儒之道的本体化论证。一言概括之,道是孔子以来世代相传之学术思想的主干。作为一个政治思想概念,道的具体内涵或曰具体表述在不同时代有所不同,反映并具有该时代的思想文化倾向和认知特点,不过在思想的本质规定上并没有什么变异。概言之,儒学的道,指的是儒家学派的社会政治理想价值准则和理想的伦理规范、道德原则。对于一般儒生学子而言,追循道的理想,以求有所进益,有所发展,应是理所当然的人生目标,所谓"内圣外王"。东林诸子显然继承了儒家文化关于道的传统认识,把"循道"奉为治学的最高标的。

顾宪成坦言:"道者何?纲常伦理是也。"(《小心斋札记》卷九)实际上自孔子以来,道的基本内涵即作如是观。不过,东林诸子在传统认识上又着重强调了两点。一是道所内涵的纲常伦理不只具有行为规范意义,而且有着超乎人世富贵贫贱的形上性质。"所谓天叙有典,天秩有礼,根乎人心之自然,而不容或已者也。"(《小心斋札记》卷九)这样的道显然是贯通万物,超乎时空的。正像邹元标解释的那样:"是道也,天地以之位,日月以之明,江河以之流,星辰以之丽,鬼神以之幽……上自天子以及庶人,内自中国以及蛮貊,率未能有越是道者。在天谓之命,在人谓之心,众人由之为道,圣人修之为教,皆是物也。"(《愿学集·泰和县重修明伦堂记》)

　　二是道的本质为公道,意即古今一贯,先圣后圣的学术皆不离道。冯从吾说:"天地间唯有此道,吾儒之学亦唯有此道。"他列举孔子所言"志于道",又曰"吾道一以贯之",认为"其言道者不一而足"。此外如曾子言"大学之道",子思言"率性之道",孟子七篇"尤惓惓于道",由此"可见自古圣贤学问全在此道"。(《冯少墟集·疑思录二》)邹元标也说:"道非一人之道也,千圣之所总萃也"(《愿学集·友庆堂稿序》);"道者,天下万世之大道,非一世一家能私"。(《愿学集·正学书院记》)东林诸子关注道的万世一贯,无所不包,无处不在,表明他们对于道的领悟直接受到宋以来本体化道论的影响。循道就成了东林学旨的最高标的,依照邹元标的说法,叫做"惟当以闻道为第一义"。(《愿学集·柬祝南山二守》)

　　东林人士之循道,主要体现在这一学旨追求所内蕴的精神价值。顾宪成就曾指明,循道是一种精神的或道德的境界,超然于现实生活的贫富贵贱之上:"道超乎贫富之外,不以贫富为丰啬也。闻道则朝而千驷万钟,夕而一箪一瓢可矣。道超乎贵贱之外,不以贵贱为加损者也。闻道则朝而三槐九棘,夕而一丘一壑可矣。"(《小心斋札记》卷八)有人曾经给顾宪成出难题,举出例证说:伯夷、叔齐贱而夏桀、殷纣贵,曾参、原宪贫而鲁季孙氏富,颜回短命而盗跖长寿,据此而质问:"造化亦有谬乎?"意思是为什么有德者贫且寿短?所谓"好人不长寿,祸害活千年"。顾宪成答以"非谬也",他所倚为凭据的正是道所内蕴的崇高价值。他说:

　　　　夷、齐贱,适成其高,以示贱不足丑也;桀、纣贵,益彰其秽,以示贵不足荣也。曾、原贫,流芳至今,以示贫不足鄙也;季氏富,遗臭至今,以示富不足侈也。颜渊夭,凡语及者,无不欣然愿为执鞭,以示夭不足憾也;盗跖寿,凡语及者,无不唾而骂之,以示寿不足歆也。然则吾人之所以安身立命,昭昭在富贵贫贱寿夭之外矣。(《小心斋札记》卷八)

显然,顾子向往的安身立命之处非他,正是一个"道"字。

高攀龙的理解与顾子相近,他更为看重循道的内在体验,认为这种追循是一种精神上的感悟和经验:"道要有闻,人替不得。说不得有,说不得无。"(《东林书院志·高景逸先生东林论学语下》)因而诀窍在于保持循道的信念。"夫道者,道也,行处便是,在人之知不知何如耳。知人即人即天,即凡即圣。于此不疑者,乃真悟也。而真悟者鲜矣。于此不违者,乃真修也。而真修者又鲜矣。然而,古之圣人真悟真修者不少,而孟子必曰:乃所愿,则学孔子。何也? 其的有在也。故学者宁力之不至,而正鹄不敢不设。而不失于正鹄者,抑又鲜矣。"(《东林书院志·简邹南皋先生》)高子认为,循道者一要目标明确,以道为正鹄;二要坚信不疑,以达真修真悟;三要在"行处"感知,随时随地有所体验。这里颇有些禅意,但他也确实指明了循道路径。

此外,有些人对于循道的领悟带有务实和关注时政的特点。如冯从吾将道分为两个层面:道脉和道运。他说:"夫道一而已矣,是说道脉;天下之生久矣,一治一乱,是说道运。"可知他理解的道脉是一以贯之的道的价值本质,道运则是通过历史的治乱兴衰表现出来的道的运行。"道运有隆有替,道脉无古无今。"为学者正是要通晓道脉,把握道的价值本质,在社会政治生活中维系道的正常运行。如冯子言:"吾辈今日讲学,正所以衍道脉而维道运也。"(《冯少墟集·疑思录四》)

东林诸子以循道作为治学正鹄,如邹子曰:"学而闻道则不虚生。"(《愿学集·重修袁州府儒学记》)但他们的认识与先贤相比较,严格而论并没有多少高明睿见,无非是儒学循道传统认识的一再重申耳。不过,循道作为东林学派的学旨特色,却对他们参与政治的行为选择有着重要影响。

一般而言,东林诸子普遍认可道的权威,继承了有关纲常伦理的传统认识,并以此作为治学正鹄,这必然在行为选择上造就他们忠君尽职的政治参与倾向。正如华凤超所言:"三代以后,人臣学道以事君。"(《东林书院志·崇祀真儒疏》)如果说,臣事君的具体表现是多种多样的,那么凡是经过了道的洗礼而事奉君主的臣,必然能在行为的规范性上高出一筹。李应升有言:"大臣之道不同。要以是非明白,进退有礼,重廉耻而轻爵禄,畏清议而惜纪纲,则庶几问心无愧矣。"(《落落斋遗集·恳乞断以折邪萌疏》)赵南星曾以一个"诚"字概括循道而后的境界,他说:

> 吾儒之道即天地间之实理也,所谓诚也。存之为实心,出之为实事。君子自强不息,凡以求诚而已。一念不真,非诚也;一行不修,非诚也;一事不当,非诚也。其学之有方,其进之有渐,其究也至于成己成物,参赞天地,莫不昭然可睹。(《赵忠毅公文集·正心会示门人稿后序》)

为臣者能洞悉"天地间之实理",既诚且实,深谙礼义廉耻,以至于成己成物,参赞天地,这样的行为选择不是偶然,亦非天然,而是在循道的过程中,在纲常伦理的教诲之下,理智地进行选择的理所当然。这正是东林诸子们追求的效果和境界。

东林诸子认可道的形而上的权威性,坚信道所内涵的价值准则是高于实际生活中的富贵利益的。这一学旨特点使得东林诸子极其看重道的指导性,笃奉道的准则为圭臬,一切选择唯道是瞻,利益则无可无不可。如冯从吾言:"士君子持身惟此道义,然辞受取与间尤大关键。故曰:非其道,一箪食不可受于人;如其道,舜受尧之天下不以为泰。此正论也。"(《冯少墟集·疑思录五》)顾宪成也说:"吾闻之也,事有大小,道无大小。如其道,千驷万钟安焉;非其道,一介不以取诸人,一介不以与诸人。"(《泾皋藏稿·陆文定公特祠记》)正是在道的观照下,东林人士之中的绝大多数志向远大,能够在观念上摆脱实际利益的纠缠,相信价值准则的真理性和邪不压正。因而在一定条件下,他们可以做到轻视个人私利,不计一己之得失,而以道所维系的天下社稷、纲常伦理为重;甚至做到不惜以身殉道,不要性命!

东林诸子以道治学,以道处世,以道相交。他们既然以循道为学旨,那么在治学的过程中,便以追求"孔颜乐处"为愉悦。因而他们多能摈弃利益琐屑,形成道义互通和情感交融。师友间真情厚谊,感人至深。万历四十四年(1616年),吴桂森"以序贡应廷试",高攀龙有送别诗两首,其二曰:

> 同心乐聚岂嫌频,信有人间道义亲。
>
> 散步吟诗曾累夜,闭关读易动弥旬。
>
> 君趋北阙瞻尧日,我向东林乐点春。
>
> 把酒莫辞今夕醉,寒风凄雪此情真。
>
> (《东林书院志·同诸公集东林送吴叔美丈北对大廷》)

诗为心声。高攀龙真情洒落,深谙曾皙"浴乎沂,风乎舞雩,咏而归"之胸怀,深悉孔子"吾与点也"(《论语·先进》)之旨。因而他们相与而乐道,如同孔、颜之乐,"全在此道字"(《冯少墟集·疑思录二》)。有了这一层境界,东林诸子既可以入仕,也可以归隐,他们出(仕)处(世)自如。冯从吾曾详道胸臆曰:"君子之仕也,行其义也。非行其势也,非行其利也。君臣之大义,自我而植;宇宙之纲常,自我而立,岂为功名富贵哉!""知此则知仕止久速,无往非道;用行舍藏,无往非学。视用舍为寒暑风雨之序,视行藏为出作入息之常,仕者安得以仕为可,以隐为不可;隐者安得以隐为可,以仕为不可哉!"(《冯少墟集·疑思录四》)真可谓道在胸中,进退随缘。所谓"道合则进,不合则退,绰绰乎有余裕也"。(《高子遗书·东林志序》)

东林诸子以循道为宗旨,故而他们治学之心常在,入仕之求不切,能与政治上的权力之争和官场利害形成一定的认识间距,从而保持着一定的头脑清醒和自主性。他们可以审时度势,顺势而入仕,不像终身未睹京师的村学陋儒般道听途说,而是对官场内幕、政争党争有着亲身体验和深入了解,因之他们批评时政常常能切中肯綮,入骨三分。同时,他们又笃信道的价值是永恒的,"夫世事成毁,何常之有。变易者存乎时,不易者存乎道"(《高子遗书·东林志序》)。故而在政治利害、官场纠结的旋涡中,他们可以棒喝当头,急流勇退,随时跳出三界外,归隐于山间林下。于是他们可以逃脱"只缘身在此山中"而"云深不知处"的迷茫,从局外洞观局内,保持了学人的良知,坚守着道的界标,批评时事,臧否当政,成为在野的政治反对派。在循道学旨的观照下,不论穷达与否,东林人士多能以道相交结,故而在政见上容易沟通,形成呼应,于是同心同志,生死与共。倘若如是,那么从某种意义上可以认为,东林诸子以循道作为学旨的最高标的,正是他们结成党人,酿出"党祸"的学理之源。

特色之三,东林学旨的最高认知境界是"无我"。

"无我"是儒学的传统认识之一,指称人的某种道德境界,以宋儒的表述最明确。如张载的《正蒙·神化》说:"无我而后大,大成性而后圣,圣位天德不可致知谓神。""无我然后得正己之尽,存神然后妙应物之感。"如二程的《河南程氏遗书》:"大而化,则己与理为一,一则无己。"如朱熹的《朱子语类》:"真实知得,则滔滔行将去,见得万物与我为一,自然其乐无涯。"

两宋理学诸子在无我问题上一起大唱赞美诗,认为无我是道德修为的最高境界。无我标志着在个体精神上与天理融合为一体,在认识上将贯通天地万物的普遍法则融入自家身心,在心态上消融化解了个体之我与物的区分,使个体之我转换成为天理的凝聚体,于是实现了内圣修习的成功和完美。显然,儒学的无我是一种抵消个性,消弭道德个体和消除认识独立性的认识境界。东林诸子承传了无我的传统认识,意味着他们从立学之始便要竭力去除个体精神可能存在的主体性与学术个性。

顾宪成在《东林会约》中历数治学弊病,诸如穿凿、矫诬、玩物、执方等。其中,顾宪成特别反对学中有"我"。其文曰:"至乃枵腹高心,目空于古。一则曰:何必读书,然后为学;一则曰:《六经》注我,我注《六经》。即孔子大圣一腔苦心,程朱大儒穷年毕力,都付诸东流已耳。"(《东林书院志·院规》)他强调儒学经典的唯一性本来就是儒学的治学传统,"代圣人立言"的注疏之学则是传统儒学的基本治学方式。在顾宪成看来,为学者只能一味读经,不可解经;在"我"与《六经》的关系上,只可有《六经》,不宜有"我",两者不可并存,不能相互传注。《六经》注我固然不可取,即便是我注《六经》也要禁绝。这样的无我,较之前贤,显然是更为彻底的。顾宪成认为,心中有"我",圣人尚且不免,况众人乎?问题的要害是能将心中之"我"除去。他说:"所谓'己',非特众人有之,虽君子亦有之;非特君子有之,虽圣人亦有之。故禹之称尧,孟子之称舜,皆曰'舍己'。《论语》记'孔子绝四',亦以'毋我'为究竟。"(《小心斋札记》卷九)

顾宪成引经据典,列举圣人,为了说明无我境界之崇高神圣而煞费苦心。在顾子的头脑中,无我实际上已经形成了一道关卡,成为他评判圣贤的标准。所谓"学为圣贤,必自无我入";"君子以去我心为首务"。他曾用这样的标准评判朱、陆之争,认为朱熹无我,陆九渊有我,故而朱是而陆非。他说:"朱子歧德性、问学为二,象山合德性、问学为一,得失判然。如徐而求其所以言,则失者未始不为得,而得者未始不为失,此无我有我之别也。然则学者不患其支离,不患其禅,患其有我而已矣。此实道术中一大关键。"(《泾皋藏稿·刻〈学蔀通辨〉序》)

顾宪成不仅在认识上善辨无我,评判圣贤,而且还身体力行,自己率先在德行上达到无我之境。高攀龙撰《行状》,称顾宪成自甲午(万历二十二年,1594年)后,"从善如流,徙义如鹜,殆几于无我矣"(《东林书院志·顾泾阳先生行状》)顾子可谓"无我"的典范。

顾宪成的所言所行在东林人士中很有典型性,其他人的认识多数与之相近。如顾允成对乃兄的见解即深表赞许,尤其在"我"与《六经》的关系上,体会亦深。他在给友人的信中感慨道:"道心可任也,人心不可任也。道心难明,人心易惑……弟近来颇无径悟,只信得《六经》义理日益亲切,句句是开发我道心处,句句是唤醒我人心处。学问不从此而入,断非真学问。"(《小辨斋偶存·答彭旦阳仪部》)顾允成要用《六经》义理开发道心,唤醒"易惑"的人心,正是要用圣人之道消弭自我之心。再如高攀龙也指出,《六经》即圣人之心,个人的道德修习就是洞解圣人之心。他说:"《六经》皆圣人传心。明经乃所以明心,明心乃所以明经。明经不明心者,俗儒也。明心不明经者,异端也。"(《高子遗书·语》)显然,高攀龙要以《六经》内涵的圣人之心取代自家之心,否则就会成为异端。

东林人士生活的年代,以张大"本心"为号召的阳明之学流行未衰。东林诸子论学,不可能不带有时代的特点,受到晚明学术思想的影响。当他们举起孔子的旗帜,拜倒在儒学经典权威面前的时候,他们便自然而然地回应了数百年前理学家们的呼声。他们也要在精神上化合物我,在道德认识上与天地万物、道心、经典融为一体。"凡鼓如雷霆,润如风雨,代明如日月,错行如四时,鸢飞鱼跃,花卉瓦砾,皆《六经》也,皆我也,顾人日用不时耳。"(《愿学集·清江公署新刻〈六经正义〉记》)他们刻意追求一种"一"的意境,"物格知至,实得天人一,古今一,凡圣一,内外一"(《高子遗书·语》)。如此"化一"不已,直至天人万物的差别被取消,被抹去。在这一过程中,认识的主体也随之而化解,自我化约为零,个性化解为无,个人皈依了圣人,人心融入了经典,精神则从一体的狭小天地扩张为漫漫宇宙。在这一过程中,唯有理应具备的相对独立的认识自我变得渺无踪迹。

史家一般认为,晚明东林党人之所以彪炳青史,受到后人敬仰,主要原因就是他们不惧强权,不计生死,为国为民的气节和人格形象,他们是古代士人中的佼佼者。因而,如果我们断言,东林党人在认识上缺乏自我,学术上缺乏个性,必然让人难以接受,目为怪谈。然而,通过以上梳理,我们确知至少下列认识是靠得住的:东林诸子的一个重要思维倾向是崇尚孔子之道,崇拜"原典",因而他们笃信儒学经典的绝对真理性,在绝对化的思想权威面前,容不得个性,容不得有"我"。这一点与宋儒基于道德修习的无我论相契合,直接影响着东林人士的思想局限和行为特点。

不言而喻,在缺乏个性与自我的学术思维中,必然存在着与生俱来的亦

步亦趋,循规蹈矩,东林诸子正是这样。他们不赞成任何认识上的创新。且看他们的立场:

顾宪成:"学有本领,有规矩绳墨。无求饱,无求安,本领也。敏事慎言,就正有道,规矩绳墨也。"(《东林书院志·顾泾阳先生东林商语上》)

史孟麟:"古人以心为严师,又以师心自用为大戒。于此参得分明,当有会处。"(《明儒学案·东林学案》)

冯从吾:"述而不作,不是圣人谦词。后世天下不治,道理不明,正坐一作字。不遵守祖宗法度,只作聪明以自用,天下安得治! 不表章圣贤经传,只好异论以自高,道理安得明! "(《冯少墟集·疑思录二》)

高攀龙:"天在人身为天聪、天明,为良知、良能。率其自然,便是道,参不得丝毫人为。"(《高子遗书·语》)

东林诸子堂而皇之地反对"人为""自用",讲究"规矩绳墨""祖宗法度",这正是他们认识境界的真实写照。在他们一味尊孔崇圣、化一、无我的背后是他们竭力代圣人立言,争做孔门圣学正宗传人的坚定信念。宜乎顾宪成叮咛再三:"学者须辨得圣贤之心,方能读得圣贤之书,方能代得圣人立言。"(《泾皋藏稿·复夏璞斋书》)这也是东林人士极其尊崇王权,在行为模式上表现出鲜明的"正统性"的学理根源。

第二节　公私辨与好名辨

公私之辨是儒家文化的传统论题之一,公而不私、大公无私是这一辨题的基本结论。可是,理论与实践总是有间距,在实际社会政治生活中,私心、私欲人所难去,谋利、逐利人或难免。于是千百年来,或公或私,何去何从,论辩不已。晚明东林人士是以兼善天下为己任的,公与私的话题更为他们所热衷,他们要给自己的人生选择寻求更充足的学理依据。

一、从无私到"公议归天下"

东林人士讲论公私的范围比较宽泛,常常是借题发挥,随机而议。这里归纳为三个方面。

第一,关于私心、私利和私己。

顾宪成身为东林领袖,在许多论题上的见解都很有代表性,关于公私之辨也是如此。他认为,从"人而有私"到"以私祸乱天下"有一个发展过程。他提出了一个假设:"窃惟天下之事所以至于破坏而不可收拾者,其初起于一人之私而已。"从逻辑上推理,私心之初始,始于一人。假如仅仅一人有私,众人无私,那么"天下谁不知其非者,于法未足坏也"。事情糟就糟在有私者不是一个人,而是"有附之者焉"。不过这些附和之徒都是些"庸众细人",所谓小人之属,他们"名丑实恶",不值得一提,"天下又谁不知其非者,于法又未足以坏也"。可是事情并没有就此截止,"盖又有效之者焉"。好在这些效法行私之辈与"庸众细人"是同类,他们"要以互相为利而已",尚不至于殃及君子,"天下又谁不知其非者,于法终又未足以坏也"。然而人们看到的却是世上私心泛滥,私欲流行,原因何在呢? 顾宪成一语道出:"惟其日积月累,循以为俗,虽夫端人正士,亦安然居之而不疑,然后遂破坏而不可收也。"(《泾皋藏稿·上颖翁许相国先生书》)

顾宪成的认识很有特点,他并不是一味地反对私心,绝对否定私利,而是认为个别的私心私利不会给法规治道带来危害,甚而"庸众细人"互相为私也不足以祸乱国事,因为毕竟有正人君子在,人们对于公与私仍然保持着合理的是非观。唯有私心私利积而成俗,泛滥成灾,连那些明辨是非的正人君子也不能免于私的侵扰,以至于把私视为合理,"居之而不疑"的时候,才真的祸乱将至,岌岌可危。据此可知,顾宪成对小人之私是默许的,以为无伤大雅。对君子之私却坚决批评,视为大害。

顾宪成经过一番推理分析,把倡导和践履公而不私的重任托付给了"端人正士"的群体,无私被理所当然地看作了君子必备的品德。顾子还提出了一些具体的建议。例如,他认为君子之间相互交往,应该遵循"无私"的准则,不可论"报施",而是"相期于品德",以道德论交往。他说的"报",是"以人有所加于我也",他说的"施"是"以我有所加于人也"。人我之间以"报施"论交,形同利益交换,"是一偶之私也",为君子所不齿。顾子认为,君子之交应完全遵照道德规范以及名分、本分等,所谓"要以各率其分之当然,而各即其心之固然",不应当基于利益而结成私人关系,"是天下之公也"(《泾皋藏稿·赠桂阳聚所罗侯迁兖州少府序》)。

同时,顾宪成还提出,不可以将个人的私心、私见用于公务,否则即谓之"事中有我",正是私的表现。他对"当局者迷,旁观者清"这句俗语大加发挥:"当局者身在事中,则有我。有我则有私,于利害成败看得重,计虑横生,所以常迷。旁观者身在事外,则无我。无我则无私,于利害成败看得轻,脱然不系,所以常清。"(《小心斋札记》卷一〇)无我本是东林学旨的最高认知境界,能做到心中无我,事中无我,所谓私心、私见、私利必定荡然无存。自无我处论无私,显然是比较彻底的。

冯从吾援引蔡虚斋之言:"利不止是货财,但有私己之心,或有所为而为者,皆利也。"(《冯少墟集·善利图说附录》)冯子认为,蔡先生所见极是,"必如此说,方透'私己'二字视'货财'二字病痛更大,贻害更远"。他详细辨析了"货财之私"与"私己之私",认为后者之害更甚。在冯子看来,实现全社会"遍在的善"本是东林学旨的最高目标,与之相对,只以实现个人之善作为生活追求,便是"私己"。"且如自家要做君子、做善人,岂不是善?若只要自家做君子、做善人,不要大家做君子、做善人,如此存心,善乎?利乎?"一旦到了这一步,"凡可以损人利己,倾人陷人者,无所不至矣。可不畏哉!"(《冯少墟集·善利图说附录》)

冯从吾敏锐地觉察到"财货之利易见,私己之利难知",于是进一步揭示了"私己"的根源。首先,冯子指出,"私己"的认识根源是"有己"。为了证明言之有据,他征引了朱熹之论:"朱晦翁(熹)曰:许多纷纷,都从一我字生出来。此字真是百病之根。若砍不倒,触处作灾怪也。"又引薛瑄:"薛文清(瑄)亦曰:人所以千病万病,只为有己。为有己故计较万端。惟欲己富,惟欲己贵,惟欲己安,惟欲己乐,惟欲己生,惟欲己寿。而人之贫贱、危苦、死亡,一切不恤。由是生意不属,天理灭绝,虽曰有人之形,与禽兽奚以异?"(《冯少墟集·善利图说附录》)冯从吾对于朱、薛之见推崇备至,深悉前贤"无己"之旨,这一认识与顾宪成"无我则无私"相呼应。

其次,冯从吾断定导致"私己"的心态病源在于"忌":"私己之病,总只是一忌字作祟。"如若进一步探讨,则忌有两类。一是小人忌君子,另一是君子忌君子。这两种心态表现各有特点,后果有别。小人忌君子是"忌其胜己也",特点是表现在明处,"明为排挤毁谤",结果人所共知。"不惟天下人知小人之忌君子,即君子亦知其彼之忌我也,必然避之防之,而君子犹得为君子",伤害不大。君子忌君子,是"忌其并己也",其特点是暗中所为,"阴为化导转移",不易觉察。结果"不惟天下人不知君子之忌君子,即君子亦不知其彼之忌我也。方且信之从之,而君子渐化为小人"。两相比较,后者之害更甚:"君子之忌君子,其流毒贻祸视小人更深且远也。"(《冯少墟集·善利图说附录》)以冯子的度量来看,小人之忌尚能容忍,以其在情理之中;君子之忌出人意料,而且情理难通:"既谓之君子,而犹有此忌人并己之心,则何以谓之君子?"只能归之为伪君子。冯从吾深畏忌心威力之大,无论小人君子,均不可免,一旦沾染,绝无出路。于是他谆谆告诫那些有意为善者,既要尽力克制自己的忌人之心,又要提防被他人忌害,切勿在不知不觉中被人"化导转移"。

冯从吾挖掘"私己"根源的思路很有启发性,尤其是对"忌"的剖析,相当深刻。从人的一般心理构成来看,忌心的存在绝非鲜见,亦非偶然。西哲培根就曾指明:"在一切的情欲中,嫉妒是最强烈、最持久的。因为别的情欲底起因不过是偶尔有之的;因此昔人说的好:'嫉妒永不休假',因为它老是在这人或那人心上活动的。"①当代社会科学的发展已经从理论上证明了"忌"是造成人间种种伤害与悲剧的重要心理因素。至于中国古人,关于忌的分析也时有妙论。如汉末王符就曾指出,妒心人多有之:"夫国不乏于妒男也,犹家不乏于妒女也。近古以来,自内及外,其争功名妒过己者岂希也?"(《潜夫论·贤难》)冯从吾则以忌心与私己相沟通,试想挖出"人多有私"的心中病根,在认识上从道德领域推进到了心理层面,标志着其思维的深入,在实际政治生活中则更接近事物的真实面目。

冯从吾憧憬着一个无私的世界,人而无私,天地宽广。他说:"人人能克去'私己'二字,便是青天白日心肠,便是海阔天空度量,便是光风霁月襟怀,便是天清地宁世界。"(《冯少墟集·善利图说附录》)真是妙语连珠,读之口舌清馨,东林人士的无私胸怀和思想境界于此可见一般。

顾宪成、冯从吾的认识比较典型,其他东林人士也差不多。如赵南星指出,"私著于心,所为皆私"。人而没有私心,才会杜绝私交和私情。"若心本无私,安得私人?"(《赵忠毅公文集·覆陈给事容淳条陈疏》)徐如珂以相臣的职责为例,认为居高位者"必尽祛其有我之私",然后才能"以天下为公"。不然的话,就会"有物""有欲",以至虽然身居相位,却不能恪尽职守。如能努力去私,"而不敢以己私意伤天下之公,夫然后心术纯,事业粹,功与天壤流,而名与竹帛垂也"。(《徐念阳公集·无欲然后可与言王佐》)高攀龙以御史的职责为喻,指出当今"世习之渐靡久",任职御史者常常面临"别白之难""调伏之难",之所以困难重重,"缘人各有私"。由于私心作祟,致使人多阻隔。高子认为:"必居此位者先无私,而后可以消人之私;先无隔,而后可以通人之隔。"(《东林书院志·高攀龙行状》)总的来看,这类认识的深度大体上未出顾、冯之论。

---

① [英]弗·培根:《培根论说文集》,水天同译,商务印书馆,1983 年,第 33 页。

第二,关于公道、公事。

自从公与私成为人们的论题,关于公、私的内涵就是人们需要首先论析的对象。据文献记载,春秋时期有公室、公门、公事、私门、私事、私家诸说,这时公多指诸侯国君,而私指卿士臣僚。先秦诸子也常常讨论公与私,他们提出了公天下、以法为公、背私为公、私利、私见、环己为私、坏法为私等说法。这时的公常常涵指某种通则或标准,私则指的是私己或个人行为的意思。事实上,自先秦以及后世,公与私的概念人皆用之,公与私的内涵并不确定,往往视具体论题和论辩的各种参照条件而定。东林人士论辩公、私也是如此。简言之,由于他们有着极其强烈的社会责任感和参政意识,于是有人提出将社会政治公正或政治公平标准叫作"公",谓之公道。相近的认识先秦诸子已有议论,典型者如《慎子·威德》:"蓍龟所以立公识也,权衡所以立公正也,书契所以立公信也,度量所以立公审也。"文中的公识、公正、公信、公审指的是有关事物一般性的公平与公正。时隔两千年后,东林人士亦把认识的焦点集中在政治公平与公正上。

顾允成论曰:"朱子有言,四海之广,兆民至众,人各有意,欲行其私。而善为治者,乃能总摄而整齐之,使人各循其理,而莫敢不如吾志之所欲者。"(《小辨斋偶存·上座师许相国》)顾允成在这里提出了两层认识,一是地广人众,人各有私,难免于乱;二是"善为治者"树立标准,统一规范,以去其私。他所说的"总摄而整齐之",指的就是要利用"纪纲"来建立公平秩序。他说:"何谓纪纲?辨贤否以定上下之分,核功罪以公赏罚之施也。"显而易见,"纪纲"就是统一的公正标准,纪纲的实施即意味着"政治公平"的实现。正如顾允成的描述:"纲纪之所以振,则以宰执秉持而不敢失,台谏补察而无所私,人主又以其大公至正之心,恭己于上而照临之,是以贤者必上,不肖者必下,有功者必赏,有罪者必刑,而万事之统无所缺也。"这样,"政治公正"从治道标准直贯整个实施过程。一个"必"字突出了政治公平的必然性与权威性。

顾允成认为,以纪纲为代表的公道,其作用和影响不只限于政治生活,纪纲威慑之广将遍及全社会,影响到人心与民风:"纲纪既振,则天下之人自将各自矜奋,更相劝勉,以去恶而从善。盖不待黜陟刑赏一一加于其身,而礼义之风、廉耻之俗已丕变矣。"(《小辨斋偶存·上座师许相国》)这不正是东林人士梦寐以求的无私至公之世吗。反之,如果"至公之道不行于上",居官者不得其人,刑赏多出于私情、私意,天下风俗必将大坏,"至于靡然不知名节行检之可贵,而惟阿谀软熟奔竞交结之为务"(《小辨斋偶存·上座师许相国》)。显然,顾允成推崇备至的至公之道是公之为德的社会表现与政治显现。如果说,私己讲论的是个人品德,无己而大公体现的是普遍的社会道德理想,那么,公道就是将无己无私的公德精神用于政治,作用于社会,代表了东林人士政治理想的追求。

与公道认识相关,顾允成又提出"公事"说。据《明史》载,"三王并封"是晚明党争的争斗焦点之一。①顾允成曾就这一问题上疏神宗皇帝,指责首辅王锡爵专权:"封王之谕,乃锡爵以寸晷立就。"他在上疏中责问道:"昔人有言,天下事非一家之私事,盖言公也。况以宗庙社稷之计,岂可付之一人之手乎?"(《小辨斋偶存·恭请册立皇太子疏》)顾允成以天下事即社稷之事为公事,严格而论,其认识的范围没有超出春秋时代的"公室""公门"说,不过,顾允成在话语之中流露出天下事不可一人专断的意向,他的思绪中表现出了某种程度的政治主体意识。

需要说明的是,也有人从治学传道的角度讲公道,这种认识与顾允成的"公事"说相距甚远。如邹元标说:"学者,大人之学,非一身一人能私;道者,天下万世之大道,非一世一家能私。"(《愿学集·正学书院记》)邹子所说的公学、公道是晚明时期的流行观念,意思是圣人之学与圣人之道是人人可循可学的,不可由一人专擅。他使用的"公道"与政治公平或社会公正不是一回事。这种现象正是中国传统文化的一个重要特点:内涵多歧义而概念依旧。

---

①　三王并封:明神宗宠郑妃,不立太子,并封三王,激化了晚明党争。

后学者不可不明察焉。

第三,关于公议。

公议之公最为东林人士所重视,他们论析的逻辑展开是从"反对密奏""公论付言官"到"公议归天下"。

钱一本①是东林书院创始者之一,精研易学,学术地位很高,史称其与顾宪成"分主东林讲席"。就是这位饱学之士曾经明确提出反对密奏,要求言政公开。他在奏疏中说:"墨敕斜封,前代所患;密启言事,先臣弗为。今阁臣或有救援之举,或有密勿之谋,类具揭帖以进;虽格言正论,谠议忠谋,已类斜封密启之为,非有公听并观之正。况所言公,当与天下公言之;所言私,忠臣不私。"(《明史·钱一本传》)钱一本的用意很清楚,密奏言政不能光明正大,容易徇私贻患。凡忠臣者必然无私,可以而且应该将自家政见向社会公开。

史孟麟的认识比钱先生前进了一步。钱一本只涉及公开个人政见,史孟麟则提出"政事付六部,公论付言官",直接触及权力分配与政治舆论问题。他重申当年太祖设置六部的本意,就是唯恐宰相专权。沿用至今,"凡会议会推,并令廷臣类奏,取自上裁,用杜专权"。目的仍然是通过廷臣会推建议,最终由皇上决断,以防范有人专权。由此史孟麟指出,这一制度实施的实际效果却是"事虽上裁,旨由阁拟。脱有私意奸其间,内托上旨,外透廷言,谁执其咎?"(《明史·史孟麟传》)奸佞之徒反而利用这一制度旧例而上下其手,以售其奸。因此,史孟麟力主由吏、户、礼、兵、刑、工六部分别执掌行政权,而由御史、给事中等台谏言官独掌公论,通过权力布局,以保证公论允当,杜绝奸佞。

史孟麟之论的着眼点在朝廷内部,由言官左右公论。将这一认知再往前推进一步,就是要将公论归于天下之人。东林人士之中就属这一方面的认识

---

① 钱一本,字国瑞,学者称"启新先生",武进人。万历十一年进士。曾任知县、御史等。因谏言忤旨,免官家居,为东林书院首领之一。

最为集中。如顾允成:"言路者,天下之公,非台省之私也。出于公即荡荡平平,出于私即旁蹊曲径。"(《小辨斋偶存·上座师许相国》)叶茂才①:"官台谏者,自为天子耳目臣,他曹出位建白,即目之为旁器。不知天下事非一家私议,何正何旁,期于至当而止矣。"(《东林书院志·叶茂才行状》)他们都认为,所谓公议、公论,不能只由台省言官把持,其他负有官责者、秉职者、居位者都应参与。他们的"天下之公"越出了台谏职官的狭小范围,泛指群臣百官。

在公议问题的辨析方面最有建树者,当推缪昌期。他做有一"论"、一"解",讲述详明,与东林同仁相较,最有洞见。

论曰《公论国之元气》,内容可以分为四层。

其一,"公论"之说始于孔子。缪昌期指出:"公论之说,昉于夫子曰:吾之于人也,谁毁谁誉。斯民也,三代之所以直道而行也。"这段征引见于《论语·卫灵公》,本义是孔子表白自己不曾凭空毁誉他人,似与公论没有直接关联。且征引有阙文。②昉,始也。缪昌期之所以不顾文义牵强也要举出孔子,就是要给自己的通篇立论找出合理性依据。有了圣人作招牌,就可以立于不败之地。缪子立论之始即颇具匠心。

其二,给公论做界定。缪昌期提出公论始于夫子之言,但夫子没有给公论下定义。于是缪子随机发挥,列举了三种情况。他说,"天下之论",不过是论"是与非"。如果是非不统一,"一是一非,一非一是",这种情况叫作"异","不谓之公"。如果是非完全一致,"一是偕是,一非偕非",这种情况"谓之同",也不是"公"。那么,什么叫作公论呢?缪子认为,所谓"公论"是超出了简单的是非评判的。他说:

---

①　叶茂才,字参之,无锡人。万历十七年进士,官至南京工部右侍郎。他与顾宪成、高攀龙、钱一本等号称"东林八君子"。

②　《论语·卫灵公》:吾之于人也,谁毁谁誉。如有所誉者,其有所试矣。斯民也,三代之所以直道而行也。

> 公论者，出于人心之自然，而一似有不得不然。故有天子不能夺之公卿大夫，公卿大夫不能夺之愚夫愚妇者。夫愚夫愚妇何与于天下事？而唯其无与于天下事，故其待之也虚，见之也明。率然窍于臆、薄于喉而冲于口，率以定天下之是非。故曰斯民也，三代之所以直道而行也。夫子之所谓斯民，其即吾之所谓愚夫愚妇也。

缪昌期讲得很明确，他认定的公论就是民意。公论是不受政治干扰，出于自然本心的公众意见。愚夫愚妇的意见才是评判天下是非的标准。

其三，愚夫愚妇的公论是天地与国家之元气，公卿大夫则是民众公论的代言人。缪昌期说："夫愚夫愚妇者，是混沌之名，而天地之元气所留也。唯国之元气留于愚夫愚妇之论。"元气者，天地国家的生命生气之所在，缪子认为天地国家的命脉蕴聚于元气，通过愚夫愚妇来体现。缪昌期又说；"夫愚夫愚妇之论岂必出之愚夫愚妇之口哉！其在公卿大夫而不立意见，不逞意气，无依附，无迁回，无嗫嚅，无反覆，任其率然之偶发，而与天下万世合符。此所谓愚夫愚妇者也。即所谓元气也。"可知在缪昌期看来，天下公论常常由公卿大夫来表达，也就是说，凡公卿大夫能排除私念、杂念，言论与天下通见相合，与万世通理相符，即可视为公论，亦即代表了愚夫愚妇。缪昌期通过一连串的逻辑推导，把"天下之言"说成是天地元气、国家命脉，公卿大夫藉此而自命为天下百姓的政治代言人，从而给东林人士的"公议"参政拓展了宽广的社会基础。

其四，君主理应爱惜公论，自护元气，否则元气受损，国亦大伤。缪昌期在文中设问："有国者之于元气"，是"摧而剥之"，"壅而滞之"，还是要"培而养之"，"宣而导之"呢？答案很明显："摧而剥之，则为枯为折，而国大伤；壅而滞之，则为溃为决，而国亦大伤"。他举出东汉党锢之祸和北宋熙宁变法为例证。东汉末年，"寺人专政"，李膺、范滂领袖仕林，谣语品题，讽议朝政。掌权宦官"践蹋冠裳,此愚夫愚妇之所痛也"。汉桓帝良莠不辨,对朝臣忠良之言不予理睬,而且"大考钩党,名士皆见屠戮"。结果,"汉之为汉,其余几何?"北宋王安石推行新法"骚动海内,此亦愚夫愚妇知其不便者也"。凡对新法有异议者,均被贬斥,以致党争不断,"一转为崇宁,再转为靖康。而宋之为宋,其余几何?"真是事实胜于雄辩,汉末君主和北宋皇帝不能正视公论,拒谏饰非,结果不免败亡之厄。缪昌期还特别提醒君主,大凡诋毁公论者,常常将公论冠以党论之名,将天下百姓之言诬为朋党私见。等到天下之论"如沸如羹",危机四起行将大乱之时,"乃复归咎于公论,冤矣哉"。(《从野堂存稿·公论国之元气》)因此不论从哪个方面看,君主"爱惜公论"正是"自护其元气"。

缪昌期将公论释为民众之论,在认识上是一大推进。他自命为民论代表,又以民论为国家命脉,气概不小。这样的"公论",指的正是覆盖了朝廷与社会的政治舆论。缪昌期的潜台词是:卿大夫只要把握住了舆论,就能积极干预政事,实现政治理想。这一主旨在他做的一"解"中得到了深入阐发。

解曰《国体国法国是有无轻重解》。其文曰:"国有三大,曰国体、曰国法、曰国是。"国体是"虚而不可不存者"。缪子曰:"今夫国之有体,如器之有形,而工之有制也。体之有高卑、贵贱、亲疏、内外;如堂之于陛,冠之于履,表之于里,不可并也。"可知缪子说的"国体",指的是君主政治的根本制度,如等级礼制、君臣体制、尊卑仪制等。国法是"画而不可不守者"。缪子曰:"国之有法,如方圆之有规矩,而低昂之有权衡也。"是知"国法"无非是法律政令之类。缪昌期认为,国体与国法具有至高的权威性,所谓"体之有尊而无亵也,法之有伸而无屈也",故而理应由"人君独操之"。

与国体和国法相比较,"国是"有些特殊性。依缪子之见,"国是"指"棼而不可不一者",即"公论"。国是的基本特点是"出于群心之自然,而成于群喙之同然"。因而"国之有是",源在民间,"则人主不得操,而廷臣操之;廷臣不得操,而天下匹夫匹妇操之"。既然百姓达成了共识,那么天下是非就要以此为准。"匹夫匹妇之所是,主与臣不得矫之以为非;匹夫匹妇之所非,主与臣不得矫之以为是。汇真是真非以成一是,故总谓之是。以其宣之士大夫,著之廊庙。国体藉以尊,国法藉以伸,故系之于国。"(《从野堂存稿·国体国法国是有无轻重解》)国是一旦确立,则君臣百官非但不可以随意矫改,而且要树为国政方针,与国体和国法形成相维相护之势。这一番辨析展示了缪昌期的基本立场。

在上述认识的前提下,缪昌期又讲了两个问题。

一是彰明国是需要国体与国法相维系,此三者不可缺一。理由一:"欲明国是,当先存廷臣之体。有体则人无儒言,无儒言所以明国是也。"理由二:"欲定国是,当先守祖宗之法。据法则人无巧言,无巧言所以定国是也。"缪昌期将臣僚体制和祖宗之法看作明定国是的前提和保障,有了国体与国法,则人不敢轻率放言和花言巧语,于是国是可明。

二是国是不能混淆不清,否则与治无补。君主只依靠国体国法治天下,未为稳便。缪子说:"国之有是,犹天之有日也。"可是正像太阳经常要被云雨遮掩一样,国是也会常常陷于混乱。"为国是者一,而议国是者多,借议以淆国是者又多。彼一是非,此一是非,是非之中,更有是非,彼此之外,复生彼此,呶呶籍籍,日与媾斗。"国是混淆无序,是非不一,不能形成统一的"真是非"。再加上"士大夫既以私掩,而所谓匹夫匹妇者无权无力",他们都不能将"真是非"晓告天下,"则天下之人又不能操其是,势不得不转听之人主"。其结果是"人主与天下人相维相制者,唯有国体、国法而已"。这种局面显然大非缪子所愿。

缪昌期认为:"是者天下之所共,体与法者人主之所独。"这两个方面"相维相制",才会促成政治的稳定和顺畅。如果君主不能操其所独,这是"示天下以轻",为君者权威不足,如何言治呢? 同样,假如卿士大夫们不能"存体""据法",国是不明,不能形成"公论",又怎能与君权形成互倚之势而相互维系呢? 显而易见,在缪昌期的设计中,卿士大夫掌握和操纵舆论,代表天下百姓,与君权"相维相制"。这是在当时的历史和政治条件下,他所能找到的最佳参政方式。在他看来,唯有选用这种方式,才会使士大夫的政治主体性得到最大限度的发挥。

缪昌期的见解固然高明,却也不是唯一之论,如今讲论东林者常常引用顾宪成与首辅王锡爵的一段对白,也反映了相近的认识。据顾宪成自述:

> 丙戌(万历十四年,1586 年)秋,予入京补官。娄江王相国(锡爵)谓予曰:"君家居且久,亦知长安近来有一异事否?"予曰:"愿闻之。"相国曰:"庙堂所是,外人必以为非;庙堂所非,外人必以为是。不亦异乎?"予对曰:"又有一异事。"相国曰:"何?"予曰:"外人所是,庙堂必以为非,外人所非,庙堂必以为是。"相国笑而起。(《小心斋札记》卷一七)

顾宪成以"外人之是非"与"庙堂"相对,立意仍在以天下公论的代言人自居,其思路与缪子之见如出一辙。这段对白见载于顾宪成的 "行状""年谱""传纪"等多种文字,可知时人对"外人之是非"的重视,对顾氏之见的赞许。这段对白代表了东林人士"公议归天下"的共同心愿。

"公议归天下"是东林人士的参政方式,这种方式与君主政治权力私有化的私密本性直接相对。也就是说,在政治权力私有的条件下,政治机密既没有时限性,也没有区域性,任何形式和任何程度的政治公开都有可能损害权力私有者的切身利益。因之《易传》有言:"乱之所生也,则言语以为阶。君不密则失臣,臣不密则失身,几事不密则害成。"几事,高亨注:"几读为机。"[1]儒家文化生而与俱的政治理性演化为政治上的机警和深谋远虑。于是孔子教人"敏于事而慎于言"(《论语·学而》);"言寡尤,行寡悔,禄在其中矣"(《论语·为政》)。在这里,儒学倡导的崇高理想让位于慎言慎行和循规蹈矩的实用理性。然而,东林人士却要以"公议""公论"与政治机密相对,以"天下""外

---

① 高亨:《周易大传今注》,齐鲁书社,1979 年,第 523 页。

人"与庙堂相对。这种对峙的背后当然是东林人士深信不疑而抱负终生的政治理想。他们的慷慨激昂触犯了君主政治之大忌。他们对圣贤先哲们首肯的世俗、务实的实用理性体悟不深,领悟不彻,总想要统驭天下舆论去抗衡当朝权贵,左右时政,其结果是必然要在帝王殿堂的高阶上滚落下来,摔个头破血流。

"公议归天下"是东林人士的理想政治价值的体现。东林诸子当仁不让,自封为"民意代言",与当权者对阵。他们的手段是舆论,目的是制约君权,他们要利用"公论"表达士人利益集团的政治主张和要求。显而易见,且不论其效果如何,仅只这种方式本身就不同凡响,其中孕育着君主政治条件下最富有合理性的政治制衡因素。

平心而论,虽说中国传统政治文化的主体是王权主义,可也确有不少光彩照人之处,其中之一就是有关"道义制衡"的认识。①道义制衡的思想渊源可以溯至西周史官伯阳父的"和同论",其后有春秋名士晏子丰富其说。"和",伯阳父谓之"以他平他"(《国语·郑语》);晏婴谓之"济其不及,以泄其过"。意思是君臣之间应当相互协调互补,"君所谓可而有否焉,臣献其可否,以去其可。君所谓否,而有可焉,臣献其可,以去其否。是以政平而不干,民无争心"(《左传·昭公二十年》)。"同"则相反。伯阳父认为"同则不继"(《国语·郑语》);晏子也说:"君所谓可,据亦曰可。君所谓否,据亦曰否",臣对君只会一味顺从,应声虫儿一般,好比"以水济水,谁能食之"。(《左传·昭公二十年》)先秦儒学宗师们从"和同论"中受到启发,设想在道义原则的基础上实现君臣协调互补,运用道义制约君权。孔子提出"以道事君"(《论语·先进》);孟子提出"格君之心非"(《孟子·离娄上》);荀子提出"从道不从君"(《荀子·臣道》)。道即道义,是儒家文化的政治与道德理想价值的凝聚。在儒学宗师的一再引领下,道被参政的士人们用来评估时政,批评君主,采取的方式主

---

① 参阅葛荃:《中国传统制衡观念与知识阶层的政治心态》,《史学集刊》,1992 年第 3 期。

要是进谏。在实际政治运作过程中，君主的权威具有绝对的强制力和威慑力。与之相对照，道义原则不过是人们认可的价值准则，进谏无非是话语的规劝，因而这种制衡不具有实践上的政治强制性，而是仅仅作为君主政治的某种调节方式偶尔有效。政治制衡是政治理性最典型的体现，儒家文化中的"道义制衡"所具有的政治理性及其合理性价值是不言而喻的。不过，道义制衡只拥有认识上的权威性，它的运作过程被完全纳入了君主政治的运作系统，它的实现程度受到君权及其相应的多种条件的节制。因之，道义制衡充其量也不过是君主政治的自我完善和自我调节的方式，与现代社会的政治民主化相距遥远。

那么，我们再来看看晚明东林人士竭力争辩的"公议归天下"，他们的思路和设计大体上没有越出"道义制衡"的理论框架，也是以道义原则和话语规劝作为其中的基本要素。不过，在制衡的表达方式上，东林人士有所推进，体现在两个方面。一是他们明确要求以愚夫愚妇、匹夫匹妇即普通民众之是非为真是非，从而在传统的道的理想中加入了某种"民意"的成分，民众"公议"成了制约君权的社会动力。二是他们一改"代圣贤立言"的传统话语表达方式，赫赫然以民众公论的代言人自命。这些认识上的细小变化意味着东林人士在思维导向上已经朝向民主政治思维迈出了一大步。说到这里，令人禁不住心中窃喜。可是，转瞬之间，我们又发现东林人士的致思逻辑和政治价值的选择上仍然顶着高高的君父帽子，正像缪昌期张扬国是，却又放不下君主独操的国体与国法，于是他们难得迈出的步子又踱回到尊君的老路上，令论者不无遗憾。

若从政治文化的角度看，对"公议归天下"的评价亦不宜过高，理由有二。其一，东林人士关注一般民众的是与非，可是，没有法制权利做根基的"民意"是无足轻重的。缪、顾诸子口口声声不离"愚夫愚妇""天下""外人"，但这不过是传统的重民思潮的某种表现形式而已。在他们的心目中，民依然只是维护君权稳固的必要前提。孟子早就交口称道"天视自我民视，天听自我民听"。缪、顾之论上承孟子,标志着明代重民认识的至高点,说到底也不过如此而已,这毕竟与民权民治的政治民主不可同日而语。其二,东林人士坚持以"公卿大夫"做愚夫愚妇的政治代表,民众的是与非,亦即天下公众的"利益表达"需要经由特定的士大夫集团做中介。然而,在东林人士的思维视野中,我们看不到任何针对卿士大夫的监督和制约,代表者当仁不让,被代表者听之任之,其结果难免会出现下面的情况:愚夫愚妇的是与非被卿士大夫的是非所取代,而一般民众的政治利益及其表达仍然是零。一般来说,政治权益"代表者"的产生如果不是经过一定的合法程序,其所执掌的权力没有切实可行的"授权程序"做根基,也没有形成相应的有效监督与制约——这一切都被"代表者"理所当然的"自我肯认"所取代,那么,这种"代表"不过是另一种形式的"剥夺"罢了。当然,这并不是说东林人士不能代表"民意",事实表明,他们种种清官作为和反对矿监税使正是民心所向。这里的分析旨在展示东林人士的思维盲点,以供方家评说。

二、"好名"与善恶

东林人士通过论析公私,表达了积极参与政治的意愿。在他们参与政治的实际操作中必然涉及另一个论题:好名辨。

儒家文化给儒生设计的社会定位是:以入仕参政为天职,这就决定了儒生们总要想方设法,皓首穷经,甚至毕其一生围绕着一个"仕"字做文章。对于这些满脑子都是怎样才能有朝一日"释褐"为官的士人们来说,名利之心几乎是与生俱来的。孔子以其自身的经历给后世士人作出了表率,而且,他对名利从不讳言。如说,"君子疾没世而名不称焉";"学也,禄在其中矣"(《论语·卫灵公》)。自从汉儒董仲舒提出"正其谊不谋其利,明其道不计其功"(《汉书·董仲舒传》),功利成了道义的对立物,名利之求当然有了功利之嫌,于是后世儒生在名利问题上犹豫不决,论辩不休。

晚明东林人士较之前贤也高明不了多少。一个通常的观点是,名利与道相悖,不可求,君子唯恐避之而不远。顾允成觉得有理,他援引宋儒司马光的看法:"小人欲倾君子,其御之之术有三,曰好名,曰好胜,曰彰君过而已。"(《小辨斋偶存·恳除邪险疏》)司马光把好名看作君子的祸害,理应去之。顾允成又征引明儒王畿的观点:"阳明夫子"曾经以好名、好货、好色为"三大欲"。王畿通过自我反省,觉得好货、好色之欲容易"勘破",唯好名之欲困难。王畿说:"名之为欲,其几甚微,其为害更大,一切假借包藏、种种欺罔,未有不从名根而生者也。"(《小辨斋偶存·札记》)好名成了万恶之根,顾允成觉得其言不差。可是顾允成通过观察世态人情,发现"世之谈不好名者,往往堕入货、色关里,是则此三字(指"不好名"——引者按)乃好货、好色之引子耳。余未知其害机制孰大孰小,勘之孰难而孰易也。"(《小辨斋偶存·札记》)他似乎难以断言,这个难题只好由乃兄解之。

顾宪成对于好名辨颇有研究,论析深入。他的认识分为两个方面。一方面,他是坚决反对名利的,以"拔去名根"为治学第一义。他说:

> 好名一念,上之有碍于天理,是故在善中为恶;下之有碍于人欲,是故在恶中为善。世之学者,莫不曰:声色货利,正何足论,须拔去名根,乃是第一义耳。(《小心斋札记》卷二)

顾宪成似乎也觉察到了"好名"的复杂性,指出其在善中为恶,在恶中为善。但是,与乃弟不同的是,他明确提出要斩断名利根:"利根断,方能充无欲害人之心;名根断,方能充无穿窬之心。"(《小心斋札记》卷八)

那么,什么是名和利呢?哪些念头属于好名或好利呢?顾宪成认为,名利就是利欲虚誉,功名利禄。譬如写作"时文","写在纸上,便要人道好,此名心也"。又如科举,"童生要秀才,秀才要举人,举人要进士,此利心也"。(《志矩堂商语》)明儒何心隐、李贽属于泰州后学,他们思想激越,力倡平等,认为私利合理。如李贽就说过:"夫私者人之心也。人必有私而后其心乃见。"(《藏书·德业儒臣后论》)饥食渴饮就是私心,凡种田、治学、居官等等均为谋利。
这些观点在顾宪成看来势不能容。他说,"李贽以何心隐为圣人"。"何心隐坐
在利欲胶漆盆中,所以能鼓动得人"。(《小心斋札记》卷一四)对于这样的名
利之念,必欲除之而后已。既然如此,那么做到哪一步才算是断了名利的根
呢? 顾宪成认为:"必也行一不义,杀一不辜而得天下不为,方才利心消尽;必
也遁世不见知而不悔,方才名心消尽;必也如孔之所谓不知老之将至,如孟
之所谓夭寿不贰,方才躯壳心消尽。"(《小心斋札记》卷一)这样的标准可不
低,真能做到,必也圣乎!

另一方面,顾宪成又不主张笼统地去除好名。他认为,好名与好利应区
别对待。对于"好利",毫不犹豫立刻去除;对于"好名",则要具体分析。顾宪
成指出,王畿要求人们"断名根",这本来就是"吾人立脚第一义"。况且圣人
也讲过:"人不知而不愠","遁世不见知而不悔"。王畿的要求似无可厚非。可
是,圣人之言"却何等说得正当"。王畿的说法却大有纰漏。王畿要人打破毁
誉观,"即被恶名埋没一世,不得出头,亦无分毫挂带"。(《南岳商语》)顾宪成
认为,这是因"不好名"而至于"不避恶名",却是极其危险的! 他指出:"这便
是为无忌惮之中庸立了一个赤帜。王塘翁比诸洪水猛兽,有以也。"顾宪成为
此而心存忧虑,忧心忡忡:"吾恐名根愈死,则利根愈活。个中包裹藏伏,有不
可胜言者。季时尝言:'不好名三字是恣情纵欲的引子',良可味也。"(《南岳
商语》)他越想越觉得名和利确乎微有区别,"利之于善也远,而名之于善也
近"。好利之人必然趋恶,故而"利根断自当反恶而之善"。好名则不然,"名未
有不从为善来者也",如果断去"名根",人们很容易藉口"善之近名"而不为
善,"故不好名三字,又是为善的反间也"(《南岳商语》)。

允成之疑、宪成之忧,都涉及至一个共同的问题,即"名"有虚实,有善
恶。浮名、虚名、恶名固然要去之、避之,但为善之名不可推脱。正因为他们看
到了有人以"不好名"为口实而利欲无已,肆无忌惮,故而对王畿"绝对斩断
名根"的说法不能苟同。顾宪成的结论是:"避好名之嫌,则无为善之路,难乎

其为君子;避为善之嫌,却有为恶之路,便乎其为小人。"(《小心斋札记》卷六)

将好名之心分成两个层面,这种认识在东林人士中是有普遍性的。如果从"毁誉利禄"的角度看,好名之心务必去之。如邹元标:"先正以破除名利关为小歇脚。小之不除,大者安在。"(《愿学集·仁文会计薄序》)如冯从吾:"君子依乎中庸,遁世不见知而不悔,唯圣者能之。可见学者必先绝去好名之心,而后谓之依,而后谓之圣。"(《冯少墟集·疑思录二》)冯从吾还特别指出,"好名之心,有显而易见者,有隐而难知者",有人"喜誉",有人"避非",这些都要"拔去",没有例外。其中尤其要注意"避非避毁者"。他说:"私己之士,躲避是非,绝口不敢言,自以为我不好名,人亦以不好名归之。不知此正是好名之深处。何也?是与非对,誉与毁对。'喜是''喜誉'之心固是好名;'避非'之心即'喜是'之心,'避毁'之心即'喜誉'之心,'避毁''避非'之心独非好名乎?"(《冯少墟集·河北西寺讲语》)冯从吾在这里用了一点逻辑推理,揭开了那些"避毁避非"之士的本来面目。这种人看似不好名,其实更好名。他们"躲避是非"的背后是自私自利,他们"绝口不敢言"的背后是避祸保身,胆小如鼠。惯于趋利避害,却又冠以为善之名,这大概是人类最虚伪最恶劣的品性之一,亦是丑恶人性的典型表现。

冯从吾的揭示极为深刻,不仅能够借以自律,警醒东林同志,告诫明季卿士大夫;而且,时至今日,冯子之论仍然可以令那些对"避非为善"迷惑不解之士有所醒悟:看来时光流转并不能消除人性中的伪善与恶劣。当世以来,伪善多多,21世纪以来渐渐明朗,这里不枚举。

如若从"务实为善"的角度看,则"好名"之心不可去。冯从吾亦有详论,其说有四。一曰好名不好名在君子小人身上的表现各有不同。不好名,在君子是"恐杂为善之心";在小人是"恐妨为恶之路"。好名,在君子是"为善不纯";在小人是"阻君子为善"。因而好名不好名要视具体人格具体情况作具体分析。

二曰君子为善,本不求名,故此可以不避好名之嫌。有人问"为善不近名"的说法有没有道理，冯子说："善原当为也。又何论有名不有名。君子为善，原不为名。而实大声宏，名必随之。是为善之日即近名之日也。而曰为善无近名，令人避好名之嫌，而不敢为善者，必斯言也。是误天下之君子也。"（《冯少墟集·河北西寺讲语》）君子为善必有令名，只要不是存心求名沽名，就可以不去理会它。

三曰不避好名之嫌为真不好名。冯从吾说，君子自称不好名，小人却说君子好名，否则，"若不好名，何以名都归于君子？"君子无言相对，不得已"只得并实亦不敢务。恐务实而一时名至，无以避好名之嫌耳"。冯子认为这就不对了。凡是有意"避好名之嫌"的，正是好名。唯有不避好名之嫌，心中没有名之一念，这才是真不好名。

四曰好名而务实，正是君子所当为，不可去。冯子说，好名不好名，"古今聚讼"。他自有一言可以解之："凡说好名的事，就是该做的事。若不是该做的事，一做便坏了名，如何说得好名？可见好名之讥正周行之示也！"明白了这一层道理，"则君子有所恃以务实，小人无所恃以肆讥矣"。（《冯少墟集·河北西寺讲语》）将"好名"与"周行"联在一起，冯子立意颇巧。那么什么是"该做的事"？什么是"务实"？冯氏又有一解："扶持名教，顾惜名节，此正是君子务实胜处，不可以此为好名。若不扶持名教、不顾惜名节，而曰我不好名，是无忌惮之尤者也。"（《冯少墟集·疑思录六》）原来，凡是有利于纲常名教、道义名节，亦即构成君主政治的道德与文化根基的善行善事，正是君子务实立名之处，恰恰应该尽力而为，不可稍惰，更不能避之。

好名之辨，辨在虚实与善恶，这是东林人士公而不私、学以致用的一道关坎，凡能打破好名迷障，便能去掉心中疑虑，从而在圣学之道上践行不已。

东林诸子论辩好名与公私，并不是东林学旨的简单延伸，而是他们在探讨圣学之道的同时，对于时政种种弊端有所洞察之后的有感而论。这些论题本身即体现了东林学旨的致用特色。周顺昌议世风曰："大率今日之人，求富贵利达之心多，上之为国家者固不可见，即求一真正为功名者亦复寥寥。各执其是,各行其私。"(《周忠介公烬余集·与文湛持书二》)邹元标讽议政风曰:"吾辈立朝,庸人有庸人病,好人有好人病。庸人病在好利好名,好人病在情识。夫情识不去,则虽朗如秋鉴,终是渣滓。"(《愿学集·柬陆五台》)又赵南星做《良心语》曰:"贤不肖之进退,乃民生休戚,社稷安危所关。而行己之私,或收取人情,以保禄位,是绝无良心者也。天地鬼神必不能容。"(《赵忠毅公文集·良心语》)

东林人士讥议时政抨击吏治之论极多,这里拈取三则,即可以看出时政败坏之甚。"情识"即人情面子。好人徇私枉法已成病患,庸人、小人更不待言,连真正一心一意做官之人也极为罕见。在东林人士眼中,晚明官场实际已经成为一大名利场和私欲壑。故而赵南星赌咒发誓,既是警世,亦为鉴己。东林人士正是在这样的政治生态环境下论辩公私与好名。他们的论辩有着明确的针对性,不只给世人提供了评判是非善恶的参照系;同时,更重要的是,通过论辩,他们给自己的政治选择设定了规范,使得他们自己在政治实践中能够有章可循。

第二章 东林志向

自孔子起始,儒学诸子无不怀有崇高的社会政治理想,拥有明确的志向和社会责任感。孔子本人即明示世人,他的政治理想是实现秩序井然的"有道"社会,追寻"博施济众"的仁爱之世。孔子有时也流露出"道不行,乘桴浮于海"的无奈和失望,但这只是瞬间的软弱。从总体上看,孔子始终保持着"匹夫之志不可夺也"的自信,怀有满腔"知其不可而为之"的殉道悲壮情怀。孟子以孔子为榜样,张扬"大丈夫"气概,要"居天下之广居。立天下之正位,行天下之大道",并且扬言平治天下,"舍我其谁也"! 孔、孟堪为后学表率。他们倡言的理想和志向代代相沿,成为激励士人们殉道济世、忧国忧民的精神驱动力。那么,对于晚明东林士子们来说,儒学的传统理想与志向深刻地影响着他们的人生选择。其中,宋儒张载的名言:"为天地立心,为生民立道,为去圣继绝学,为万世开太平"更为他们所折服,被他们奉为座右铭。

第一节 念头只在君父百姓上

顾宪成不愧为东林首领,他的一段话至今仍然脍炙人口:"官辇毂,念头不在君父上;官封疆,念头不在百姓上;至于水间林下,三三两两,相与讲求性命,切磨德义,念头不在世道上,即有他美,君子不齿也。"(《小心斋札记》卷十一)凡后世研究东林,无不征引顾氏的这段剖白,并且大加推崇,以表明东林人士的政治抱负和志向。不错,与晚明其他士人集团或政治团体相比较,东林一派确乎表现出更多的政治热情和社会责任感。那么,他们如此热衷于天下国家,是基于什么样的价值准则呢? 是某种情感的冲动,抑或理智的抉择? 再者,东林人士的政治追求在古代士人群体表现中如何定位,他们占有什么样的位置? 对于他们的代表性应当予以怎样的评估? 这些问题值得玩味。

一、理想至上主义

考察东林人士的理想与志向,有三个特点值得注意。

其一,东林诸子对于人生的志向、自身的使命,以及自己在社会政治生活中扮演的角色有着清醒的认识。"士之号为有志者,未有不逐逐于救世者也。"(《泾皋藏稿·赠凤云杨君令峡江序》)顾宪成即清楚地知道自己就是有志之士,曾剖白道:"生平有二癖,一是好善癖,一是忧世癖。"(《顾端文公年谱·三八年》)高攀龙引述赵南星的话:"君子在救民。不能救民,算不得账。"(《高子遗书·与华讱庵邹经畲忠余》)又说:"学者以天下为任,不以一部为职。"(《高子遗书·与李肖甫》)邹元标也说:"弟痴儒,一心以报国为事。为世龃龉,此自有任其责者,与己何伤。"(《愿学集·答缵石中丞》)

冯从吾对于士人的使命感也深有体会,曾借樊迟问稼一事,讲述甚明。据《论语·子路》载,樊迟请学稼,孔子婉拒之,评论道:"小人哉,樊须也!上好礼,则民莫敢不敬;上好义,则民莫敢不服;上好信,则民莫敢不用情。夫如是,则四方之民襁负其子而至矣,焉用稼?"孔子的这段议论,曾被后人用为讥讽儒生四体不勤的凭据。冯从吾则认为,这恰恰是士人使命的体现。他说:

> 士君子为天地立心,生民立命,只有此礼、义、信这道理。若人人都学稼圃,则这个道理莫人承当。由是无礼无义,相诈相欺,风俗日坏,人心日偷,便不成世界矣。当斯时也,彼学稼者虽欲悠游于畎亩,得乎?《大学》说:古人之学,直欲明明德于天下;《中庸》说:致中和,便天地位,万物育。可见士君子一身关系最重,如何置天地生民于度外,而徒为一身一家计也!(《冯少墟集·疑思录四》)

依冯子之见,士人不分五谷,不勤四体,正是志向所使,责任所在。士君子以天下为己任,如果一味学稼学圃,则类如世俗小人,只知自己身家之利,不顾世上生民百姓,实为有志之士君子所不取。冯子的解读切中孔子议论的本意。

东林人士既要忧世,又要救世。既然使命在身,有志者的作为便可以不同凡俗。诚如顾宪成指出的那样:"夫苟汲汲于救世,则其所为必与世殊。是故世之所有余,矫之以不足;世之所不足,矫之以有余。矫非中也,待夫有余不足者也。是故其矫之者乃所以救之也。"(《泾皋藏稿·赠凤云杨君令峡江序》)矫世即救世,顾子表达了东林人士的共同意愿。他自己是这样认识的,他的一生也是这样做的。正像周宗建评价的那样:"其学足为大儒师表,而忠言谠论,所扶植在国本,所救正在世风。"(《周忠毅公奏议·请谥公谒》)

东林人士的理想与志向,直接得益于先贤的教诲。在这方面,他们继承了儒家文化最优秀的传统,标明了他们自身的历史定位。

高攀龙引述范仲淹的名言树为己志:"居庙堂之上则忧其民,处江湖之远则忧其君,此士大夫实念也。"(《高子遗书·答朱平涵》)顾宪成对张载、朱熹的宏大志向钦佩不已:"张子曰:'为天地立心,为生民立命,为往圣继绝学,为万世开太平。'试看此语是何等气魄!朱子曰:'吾侪讲学,欲上不得罪于圣贤,中不误一己,下不为害将来。'试看此语是何等心肠!"(《小心斋札记》卷四)而且,"门徒比先知更狂热",东林人士表达的责任感甚至在某些方面超过了他们的前辈。孔子一生多坎坷,时而深虑"道之不行",又以久不梦见周公而有衰老之叹。本来孔子肉身凡胎,偶尔灰心,在所难免。顾宪成却回护说:"此所以重有感而叹也。若就孔子身上论,其家天下、人中国一念,汲汲皇皇,自少而壮,壮而老,犹一日耳。奚其衰!"(《小心斋札记》卷八)在东林人士的心目中,孔子是他们的理想与志向的象征,当然只能是完美无缺的。

在圣贤们的感召下,东林人士的"先觉"意识十分明晰,"故惟欲以斯道觉斯民"(《愿学集·新淦县重修儒学记》)。如邹元标立"开荒"之志:"吾侪有志于道,宜出身担当,大开田地,更不沿门持钵,一心开荒,牛具、种子齐来。

得见大意,即当发誓度人,更不向竹篱茅舍藏身。"(《愿学集·答刘开卿吉卿茂才》)高攀龙称顾允成:"季时(允成字——引者注)无论立朝,即伏处田野乎,其忧国忧时,无一念不于君父倾注,无一事不思于世路堤防。"(《东林书院志·顾允成行状》)又赞刘永澄,"官不过七品,其志以为天下事莫非吾事";"斯道一日行于天下,即死不可恨。生不过三十年,其志以为千古事莫非吾事。生前吾者若何扬揭之,生当吾者若何左右之,生后吾者若何袗式之。斯道一日不明于天下,即死有余责"(《高子遗书·职方刘静之先生墓志铭》)。不论今人对这些表述作何种评价,有一点是可以肯定的,东林志向绝非感情用事!他们基于深厚的价值理性而形成的理想与志向,表现为对于社会责任的高度自觉,构成了促使他们积极参与政治活动的认识基础。这也是他们无畏无悔、怀有强烈牺牲精神的理性之源。

其二,东林志向的最终落点是将儒家文化的最高道德理想——仁——付诸社会政治实践。我以为,东林诸子的志向宏大而高远,然而说到底,不外乎一个"仁"字,他们要将这一崇高道德理想通过"君父百姓"体现出来。

关于百姓,东林诸子沿袭了传统的仁政思路,即所谓"仁者爱人","博施济众"。顾宪成认为,"博施济众"是孔子心中的宏愿。他对孔子的心意深有体会。他说,当年子贡问"博施济众"的含义,孔子答以"己欲立而立人,己欲达而达人"。顾子认为 "此非以博施济众为不可也……乃其所以博施济众者也"。孔子说的"欲"字,表达了他的心愿。"力有限,愿无穷。有限则隘,无穷则博;有限则寡,无穷则众。甚矣,夫子之善言博施济众也。"(《泾皋藏稿·愿义编序》)换言之,顾宪成认为"博施济众"并不一定必然实现,但体现了孔子博爱百姓的无限仁爱之心,这是孔子将其宏大理想付诸社会的一种表述。顾子又引述了友人王曙峰的话:"天下之事,才者能为,知者能谋,强有力者能任。予于斯自省无处也,惟此心不敢不尽焉。苟有利于民,则跃然以起,不为之聚而归之不已。苟有害于民,则恻然以兴,不为之除而去之不已。"(《泾皋藏稿·殚心录题辞》)这实在是顾宪成自己"仁民爱物"心志的写照。

冯从吾着重于感悟"仁"的真谛。他认为,"仁者以天地万物为一体"是"圣学真传",能领悟到这一点,就能令责任感油然而生。他说:"知万物既备于我,可见我之为我,非区区形骸之我,乃万物皆备之我。则责任在我,自然推不得别人。"(《冯少墟集·疑思录四》)冯子认为,在领悟仁的过程中,要切实体会到其中的"爱人一念真心"。他说,古圣贤千言万语,今人千讲万讲,"总只是要涵养此一念,扩充此一念,更无多术。圣学真传原在于此"(《冯少墟集·疑思录二》)。冯子认为,能将这种"责任在我"的"爱人真心"推而广之,付诸社会,便是仁政理想的实现。古圣贤正是将"爱人真心"扩而充之,付诸实践,方才成就了一生的学术与事功。"老者安之,朋友信之,少者怀之"是孔子一生的学术与事功;"孝者所以事君,弟者所以事长,慈者所以使众"是曾参一生的学术与事功;"老吾老以及人之老,幼吾幼以及人之幼"则是孟子一生的学术与事功(参见《冯少墟集·订士编》)。冯子重申先贤的仁德事业,是将"吾儒大中至正之道"亦即"亲亲而仁民,仁民而爱物"(《冯少墟集·疑思录六》)的实施看作自己毕生心愿的实现。

邹元标的看法与冯子相近,也认为儒学的旨要在仁爱:"吾儒之学,别无奇特,惟亲其亲,及人之亲;子其子,及人之子,如是而已。"(《愿学集·六科公书》)这显然是孟子"推己及人"理想的重述。士人治学,就是为了将仁德宗旨施于百姓。"学问本体无可说,只在亲民上见。若临民处事上有渗漏,说甚本体,说甚功夫。"(《愿学集·答文时甫明府》)

赵南星从施政的角度理解仁德:"夫为政者,仁所以怀民也。"(《赵忠毅公文集·送大名世翁沈老公祖总宪山东序》)他以三代盛世为样板,志向极富于理想化:"在昔三代盛时……以万民为子弟,养之以井田,辟之以学校。老则共老之,幼则共幼之,贤则共贤之。万国犹一国也,一国犹一乡也,一乡犹一家也。"(《赵忠毅公文集·张氏族谱序》)这是典型的"天下一家"仁政理想,亦是"天人一体"的政治化和社会化。赵南星认为,为了实现这种类如"大同世界"的三代理想社会,士人必须要具有仁者情怀,怀有面对天下"阽危"的广泛同情心，"见民之疾苦，恻怛由中"，形成救国救民的主动性和积极性。如果只是因为身在其位，不得不耳，必定不能尽心竭力。"第以在其位不得不救之，则亦何能劳苦尽心力若此乎！"（《赵忠毅公文集·送郡公祖二翁魏公被征北上序》）这样一来，仁政理想的实施必然要打折扣。

总而论之，由"博施济众"到救民于水火，无一不是东林志向的最终展现。

关于君父，东林诸子的表现主要是忧国忠君，这显然是传统忠君观念的接续。东林人士如同他们的前辈一样，认为"自古有天下者，莫不有臣，则莫不欲其为忠臣也"。这是从君父的立场看。作为君父治下的臣子，其志向表达主要体现为一个"忠"字："奉公则忘其家，直谏则忘其身。天下所以乂安，国脉所以悠久，舍此更无他术矣。"（《赵忠毅公文集·救徐验封疏》）

儒家文化中的忠君是一个古老的命题，历来论述极多，内涵广泛。东林人士秉承了传统认识，又有自身特点。一是在忠君的志向表达上，东林诸子的要求极严格。高攀龙举出舜做样板。他说：

> 孟子曰：欲为臣，臣尽道，法舜而已。不以舜之所以事君，不敬其君者也。夫不敬其君，天下之大恶也。苟不如舜之所以事君，则己陷于天下之大恶而不自知焉。则所以去其不如舜，以就其如舜者，当无不至也。
>
> （《高子遗书·阳明说辨一》）

高攀龙认为，"事君以忠"是人所共知的，但"非知之至也"，即人们所知晓的并不透彻，只有以"舜事君"为榜样，才算是真正懂得了什么是忠君。高子将不能以舜为榜样者列为"陷于大恶"，这样的要求，即使不算苛刻，也是曲高和寡了。东林人士忠君志向之高，有过于先贤与后学之处，宜乎他们的忠君烈举异于凡俗。

二是在东林诸子的忠君志向中，还包含着强烈的情感成分。如李应升：

"国之忧则居官者之忧也。"(《落落斋遗集·官南康寄伯父二》)赵南星:"为臣者不忧其国之危,虽有皎白之操,不得为忠。"(《赵忠毅公文集·朝讲疏》)徐如珂:"夫所谓志者,何也?是君臣之共以为心者也。自臣言之,则为一念爱君之心。"(《徐念阳公集·上下志同策》)从忧国到爱君,这里面不只是理性的忠君思绪,而且包含着源自内心的忠君情感。东林诸子之所以深深地卷入了党争,并且最终与阉党对垒,主要原因之一就是系于他们的拳拳忧国爱君之心。如黄尊素的表白:"夫岂有仇于忠贤?不过为皇上惜威权,为祖宗爱成宪,为宗社计灵长。必欲清君侧而后皇上安,而后天下安耳。"(《黄忠端公文集·劾奏逆阉魏忠贤疏》)从东林人士的理想和抱负看,这一番话绝非堂皇之词,而是肺腑之言。

忧国爱君的情感表达并没有削弱东林人士忠君政治观念的理性程度,反而增强了这种政治追求的韧性和心理承受力。从政治文化角度看,政治情感(political emotion)是决定或影响人们政治行为的重要因素之一,其表达虽然不像政治观念那么明确和直观,但我们从东林人士的话语和字里行间,仍然可以感受到其间的炽热和执着。东林人士的情感表达凝聚为"一切为了君父"的政治意愿,这也是东林人士在党争之中往往表现冲动,而忽视个人实际利益的心态根源。

其三,东林志向的本质是一种价值追求,因而他们不计得失成败。这种价值追求的最终实现将是全社会的遍在的善。儒家文化的政治理想和社会理想是关注现世人生,立足于当世社会的。这是儒学有别于佛教和西洋宗教的一个重要标识。儒学从不讲"来世"。作为当世理想,在现实功效和理想价值准则的共同追求中,儒家更看重后者。就是说,儒家文化把社会政治理想内涵的价值准则看得比实际功效还重要。功效可以忽略而不计较,但价值准则的遵循不容打折扣;明知现世条件时不我予,但追循理想价值的兑现不容稍惰。这一志向特点在孔子身上堪为典型,恰如隐者晨门的一语概括:"是知其不可而为之者欤。"(《论语·宪问》)孟子亦以亲身感受道出其间的苦衷:

"千里而见王,是予所欲也;不遇故去,岂予所欲哉? 予不得已也。"(《孟子·公孙丑下》)孟子一心向往"平治天下",颇具自信。他来到齐国,卿事齐宣王,满心盼望"王如用予","王庶几改之! 予日望之! "然而"道"不得行,只有去之。他"三宿而后出昼(县)",引起尹士不满,狐疑"是何濡滞也"?(《孟子·公孙丑下》)殊不知,这正表明了儒家圣贤在价值追循与现实功效之间选择的艰难,从一个侧面体现了他们胸中蕴育的使命感。

东林人士在社会政治理想的层面沐承先贤遗泽,愈益专注于价值追循,故而不计功利,不虑成败。这一志向特点充盈于他们的言谈话语之间。

例如有人提出"不可与言之而与之言,失言"。高攀龙很不以为然,遂大加批评:

> 若凡事料其不可与言,遂不言,其如世道何? 且世道虽否塞,全赖正人君子之言。当时夫子周流天下,明知其道不行,其言无益矣。只此心不容已,故不得不如此。所以晨门亦知之……吾辈今日所言,岂能必人之听且行,亦与存此公论耳。(《东林书院志·高景逸先生东林论学语上》)

可以看出,高子深深理解孔子毕生以求的个中甘苦,对他老人家不求回报的理想付出很是赞许和崇敬。顾宪成的看法有如高子,他以刘备伐吴为例,表明了他的心意:

> 刘先主伐吴,孔明不谏,余始疑之。近读《出师表》,乃悟先主之于云长是何等君臣。云长既为吴所毙,自应复仇,此处只论天理人情,更说不得第二句话。故曰:鞠躬尽瘁,死而后已。至于成败利钝,非臣之所能逆睹也。(《小心斋札记》卷六)

顾宪成的立场很明确:天理所在,不讲成败。相比之下,赵南星的表述最明快："夫仁人君子,济物之性,得之于天。一旦而结缓临民,其所以为绥宁计者,必竭其心力而图之,非求人知也。"(《赵忠毅公文集·贺邑父母月翁张公应荐序》)

东林诸子专注于价值追循的理想表达显得不无空疏迂阔,然而正是在"不得不如此""更说不得第二句话"和"必竭其心力而图之"的追求中,他们的理想和志向才具有了予以实现的必然性魅力。又因为他们只求施展抱负,不计"成败利钝",他们才表现出宽广的胸怀和不屈不挠。所以顾宪成不无豪迈地宣称:"天生大圣大贤大豪杰,都把个极难的题目放在他身上,着他处置。"圣贤豪杰肩负难题,志意愈坚,"譬诸狙徕之松,泰华之柏,其为大风烈日之所披铄,严霜冻雪之所催剥,不知凡几。而姿弥苍,质弥古,昂霄耸壑,嫩色全除。故能历千百年不凋,为万木之长也"。(《小心斋札记》卷一四)正因为东林人士注重价值而非实利,他们更关心应然的播种,而非必然的收获,因而当他们面对大艰险、大危难,面对生与死的抉择之时,他们竟能依然以价值理想为首选,竟然会慷慨置生命于度外。于是,东林人士自然铸就了儒家文化推崇并希冀的理想士人形象,谱成了千古正气歌。赵南星坦言,"余生平喜谈节义事";"天下将乱,则人鲜节义。然天地之正气不绝,必有一二矫矫者出焉。笄袆之流,时能伏清死洁。故邦家有兴亡,而宇宙无成毁"(《赵忠毅公文集·终慕录序》)。笄袆,妇孺也。笄袆之流尚知死节,矧东林须眉乎!

东林诸子的理想和志向最终要落脚在现实社会之中,灌输到平民百姓身上。在他们的心目中,能够达到或曰实现全社会"遍在的善",才可以算得功德圆满。

令东林诸子念念不忘的是,不论"大同""小康",儒家理想的有道之世总是要与民共享。冯从吾认为,这也是孟子"大丈夫"志向的原意。冯子曰:

> 广居、正位、大道,虽大丈夫居之、立之、行之,其实是与凡民公共的味。三个'天下'字自见,不然,得志何以与民由之也? 三个'天下'字,正

是广处、正处、大处,得志与民由之,只是指点出这个道理,与民共由之耳。(《冯少墟集·疑思录五》)

然而,冯从吾的理念深处是坚持"爱有差等"的。他秉承了儒学正统的礼制等级观念,曾竭力批驳杨朱"为我"是"唯知有我,举亲与民、物而置之度外",所以"固不得谓之仁也"。又斥墨子"兼爱"是"爱无差等,举亲与民、物而混而无别",这也"不得谓之仁也"(《冯少墟集·善利图说附录》)。那么,在坚持等级差别的前提下讲"与民共由之","与凡民公共",显然指的不是实际存在的社会地位、血缘关系和政治身份,而只能是观念形态的道德理想。故而冯子曰,"学者固不能必得大家都做君子、做善人",但是"这一念必不可无。有此一念便是善,无此一念便是利"。这"一念"就是孔子向往的"己欲立而立人,己欲达而达人"和"仁者以天地万物为一体"(《冯少墟集·善利图说附录》)。

冯从吾对于"与凡民与共"的"大善"理想极其执着,力求实施,取得实效。万历二十四年(1596)秋,他与"诸同志"在宝庆寺立会讲学,"凡农工商贾有志向者咸来听讲",冯子很高兴。这些来自市井街衢的听众常常要先打探,问明所讲何事,冯从吾恐答者不慎,使这些听众以为讲会高深而畏难,遂做《谕俗》一篇以招徕:

千讲万讲,不过要大家做好人,存好心,行好事,三句尽之矣。

又录旧作一联于后:

做个好人,心正身安魂梦稳;
行些善事,天知地鉴鬼神钦。(《冯少墟集·谕俗》)

冯从吾的道德理想和胸怀,于此可以昭然,可以洞悉了。

邹元标从"明明德"的解释中得出了与冯子相近的认识。他援引"《书》诵尧、舜曰：克明峻德。《诗》诵文王曰：缉熙敬止"——认为《诗》《书》诵誉的主旨不外乎"以明明德于天下国家为极至。天下人有一人不明其德，以为己之德未明也"。孔夫子生于春秋，尊奉尧、舜、西周文王、武王为楷模，"其心切，故责其重，一生辙环鲁、卫、曹、滕之墟，皆此志也"（《愿学集·正学书院记》）。以邹子的认识为代表，可知东林人士把孔子视为致力于实现有道之世并且"与民共享"的榜样。他们认为，如果真的实现了人人"做君子"和人皆"明其德"，无疑就是实现了"遍在的善"。

最能表达东林诸子"大善"志向的是高攀龙的《同善会讲语》。摘抄如下：

> 我等同县之人，若是人人肯向善，人人肯依着高皇帝六言：孝顺父母、尊敬长上、教训子孙，各安生理，毋作非为，如此便成了极好的风俗。家家良善，人人良善。这一县一团和气便感召得天地一团和气，当雨便雨，当晴便晴，时和年丰，家给人足，岂不人人享太平之福？（《高子遗书·同善会讲语》）

文中明确要求"人人良善"，且能感天动地，风调雨顺。这是东林人士向往的"遍在的善"的理想社会。高攀龙明确表示，"善者仁而已矣，仁者爱人而已矣"；"人人良善"意味着孔子向往的"博施济众"的付诸实施。有人责问：连圣人自己都承认博施济众"尧舜其犹病诸"，君子或者有心，但力且不足。高子答："务博者求诸人，仁者取诸己。取诸己者，力所及也。吾取诸力之所及，天下人各取诸力之所及，何人、何我、何大、何小、何穷、何达？施不亦博乎？济不亦众乎？"（《高子遗书·同善会序》）高子殊不赞成以圣人之言为借口，而是主张人人取其力之所及。以一人之力而博济天下，形单势孤，力所难及；以人人之力各尽其及，形成"家家良善、人人良善"，则有何难？因而在高子的观念中，实现"遍在的善"非不能也，实不为也。

"遍在的善"符合东林诸子的认识逻辑和价值追循,这是他们致力于"君父百姓",即仁德实践的最高目标和最圆满的结局。

东林志向诸特点清楚地表明了东林人士是比较典型的理想至上主义者。从儒家文化的价值构成来看,理想至上与实用主义是并存的。一方面,儒家文化推崇理想价值的至上与绝对;另一方面,儒家文化也非常讲究时势、时务和调节。当曾子宣称:"士不可以不弘毅,任重而道远。仁以为己任,不亦重乎?死而后已,不亦远乎?"(《论语·泰伯》)这时的儒生是以实现儒家的道义理想作为毕生志向而认同的。当孔子表示:"麻冕,礼也;今也纯,俭,吾从众。"(《论语·子罕》)这时的孔子更关注实际效用,他的选择是以时势条件为参照的。理想与实用并存的价值构成,使得儒家文化对于价值合理性的判定具有更宽泛的范围和更多的灵活性。卫大夫史鳅"邦有道,如矢;邦无道,如矢"。孔子赞曰:"直哉史鱼!"蘧伯玉"邦有道,则仕;邦无道,则可卷而怀之"。孔子也赞美道:"君子哉蘧伯玉!"(《论语·卫灵公》)宜乎汉以后儒生们的生涯规划和道路选择是多姿多彩的。

具体到晚明东林人士,他们的人生选择显然是以理想为倚重的。他们重价值而轻利益,倾向于用理想理性支配实用理性,有时为了理想而显得不识时务,甚而放弃自己的根本利益,不计身家性命。因之我们看到,在晚明党争中,东林人士不乏才智卓越者,他们有的早就看清了日渐迫近的危机,意识到与当权者相对抗,绝对没有好下场。可是在理想价值与现实利益的选择上,他们仍然选择了前者,坦然玉碎,故而愈发显得崇高,令人由衷敬仰。

不过,我们也看到,东林一派卓越之士的理想理性过于强烈,令他们很难始终保持思绪的冷静;政治理想过于专注,理想价值的绝对化反而会引发政治志向的情感增值。在一心为了君父百姓的理想实践过程中,随着政治情感愈益浓烈,使得原本是理性十足的政治选择显得有些冲动和不管不顾。当我们目睹东林诸子排除种种实际利害来表达他们的社会关怀和政治投入之时,感受到的是清晰可见的理性自觉。当我们目送东林诸子毅然决然踏上险途，在皇家缇骑的押解下走向生死未卜的京师，且只能将生的希望寄寓于"皇上圣明"之时，又隐隐感受到了情感上的无奈。正是在理性自觉与政治情感的交互作用下，东林志向的目标所指最终汇归于忠君，他们再也没有什么其他的选择了。如果政治情感的形成只是源于某种偶然因素，那么这种情感便难以持久，往往会在其他偶然因素的影响下发生转型或转移。如果政治情感源于行为主体的深度的理性自觉，那么这种情感就会持之以恒，恒久不衰，从而使政治行为主体在作出抉择之时，超越具体的利害计量而展现出精神的崇高。这正是我们从东林志向中所看到的。

二、致用之学

儒家文化的理想价值在现世，儒家向往的社会政治理想在"用世"。孔子虽然没有用过"经世致用"的概念，但其"用世"主旨的阐明极透彻。《论语·宪问》载："子路问君子。子曰：'修己以敬。'曰：'如斯而已乎？'曰：'修己以安百姓。修己以安百姓，尧舜其犹病诸！'"从修己到安人、安百姓，正是儒家理想的实现途径——从自身的道德修习出发，最终归结为"安百姓"的仁政理想社会。稍后《大学》把这一过程概括为修身、齐家、治国、平天下，极其传神地表达了儒家文化的"用世"精神。换言之，儒家文化从其肇始即不尚空谈，而是要将其所学归诸实用，见诸实效。"内圣外王"便是对儒家文化用世主旨的最高层次的表达。

东林诸子显然继承了儒家文化的用世主旨，高攀龙有言："吾儒学问主于经世。"（《高子遗书·家训》）东林论学颇不喜空谈议论，能将毕生所学致用于社会政治，使君父百姓有所受益，才称得上洞悉并且把握了儒学的真谛。顾氏兄弟有一段对白，最能表明东林人士的治学倾向：

顾允成"一日喟然发叹"。顾宪成问："弟何叹也？"允成答："吾叹夫今人之讲学者。"宪成怪而问其究竟。允成说："恁是天崩地陷，他也不管，只肯讲学快活过日。"宪成再问："然则所讲何事？"对曰："在缙绅只明哲保身一句，在布衣只传食诸侯一句。"宪成深以为然,"为俯其首"(《东林书院志·顾允成行状》)。

一般而言,依照儒家文化的价值传统,明哲保身、传食诸侯与士人行为规范并不冲突,不过是士人道德选择和行为选择的内容之一。然而在顾氏兄弟看来,厕身于士林却只认得书本,只知晓保身谋官,不曾考虑将其所学致用于世,这样的士人,殊不为正人君子所取法。反之,东林诸子专一极力倡导致用之学,主要有三层内容。

第一层,关于工夫与本体的辨析。

本体一般指人的道德本性或本质,工夫亦作功夫,指实现或完善人之本性的途径和方法。这本是宋代理学诸子最为热衷的论题之一,明儒继而不衰。在这个问题上,东林人士的看法很相近。以顾宪成为代表,坚决反对不谈工夫,坚持"本体工夫原来合一"(《小心斋札记》卷一六)。

《宋明理学史》从学术角度立论,总结了顾宪成的认识,主要有三点。第一,"顾宪成反对'不学不虑'的'见成良知'说";第二,"顾宪成反对'不思而得''不勉而中'之说";第三,"顾宪成反对'不须防检,不须穷索'之说"。①这些论点公允得当。诚如《宋明理学史》作者所言,顾宪成对于世俗陋儒空谈本体,讲究洒脱、自在、享用和以不知为知极为反感,主张通过读书、讲习、躬行,经由修习而后悟道。根据顾子所说的本体即是善性,工夫即为体悟本性之方等等,可以断定他在修习方式上继承了"下学上达"的儒学传统,正如顾子自述,"景素谓予曰:兄主盟东林,只宜守定'下学上达,躬行君子'八字。予为点头"(《南岳商语》)。

顾宪成有句名言:"只有做成圣人,无现成圣人"(《当下绎》)。意谓完善本体的关键在工夫。然而怎样才能"做成",亦有三个要点。

其一,学与达是同一个过程,本体的获得只有在工夫的操作中才是有可

---

① 《宋明理学史》(下卷),第572、574、575页。

能的。史孟麟①对此有着深刻的认识，顾宪成极赞赏。史孟麟批评当时讲学者的弊病，说讲学者常常以"当下"二字教导诸生，并说这是"最亲切语"，意思是能够体悟"当下"，就能洞解性善本体。当被问及何为"当下"，却说是"饥来吃饭困来眠，都是自自然然的，全不费工夫"。所谓"当下"，指的是修习德行的一种内心体验，史孟麟认为，把"当下"解释为吃饭睡觉的自然过程，纯属误人子弟，"翻是陷人的深坑"。据《论语·子路》：樊迟问仁。孔子教之："居处恭，执事敬，与人忠。虽之夷狄，不可弃也。"史孟麟遂以此为据，阐明了"当下"的真义。他说：

> 本体工夫，分不开的。有本体，自有工夫；无工夫，即无本体。试看樊迟问仁，是向夫子求本体，夫子却教他做工夫……故统体是仁，居处时便恭，执事时便敬，与人时便忠，此本体即工夫。学者求仁，居处而恭，仁就在居处了；执事而敬，仁就在执事了；与人而忠，仁就在人了。此工夫即本体。是仁与恭、敬、忠原是一体，如何分得开？此方是"当下"，方是真自然。若饥食困眠，禽兽都是这等的。以此为"当下"，岂不是陷人的深坑？（《当下绎》）

依照史子的理解，性善本体和致善工夫在道德实践过程中具有同一性，人的本体自觉和道德精神的提升是一种实际经历，所谓"当下"的体验不可能是纯任自然的生命的延续，而是充溢着主体追循的真实活动。这样认识本体与工夫的关系，必然更关注理论的实际操作。因而，沿着史孟麟的认识逻辑，东林人士不大可能去做空头理论家，他们不会长驻象牙塔中。

此外，史孟麟又着重指出，"当下"的体验常常要在紧急关头见分晓，越是关键时刻，越见真工夫，所谓"当下全要在关头上得力"。他说："富贵不淫，

---

① 史孟麟，字际明，宜兴人。万历十一年（1583年）进士。历任吏科都给事中、太仆卿等。为官清正敢谏。参与东林讲会，史称"素砥名节"，"时望益重"。

贫贱不移,威武不屈,造次颠沛必于是,舍生取义,杀身成仁,都是关头上的"当下"。"(《当下绎》)凡能在危难之际,生死关头立定脚跟,不屈不挠,方才显现出工夫之纯真,本体之凝厚。这种认识也是东林人士最终能在生命的衢途选择"舍生取义"的学理依据。

顾宪成对史孟麟的诸般见解拍案叫绝,"发明'当下'之指,极其痛快,不觉心折";"直从顶门下针,有起死回生之功";"际明(史孟麟字)实大有启于予,而予不复能少有加于际明也已矣"(《当下绎》)。顾宪成深有"千金不能置一辞"之感,史子之论完全代表了他的见解。

其二,在本体与工夫的统一过程中,须着意保持精神上的"敬",即"小心"。顾宪成曾用两句话来概括本体与工夫:"语本体只是'性善'二字,语工夫只是'小心'二字。"(《东林书院志·顾泾阳先生行状》)他用"小心"二字做斋名,就是表明对这两个字看得极重。据他自己讲,"世儒放胆多矣,提出这小心二字,正对病之药"。(《小心斋札记》卷一二)

那么何谓"小心"? 其实只是"敬"! 他征引尹和靖的话,"小心"的含义是"其心收敛,不容一物"。又举出孔子和颜回为例:"心不逾矩,孔之小心也。心不违仁,颜之小心也。"(《东林书院志·顾泾阳先生行状》)可知顾子意会的"小心"指的是人们在精神上保持着严守规范的自觉性,表现为一种精神上的循行规矩。当然,这也要在具体的德行操练中体验。顾宪成书法不能工整,友人"南海唐仁卿,尝讶余作字潦草,余谢之"。这本来不是什么大事,顾宪成却深有感悟,举出三位前辈为鉴。第一位:"昔程伯子(颢)作字甚敬,曰:'非是要字好,只此是学。'又曰:'洒扫应对,便是形而上者。'"第二位:"邵尧夫(雍)诗曰:'唐虞揖让三杯酒,汤武征诛一局棋。'"第三位:"王龙溪(畿)曰:'须知三杯酒精神亦用揖让精神,一局棋亦用征诛精神。'又曰:'圣人遇事无大小,皆以全体精神应之。不然便是执事不敬。'"顾宪成对照前贤,深有警悟:"余以此知仁卿之意远矣。"(《小心斋札记》卷一)顾宪成举一反三,以小见大,感悟到在"下学"具体操练中要时刻保持道德警觉,保持着循行规矩的自觉,不能稍或懈怠。这便是"敬",便是"小心",便是本体与工夫得以合而为一体的关键之处。

其三,自修而悟的工夫体验主要是当下心中一念。修与悟是儒学道德修习的不同门径,晚明王学末流大多重悟,顾宪成则主张修悟兼顾:"天下未有不修而悟,亦未有悟而不修。悟者与修相表里者也。"(《南岳商语》)在修与悟的选择上, 顾子认为修更重要:"重修所以重悟也。夫悟未有不由修而入者也。语不云乎:下学而上达。下学,修也;上达,悟也。舍下学而言上达,无有是处。"(《泾皋藏稿·虎林书院记》)顾子把修看作达到悟的必然途径,非此不足以言悟。那么,悟了以后的境界是怎样的呢? 有人认为,悟之一语出自禅门,顾宪成不以为然,举例说:"'神而明之',《易》之言悟也。'默而识之',《论语》之言悟也。特未及直拈出悟字耳。至朱子曰:'下学可以言传,上达必由心悟',却明明道破矣。未可专归诸禅门也。"(《南岳商语》)顾宪成认为,儒学的"心悟"与禅门"顿悟"不同,心悟是对"天理"的彻悟,是个人心中对于圣人之道的切实感受。亦可以称作"真心"。譬如,从事物的表面看,常人与圣人平居无事之时,一切"行住坐卧"都差不多,没有明显的区别,可是,如果深究他们的内心,却又不同。"盖此等处,在圣人都从一团天理中流出,是为真心;在常人则所谓日用而不知者,是为习心。"(《当下绎》)"真心"正是心悟而后的心态写照。所谓"从一团天理中流出",说到底不过是个人内心的一种悟解,亦即心中一念。怎么理解? 顾宪成讲述过这样一件事:

> 匠者治壁既竟,抹以青灰。予偶见之,问其故,对曰:"如此方坚固,可御风雨。"又一日见之,问如前,对曰:"如此方好看。"予默有省。昨日所对,便是为己的路头;今日所对,便是为人的路头。这两个路头,究竟判若霄壤。原其初,只自当下一念决之耳。(《当下绎》)

匠人垒墙抹灰,事属平常。顾宪成两番动问,或者有心。匠人随口答对,以至顾子心中"有省",所谓言者无心,闻者有意,实则印证了顾子自己固有的思路。在他看来,为己、为人,路数有别,全凭自家心中一念而决。因之,人的行为背后的主观因素至为重要,时常在人们作出抉择之际进行引导定向,或作当头棒喝。有鉴于此,顾宪成对于本体与工夫不敢偏废,既看重修习工夫的操练过程,又关注修而后悟的心中一念。心悟之后的真心境界常常成为决定的关键。

顾宪成的观点是有代表性的,东林人士的看法大体相类。

如,顾允成:"体用一原,显微无间,洒扫应对便是形而上者。"(《小辨斋偶存·颜渊问仁章》)他也认为人们关于本体的领悟应当在"工夫"的实际操作中获得。

又,高攀龙:"圣人下学而上达,即工夫即本体。"(《高子遗书·书继志会约》)"悟修二者并无轻重";譬如仁义礼智,"悟则四字皆是修,修则四字皆是悟,真是半斤八两"(《高子遗书·会语》)。有研究者指出,高攀龙在修习途径上最重视"参悟",曾言:"朱子谓学者半日静坐,半日读书,如此三年,无不进者。"否则便是"虚过一生,殊可惜"(《高子遗书·语》)。据此而断定高子的认识与他人不同。其实,高子认同的参悟,有如自省:"五更睡觉时,猛然自省:吾性可洁洁净净否?可完完全全否?何曾有污染,何曾有遮蔽,何曾有欠阙。"(《东林书院志·高景逸先生东林论学语下》)这不过是"悟"的一种方式。而最能表达高子认识主旨的是下面的一段话;"默而识之曰悟,循而体之曰修。修之则彝伦日用也,悟之则神化性命也。圣人所以下学而上达,与天地同流,如此而已矣。"(《高子遗书·重锲近思录序》)这是典型的修悟兼顾。

冯从吾注重工夫。有人认为《论语》只讲工夫,不论本体。冯子释曰:"盖欲学者由工夫以悟本体",这是圣人"为虑甚远,非故秘之而不言也"(《冯少墟集·疑思录二》)。冯从吾说的功夫,其实只是一个敬。"敬者圣学之要",所谓功夫和本体,最终要凭借"敬"字来沟通。"自昔大儒讲学,宗旨虽多端,总之要以心性为本体,以学问为功夫。而学问功夫,又总之归于一敬"。"主敬云

者,不过以功夫合本体耳。"(《冯少墟集·庆善寺讲语》)

邹元标也注重工夫,他强调的主要是悟。他说:"学在得悟。终日讲说,还是画饼;终日躬行,还是添足。"可是怎样才能悟呢? 邹子曰:"须从收敛退藏入。"这里说的又是一层工夫。据邹子表述,收敛退藏有两个要害处。一是真实省察醒悟,来不得半点虚伪。"语云:收敛退藏乃见性情之实。收敛退藏不是将形迹做假模样。夜半而起,见得此身种种浓酽,计较满身过恶,方才有虚受境象出来,此收敛退藏入路也。"(《愿学集·答丁勺原参知》)二是要在日常实际活动中省悟,不可禅居避世。"人只说要收敛,须是有个头脑,终日说话,终日干事,是真收敛。不然终日兀坐,绝人逃世。外面是个宝,里面是包草。"(《东林书院志·诸贤轶事》)这里邹子说的"由收敛退藏而入悟"实与顾宪成的"小心"工夫相近。

以上征引表明,东林人士关于本体与工夫的具体论述及认识侧重或有不同,但基本思路是相通的。他们将工夫与本体合而为一,注重德行体认的实际操练和具体操作,这一致思逻辑必然导向注重实学和学以致用。

第二层,东林致用之学的核心是强调"实学"。

所谓实学,依照一般的理解,指的是治学不尚口谈空说,不逐功利,而是将其所学付诸实际,置放实处,崇尚实德实用。在宋代,实学的概念已被理学诸子普遍使用。明儒继之。如大儒薛瑄(文清):"读圣贤之书,句句字字有实用处,方为实学。"(《读书续录》卷三)

东林诸子深受前贤影响,努力推崇实学。高攀龙曾详论其所由来,说:

> 除却圣人全知,便分两路去了。一者在人伦庶物实知实践去,一者在灵名觉知默识默成去。此两者之分,孟子于夫子微见朕兆,陆子于朱子遂成异同。本朝文清(薛瑄)与文成(王守仁)便是两样。宇内之学,百年前是一路,百年来是后一路。(《高子遗书·知及之章》)

　　高子举出的两路学术，一路著实，功在人伦庶物，以孔子、朱熹为代表。另一路玄思，旨在灵明觉知，自孟子至陆九渊发展而来。高子认为，这两路学术递传既久远，渐渐有所不足，而各有其弊。不过相较之下，毕竟著实者其弊易消，玄思者"虚病难补"。高子选择了著实的一路，"知及仁守，莅之以庄，动之以礼——著实做去，方有所就"（《高子遗书·知及之章》）。

　　倘若诚如高子所示，"著实做去"，则又可分为两个方面。一是著实于身，谓之"躬行"；另一是著实在事，谓之"事学合一"。

　　关于躬行，高攀龙讲得很明确：做学问"只依古圣贤成法做去，只是体贴得上身来"，此外"并无别法"。他举出明初明儒曹端[①]为例："我朝曹月川先生是理学之道，看他文集，不过是依了圣贤，实落行去，将古人言语略阐发几句，并无新奇异说，他便成了大儒。故学问不贵空谈，而贵实行也。"（《东林书院志·高景逸先生东林论学语下》）高子不怎么看重理论的创新，而是重视学问的"实落行去"。他说的"实行"，当然指的是个人的道德实践，诸如言谈举止揖让进退等。据此，高攀龙以人的认识见解为虚，"虚见无益"；反之，"必须躬行实践，方有益"。高攀龙的认识在东林一派中颇多应和者，言辞如出一辙。如钱一本："学不在践履处求，悉空谈也。"（《明儒学案·东林学案》）他认为只有圣人才能做到"践行"。再如邹元标："学岂在哓哓为哉！躬行足矣。"（《愿学集·李同野先生先行录序》）

　　躬行的落实之处是自身，因而其最佳表现无非是将圣贤之言、孔子之道用来身体力行，做个正人君子，充其量能达到"独善其身"的境地。这种情形在晚明时期并不鲜见。凡是以躬行而得道者，一般很少主动做"兼善天下"的事。但他们无疑能洁身自好，"躲进小楼成一统"，与俗无染，与世无争。例如，天启进士成宝慈，曾任饶州推官。他心中仰慕东林诸子，在晚明政争中不肯阿附魏氏阉党。据高廷珍评：成宝慈曾说："道统之传在实践，不在空言。"他

---

　　① 曹端，字正夫，渑池人。永乐六年（1408年）举人，曾任州学正。笃志性理之学，论者推为明初理学之冠。著有《孝经述解》《四书详说》等。

效法东林，"出则以南皋先生（邹元标）为规范，处则以先忠宪（高攀龙）为步趋。而家居时必正襟危坐，所撰者皆正谊明道之书"。他的朋友常常摘抄他的语录为"座右箴"。可见其学之笃实，其行之端方。晚年以老病回归乡里，独居一楼，题曰"蜗庐"。又自撰《座铭》云："万里风光楼上眼，千秋事业榻前心。"高廷珍极为感慨："噫！如先生者可谓得正学之源矣。"（《东林书院志·诸贤轶事》）成宝慈虽然也曾入仕，参与政事；也曾明辨善恶，心仪东林。但是他的治学之道始终未出躬行格局。"躬行"作为东林志向的标准之一，为东林人士"君子人格"的形成提供了最基本的要求。

关于事学合一，这是东林诸子理解实学的主要方面。高攀龙说："事即是学，学即是事。无事外之学，学外之事也。"（《东林书院志·高景逸先生东林论学语上》）这里说的事，泛指包括治身治家治国平天下的任何事务。高子想要说明，一方面，学业只有在具体事物中才能完成，"事事合理，物物得所，便是尽性之学"。另一方面，治事从"致知格物"起始，最终归结为治国平天下，"然后始为有用之学也"（《东林书院志·高景逸先生东林论学语上》）。可见学与事是相辅相成的。

具体到士人，所谓实事指的就是关系到君父百姓切身利害的所有事物，而非日常琐屑。"居庙堂之上，无事不为吾君；处江湖之远，随事必为吾民。此士大夫实事也。"（《高子遗书·答朱平涵》）高攀龙仿照范仲淹的名句，概括了士人为学务实的主旨。

也有人提出，在事与学的关系上，以事为主。如邹元标："学无用，以事为用；道无体，以事为体。日间于事事物物无放过处，即此便是实学。"（《愿学集·答余镜原中丞》）邹元标说的事事物物也是泛称。他以事为体用，要治学者在具体事物之中体味学旨，贯彻所学，这一思路与"本体工夫合一论"一脉相通。

那么，怎样具体地践履实学呢？东林诸子认为尚有两点需要注意。一是不空谈，不逐利。顾宪成指出，学术多歧途，"千万不等"，但总括其要，只有两端："高则空寂,卑则功利,如是而已。"孔子曾批评前者曰："饱食终日,无所用心。"又抨击后者曰："群居终日,言不及义,好行小慧。"顾子说,圣人惟恐人们治学不慎,"失脚其中",所以"一一为之点破"(《东林书院志·顾泾阳先生东林商语上》)。惟有排除了"空寂"和"功利",在事中磨炼体认,才能贯通实学。亦如高攀龙的教导："只是至诚,直道行去,不必添一毫算计。"(《东林书院志·高景逸先生东林论学语上》)二是要放开手脚,一意做将去。曾有人给冯从吾出难题。问道:圣人说过,人人都做到了"亲其亲,长其长",然后天下治平。如果只有我们一两个人做到了,"恐未必能平天下"。冯从吾正色答曰："此正吾辈一二人做去。若抛却自家,只责望众人,尧舜其犹病诸。"(《冯少墟集·疑思录五》)冯子颇有些表率三军的英雄气概呢。顾宪成更是号召众人勇往直前："进,吾往也;止,吾止也。而今须竖起两肩,放开手脚,努力做去。千不休,万不休,誓做个大人豪杰。"(《小心斋札记》卷七)实学到了这般境界,必然演化为坚毅的务实精神和不屈的实干勇气,这也正是东林人士在晚明政治斗争中屡败屡战,无所畏惧的认知依据。

第三层,东林致用之学在社会政治生活中的典型表现是学政合一。

东林人士作为孔孟之道的信徒,都是些"学而优则仕"的积极分子。他们先天具足,与政治有着天然联系;魂牵梦绕,和仕途结下不解之缘。他们明知,讲求学术理应只谈学问,莫议国事。可是,既然标榜学讲"致用",那么一旦进入现实政治生活,便身不由己地以实政为实学,以干政为"致用"。邹元标讲得极明白："学问与政事原无两事,以为有两事者自生障碍。"(《愿学集·答史忠屿比部》)参与政事就是学以致用,居官秉政的过程是治学的方式之一。而且,对于琐细繁杂的官场公务不能心烦,不可生厌,"作官,期会簿书是实学"(《愿学集·答祝南山二守》);"如文移迎送,皆是实学"(《愿学集·答史忠屿比部》)。邹子认为,前辈大儒尚且不恶琐事,"如周茂叔(敦颐)吏事甚精,程明道(颢)管库必亲嗣"(《愿学集·答祝南山二守》),何况我辈!事实上,只有在政务琐细中操练,才是真学问,才能体现儒学的"用世"之志。"若舍却诸事,别去寻道理,孔孟复生,亦无能为。"(《愿学集·答史忠屿比部》)依照邹元标的理解,学与仕有着广泛的适应性,此两者相互结合的宽度与广度,标志着治学悟道的程度。因之,"古圣贤无不可处之人,无不可仕之国。有一毫愤世意在,与道较远"(《愿学集·上朱鉴翁师》)。从致用的角度看,邹元标不赞成愤世嫉俗和遁世隐居,惟有不计任何条件皆能入仕莅政,才真正体现了孔子以来的儒学"用世"精神。

冯从吾的看法与邹子相同,认为学与仕具有同一性。有人怀疑,举出"理学"与"举业"为例,问道:"明年科年,屈指试期止有数月。欲务举业,恐妨理学;欲务理学,恐妨举业,奈何?"这里说的举业指科举应试之学,所谓时艺八股之属,目的在拾取青紫;理学乃性体道德之学,意在修德做圣贤。两者术业有别,问题直涉仕学关系,难以兼顾。冯从吾则从容答对:"以举业体验于躬行便是真理学,以理学发挥于文辞便是好举业,原是一事,说不得同异。"(《冯少墟集·河北西寺讲语》)假如认为理学妨碍举业,这种理学必是异端,必是"谈玄说空"之学,"非吾儒进德修业之学矣"。如果举业成功,考取得第,"则仕途一味奉公,而不敢萌荣身肥家之念"。倘若致仕家居,"则林下一味谈道,而不敢忘耕田凿井之恩"。冯子断言:"如此便是学,否则非学。"(《冯少墟集·河北西寺讲语》)显而易见,冯子坚信仕与学非但没有冲突,而且互补,"理学原不离举业",为学者一念勘透,仕与学相得益彰。

东林人士之中论辩仕与学最有代表性的,当属缪昌期。他专门写有《守道守官辨》一文,立论颇精到。

据《左传》载,鲁昭公二十年(公元前522年),齐景公在沛地行猎,"招虞人以弓",虞人不至。依《周礼》,虞人是职掌山林之官,诸侯相招,应当以"皮冠"为礼。齐景公以弓为礼,召见虞人,是以士礼对待虞人,所以"不至"。孔子对这件事的评语是"守道不如守官",《左传》议曰"君子韪之"。杨伯峻注引"贾子(谊)《道术》云:'道者所以接物也。'实亦由君臣相接为义,故所招不当其官,则可以不守是道"①。据此可知,孔子评语的本意是君臣相接,应该遵守礼的规定。"守官"是"道"的具体化,因而君与臣相交接,理应遵守为官之礼或居官之道。

然而后人对孔子的评语却有误读处,例如唐代柳宗元就认为"守道不如守官"不是圣人之言,"传之者误也"。缪昌期以为大谬不然。他质问道:"失其道固不可居其官,然则失其官可以存其道乎?"在缪子看来,官与道名称有异,但在认识上应不分伯仲,等同视之。可是如今世人常把道与官区分开来。一方面"视道也甚超",把道抬得极高;另一方面"视官也甚陋",将官贬得很低。缪子认为,这种区分不是单纯的理论之争,或是一般化的认识,而是包藏祸心,用意颇险恶。他说,在理论上崇道而抑官,"以为道者无形无名,别有一种细天地,貌万物,出入神化之妙理。而官者不过一阶半级,戴弁冕,绾绅组,碌碌焉为人役仆而已"。道与官之间天差地别,何啻万里,两者没有任何相通之处,亦没有什么必然的联系。于是,居官者可以坦然摆脱道的约束,"夫推道于一切之外,是程课之所不及,而督责之所不至也"。正是在道与官的一"超"一"陋"之际,可以令居心叵测之徒假道之名,谋官之利。"于是居官者禄则食之,难则逃之,功则分之,过则诿之。有权则任之,无权则让之;有名则趋之,无名则避之。"如果有人就居官者的趋利取巧行为以道相责,则必起而应之曰:"大道委蛇,固不可以一官缚也。"由此观之,凡抬"道"而谓之"甚超"者,无非是"开人以方便之门";凡抑"官"而谓之"甚陋"者,无非是"假人以侵旷之具欤"。若究其根本,无非是"借道之名,毁官之实;收官之利,复不失道之名。是所谓一甚超、一甚陋者者,而两用之甚巧也"。缪昌期认为,当年孔子正是看到了此中弊害,深恶"巧者之害道也",有鉴于"道虚而官实,道圆而官方,虚与圆可以巧托,实与方不可以巧托也。故为之说曰:守道不如守官"。(《从野堂存稿·守道守官辨》)

---

① 杨伯峻:《春秋左传注》,中华书局,1981 年,第 1418 页。

平心而论,缪子之辨不无演义之处,未必便是夫子本意。不过他的立意极明确:官与道不可两分,仕与学相通相依。有意分之,就是假道谋私,肆无忌惮。

《论语·微子》载子路曰:"不仕无义。长幼之节,不可废也;君臣之义,如之何其废之? 欲洁其身,而乱大伦。君子之仕也,行其义也。道之不行,已知之矣。"子路的这番慷慨陈词是针对隐者荷蓧丈人的有感而发,可知先秦儒家之所以力主君子入仕,为的是仕者本身即体现了君臣大义。但是对入仕而后能不能"行道",却心存疑虑。东林人士的认识较之子路,当然是迈进了一大步。如邹、冯、缪诸君,不仅认为"仕"体现了君臣之义,而且入仕居官与践履夫子之学和圣人之道是同一个过程。这一认识正是东林志向的又一特色。

经世致用是儒家文化的传统命题, 只是在不同的历史条件和文化氛围中,其具体内涵略有差别。晚明东林人士的"用世"逻辑是由重工夫,而务实事,而干实政,这是东林学旨的实践理性最具代表性的演示。东林志向孕育的理想之崇高,昭示着东林诸君对于道的追循是亘通古今,遍布人间的。然而,东林人士的理性思维只要一转向实践,转向现实社会生活,换言之,当他们从虚渺空灵的道德圣境回转人间大地,这时,他们理性思维的坐标就会一下子指向了政治,指向了君权。他们会义不容辞、义无返顾地在君主政治的风风雨雨中经受洗礼,去寻求他们时刻毋忘的"外王"承诺,寻求他们毕生憧憬的道德和政治理想的实现。

这一致思逻辑生动地再次诠释了东林人士的生存样态是千百年来士人宿命的延续。他们理想上求道,实践中尊王,通过极力倡导的致用之学而使得尊王的选择更加合理,在这里,理性(reason)与合理性(rationality)得到了历史的统一。因而我们看到,东林人士讲论学政合一,仕学一贯,设想在尊王中求道行道,最终实现代代相沿的士人理想:内圣外王。他们胸中饱含着太多的政治抱负和太高的道德理想, 以至专制王权的政治祭坛难以容纳。于是,他们被抛到了权力祭坛的脚下,被嗜权的奸佞们吞噬。他们在劫难逃。

第二节　成圣意识与戒惧心态

东林学旨清楚地表明,东林诸子是以循道作为治学标的的,同时,他们又怀有崇高的政治理想,抱有迫切的参政愿望。这些特点足以说明东林人士正是中国古代士人的典型:他们既崇道,又尊王,他们的命运注定要在道和王之间找寻自己的安身之处,在理想和现实的冲突与交错中探求发展路径。东林人士的生存特征在他们的人生志向和政治心态中均有所表现。

一、从做人到做圣贤

做人是儒家施教的主要内容。儒家文化把人的本质界定为道德,《礼记·礼运》:"人者,其天地之德……五行之秀气也。"儒学所有关于人伦道德和政治规范的教诲训诫都是以"学做人"为起点的。孔子就讲得很清楚:"弟子,入则孝,出则悌,谨而信,泛爱众,而亲仁。行有余力,则以学文。"(《论语·学而》)孔子关心的是孝悌德行,知识教育在他看来是躬行做人而后的事。及至后世,做人成了儒家文化的基本精神,"夫圣学者,学为人而已"。晚明东林人士准确地把握住了这一点。赵南星说:"人之所以为人者,以心无邪思,身不苟动,口无妄言。入则为孝子悌弟,出则为信友,仕则为忠臣良吏,此非求异于人也,仅可为人耳,否则与禽兽无异。"(《赵忠毅公文集·刻圣学启关臆说序》)赵南星以做人观照了心、身、口、入、出、仕,实已贯通了全部人生,这个认识代表了多数人的理解。冯从吾写有专论《做人说》,内容更明了。其文曰:

> 吾侪立身天地间,只有做人一事。试观吾侪今日聚首讲学,容容与与,无半点尘嚣,宛然洙泗杏坛景象,固是做人。明日朝奏课业,或揖让于禁近,或吟咏于秘阁,亦是做人。异日散馆之后,或留而在内,或出而

在外,职业所关,钜细不一,无大无小,无敢瘝旷,亦是做人。(《冯少墟集·做人说上》)

可见无论荣辱穷达,或仕宦家居,做人的信念总是相伴随的。

然而,做人是人生追求的一般标准,儒学旨要并非到此为止。用"做人"概括人生的全过程固然有理,但更重要的是,人生的全面发展应当更上一层楼,务须再进一步,要立志做君子,成圣贤。

孔子一生崇圣,但从不自诩为圣。圣人不至,他很失望,只好退而求其次:"圣人,吾不得而见之矣;得见君子者,斯可矣。"(《论语·述而》)孔门弟子敬奉老师为圣人:"仰之弥高,钻之弥坚。瞻之在前,忽焉在后"(《论语·子罕》);"仲尼,日月也,无得而逾焉"(《论语·子张》)。后世儒生尊奉孔子为先师,尊孔崇圣成了他们的最高人生追求。顾宪成集合同志立会讲学,明确规定了讲学的目的就是要做圣贤。可知东林诸子旗帜鲜明地继承了儒家文化的崇圣传统。

当年孔子教人,意在"学而优则仕"。顾宪成的看法比孔子要前进一步,"国家设学,本教人为圣为贤",所以东林讲学"专以道义相切磨,使之诚意正心修身,以求驯至乎圣贤之域,而设学之初意,庶几不负"(《东林书院志·院规》)。顾宪成在《东林会约》中明文规定,学做圣贤是"九益"之首,而且人人要立志,要发愤——"志者心之所之也"。有了志向,就能够"超凡民而之豪杰","超豪杰而之圣贤"(《东林书院志·院规》)。顾宪成还说:"学者第一要愤,语曰:发愤忘食,须知只这愤字,便做成孔子。"(《小心斋札记》卷二〇)在东林诸子看来,学做圣贤并不是什么难事,关键在于想不想做,肯不肯努力。正像冯从吾说的那样:"人皆有为圣人之才,只是不肯竭。竭之,便几于圣人"。例如当年"颜子得力处在一竭字"。如今"世儒受病处在一罢字"(《冯少墟集·疑思录三》)。做圣贤并不像"为长者折枝"那样是举手之劳,轻而易举;可也不是像"挟泰山以超北海"那样难以想象,强人所难。只要尽心竭力,终能如愿。

总起来看,东林人士关于圣人的认识大体不出传统格局,论及的问题也无非是圣人特质、凡圣关系、致圣途径等等,处处反映出他们急急切切的成圣意识。

例如在凡圣关系上,他们秉承儒学传统观念,认为"人皆可以为尧舜",凡人与圣人的本质同一。顾宪成说得很清楚:"仁体圣凡所同。所异者,众人行不著,习不察。圣人著而察也。"(《经正堂商语》)凡人对自己的仁体本质浑然不觉,圣人则有着清晰的自我意识,凡与圣的区别属于"认识"问题。冯从吾从气、质、时等方面区分凡圣,认为两者有清浊、厚薄、古今之别。那么"如何学得圣人?所恃者,此同然之性体耳"。他说的性体即凡心与圣心所共有的理义。可是凡与圣在表现上又确有区分。冯子认为,凡人与圣人得道有先后,但分不得异同。他说:"圣人讲学,故先得我心所同然;我亦讲学,故后得圣人所同然。圣人与我分得先后,分不得异同。"(《冯少墟集·太华书院会语》)邹元标也说:"圣贤与愚夫愚妇千古同体。"(《愿学集·答徐鲁源太常》)凡与圣本质同一是做成圣贤的认识前提,承认了这一点,才谈得上成圣的可能性。东林诸子给自己设计的发展路径是从凡人开始,至圣贤而终。他们对于"凡圣同一"深信不疑,这就使得他们在努力向着圣贤迈进的道路上信心十足而勇往直前。

在致圣路径上,东林人士沿着修悟兼及的工夫亦步亦趋。或讲从仁做起,或论心中一念。如冯从吾讲论由仁而至圣,仁是"发端处",是起点;圣是"究竟处",是目的。他说:"仁如桃仁杏仁,虽止一粒,而枝叶花实无穷生意已具。圣如成株之后,枝叶花实已扶疏而烂漫矣。其实只是一个道理。故曰学者先须识仁。"(《冯少墟集·疑思录三》)仁是儒学传统道德的最高条目,孔子轻易不以仁德许人。冯子认为,仁是种子,内蕴日后长成参天大树的全部基因,能堪堪入于仁德,自然会达于圣境,由仁而圣是修的工夫。

再如邹元标说:"自有志大人之学,妄谓此心无愧,即是当下圣人。"(《愿学集·答李见罗》)高攀龙说:"吾辈相聚,得一刻无妄,即做了一刻圣人。"(《东林书院志·高景逸先生东林论学语下》)邹、高之论,侧重在悟。然而不论悟、修,凡有志于做圣贤者,往往要从点滴做起,殊非易事。如高子言,"要勉勉循循做去","不要欲速,不要忘了",须持之以恒。有时竟也会大费周折,如高攀龙即是。

高攀龙闻道也晚。据他自述,"吾年二十有五",听了顾宪成讲学之后,才"始志于学"。他说的志于学即志于做圣贤,其后的种种努力,都是在寻觅成圣路径。最初,"以为圣人所以为圣人者,必有做处。未知其方"。后来读《大学或问》,见朱子讲"入道之要莫如敬",就专心致志地在"敬"上用功。他"肃恭收敛",持心方寸间。"但觉气郁身拘,大不自在。及放下,又散漫如故",显然他有些不得要领。后来他想到程子说过"心要在腔子里"。但又不知腔子何指。读《小学》,有了答案,"腔子犹言身子耳",高攀龙大喜,悟到"浑身是心也,顿自轻松快活"。他如此这般,苦心修习,每每以为有所获。万历二十一年(1593年),高攀龙因上疏抨击首辅王锡爵,获罪谪官"揭阳添注典史"。对于仕途坎坷,高子颇"颇不为念",但他毕竟以直言遭贬,此前读书做官相对稳定的生活节奏被打乱,亲身体验到了世态炎凉,心中不能平静,自言"归尝世态,便多动心。甲午(万历二十二年,1594年)秋,赴揭阳,自省胸中,理欲交战,殊不宁帖"。在政治遭际的冲击之下,高子自以为颇有所得的道德信念和对圣学的理解陷于混乱。在赴贬所途中,经过杭州,与友相聚,当友人问及"本体何如"? 高攀龙一时竟觉得"心下茫然",虽然也有所答对,但自忖并非真实卓见。高子后来追忆这一段心路历程说:

是夜月明如洗,坐六和塔畔。江山明媚,知己劝酬,最为适意时,然余忽忽不乐,如有所束。勉自鼓兴,而神不偕来。夜阑别去,余便登舟,猛省曰:今日风景如彼,而余之情景如此,何也? 穷自根究,乃知于道全有未见。身心总无受用。遂大发愤曰:此行不彻此事,此生真负此身矣。"(《明儒学案·东林学案》)

高攀龙多年努力落得个"于道全未有见",不由他不痛下决心,力求彻悟。他给自己"严立规程",半日静坐,半日读书,潜心体认。以至于"立坐食息,念念不舍,夜不解衣,倦极而睡,睡觉复坐",如此两月有余。高攀龙精诚所至,终于如愿。据他自述:

> 过汀州,陆行至一旅舍。舍有小楼,前对山,后临涧。登楼甚乐。偶见明道先生曰:百官万务,兵革百万之众,饮水曲肱,乐在其中。万变俱在人,其实无一事。猛省曰:原来如此,实无一事也。一念缠绵,斩然遂绝。忽如百斤担子,顿尔落地。又如电光一闪,透体通明,遂与大化融合无际,更无天人内外之隔。至此见六合皆心,腔子里是其区宇,方寸亦其本位。神而明之,总无方所可言也。"(《明儒学案·东林学案一》)

做成圣贤是士人千百年来的人生梦想,可是真能抵达圣境之上者又屈指可数。故而论者往往只论应然的道理,较少切身体验,至于倾吐成圣的心路历程,则绝无仅有。由此可知高子自述其由凡俗而达圣境的心路体验,越发显得弥足珍贵。高攀龙从立志圣学,到"与大化融合"、内外如一的悟道境界,经历艰难,没有坚定的成圣决心和持之以恒的修习工夫是难以做到的。成圣的境界是心的感悟,是道德精神的当下体验,是认识主体自身的唯一经验,可以喻知,如"电光",如"神明",却难以言传。正因为玄妙如斯,方才具有巨大的魅力,令士人们前赴后继,孜孜以求,乐之而不疲。

东林人士心目中的圣人形象集中了儒家文化推崇的种种美德。他们也洞知圣道、圣德的深层内蕴和成圣路径。他们不便自封为圣,但在他们的灵魂深处,是把自己与平头百姓、芸芸众生区分开来的。于是他们跃跃然竭尽心智,为了做成圣贤而不遗余力。东林人士普遍具有的成圣意识给他们的道德自律输送了基本的心理素养,并给他们人格中先天不足的政治主体性提供了必要的心理条件。促使他们在明末人欲横流和腐败、酷烈的政治震荡中,得以尽可能保持着头脑清醒和特立独行。

二、慎独与戒惧

慎独是道德修习的一种境界,也是成圣的一条途径。

东林人士要做圣贤,故而对慎独情有独钟。慎独作为儒家文化的传统观念,《中庸》《大学》中已有论述。《中庸》说:"莫见乎隐,莫显乎微,故君子慎其独也。"《大学》说:"所谓诚其意者,毋自欺也。如恶恶臭,如好好色,此之谓自谦(谦,读如慊,苦劫反,满足也)。故君子必慎其独也。"又说"人之视己,如见其肺肝然,则何益矣。此谓诚于中,形于外,故君子必慎其独也。曾子曰:'十目所视,十手所指,其严乎!'"据《中庸》《大学》所言,慎独的要点在于"隐""微"之处,在于"毋自欺""诚于中",可知如果用现代语言诠释,慎独指的是个人的道德自觉之境,基本属于个体的自我内心体验和精神感受。

东林诸子对于慎独的理解大体上沿顺着《中庸》《大学》以来的传统格局,间或也有个别出奇之论。如刘宗周①就尽量张大慎独的涵盖面,树为治学旨要。据容肇祖氏《明代思想史》,刘宗周的慎独"是偏向于涵养,用敬,主静的一路";"他把慎独去包括一切的工夫,即把慎独去包括一切的为学的方法"。②其实,刘宗周的慎独不只是工夫,它包罗更广,体用兼容。如:"天命之谓性,此独体也"(《刘子全书·学言上》)。"独之外别无本体,慎独之外别无工夫"(《刘子全书·中庸首章说》)。"独外无体,穷此之谓穷理,而读书以体验之;独外无身,修此之谓修身,而言行以践履之。其实一事而已。"(《明儒学案·蕺山学案》)在晚明学术界,刘宗周的地位极高,与黄道周并称"大儒"。他选择了慎独之学来发扬广大,作为立世根基,"以之自修者如是,以之告君者如是,以之勉寮友、诲门弟子者亦如是"(《东林书院志·诸贤轶事》)。张大慎

---

① 刘宗周,字起东,号念台,学者称"蕺山先生",山阴人。万历二十九年进士,历任顺天府尹、左都御史等,为后期东林党人的主要人物之一。著作今存《刘子全书》等。

② 容肇祖:《明代思想史》,开明书店,1941 年,第 330、331 页。

独强化了刘宗周的道德自律,并且融于他的言行之中。清儒汤潜庵(斌)评论曰:"(刘宗周)平生于寂寞凝一中发其聪明才智"。在生活中"敝帷穿榻,萧然布素",能安贫乐道;在朝廷上,"秉义据经,难进易退",能刚正不阿。他屡上奏章,志在振肃纪纲,敦崇廉节,有时还很有些"死硬":"宁人见以为迂阔,而不敢贬道以从寺(宦官),宁与执政相龃龉,而不敢容默以阿世。"(《蕺山文集·序》)刘宗周俨然一派君子风范,这一切无不从他倚为驻足的慎独中来。

除了上述的彻底之论,东林人士体认慎独,主要集中在下面三个问题上。

其一、慎独的境界是个人的内心体验,纯属自身的感受。

顾宪成曾以慎独与"造次颠沛"相对照,说:"独,内境也,人所不知,最易躲藏。造次颠沛,外境也,人所共见,最难矫饰。须要一一自查,不可待人来查我也。"(《小心斋札记》卷一三)慎独只能自知、自查,完全靠自己体验,这就难免在具体表述上有歧义。有人举出了三种情况:一是"《大学》之言独也,曰十目所视,十手所指"。二是"《中庸》之言独也,曰莫见乎隐,莫显乎微。"三是"今之言独也,曰与物无对"。究竟哪一说有理呢?顾宪成妙语答之:"绎十视十指之义,令人欲一毫自恣而不得。绎莫见莫显之义,令人欲一毫自瞒而不得。绎与物无对之义,令人欲一毫自褻而不得。皆吃紧为人语也。"(《小心斋札记》卷一一)这倒不是上引三说语义雷同,而是顾宪成深悉慎独旨意。凡专心在慎独"内境"上体悟自查,必然能做到彻底地杜绝自恣、自满、自褻,这也正是《大学》说的"诚其意者,毋自欺也"的具体表现。

冯从吾领略慎独,专一在"自"字上做文章。他说:"只毋自欺便是自慊。自字最妙。欺曰自欺,则其苦真有不可对人言者。慊曰自慊,则其趣亦有不可对人言者。吾辈默默体验自得。"(《冯少墟集·疑思录一》)能不自欺,即不欺人,即是自足。但这境界只是自知,苦乐均与旁人无涉。冯子有诗为证:

月挂梧桐上,风来杨柳边。

院深人复静,此景共谁言。

好一幅孤寂自得的景象。慎独作为纯粹的个体体验,难以用话语明白道出,只好绘以诗思的吟咏,这正是慎独追求的心下意境。故而,"君子慎独,只是讨得自家心上慊意。自慊便是意诚,便是浩然之气塞于天地之间"(《冯少墟集·疑思录一》)。

其二、慎独的意境不只是拘泥于自家独处、或是寂寥静处,而是表现在各种境遇之中。

邹元标对此最有体会。他最初致力于慎独,"以独为在心,从而反求诸心"。如此"盘桓数年,犹自惄滞",收效甚微。后来若有所悟,"始知独非内也。心意知虑固独也,而鸢飞鱼跃亦独也。戒慎恐惧,慎也,而优游涵泳亦慎也。兀坐一室之内,慎独也;即兵戈抢攘,千万人吾往,亦此慎独也"(《愿学集·答陈心谷中丞》)。邹子发觉,所谓慎独是主观的心下意境,与自身时下所处的环境并没有什么关联。也就是说,慎独的境界是超乎物外的,表现为一个自然而然的心态过程。"真知独者,天地万物而非显见也,不睹不闻而非隐微也。"邹元标援引《孟子》曰:"必有事焉而勿正,心勿忘,勿助长(也)"[1],强调心境自然,"斯慎独之旨也"(《愿学集·滁州太仆寺丞厅慎独轩记》)。

无独有偶,孙慎行也有相同的体会。他说:"所谓慎独立本者,无时无处不可致力,方见尽性之为实。"人们常常以"静坐观中"作为慎独的工夫,孙慎行认为这只是"入门一法,非慎独本旨也"。他理解的慎独指"居处应酬日用间,无在非是"。正像孔子教人"居处恭,执事敬,与人忠。若静坐观中,止是'居处'一义"(《明儒学案·东林学案二》)。孙慎行、邹元标等对慎独的体悟更进一步,把慎独解释为一种超乎个人形体和外界条件的高层意境,一旦达到

---

① 原文见《孟子·公孙丑上》,文意如杨伯峻所释:(把义看成内心之物)一定要培养它,但不要有特定的目的;时时刻刻记住它,但是也不能违背规律帮助它生长。

或进入这种意境,其心态和道德精神就能不受外部条件的干扰。矫龙尺蠖,屈伸自如;不论动静众寡,都能保持着道德的彻悟。

其三、慎独境界的心态特征是"戒惧"。

在东林诸子关于慎独的表述中,常常看到诸如戒惧、恐惧、戒慎等用语,似乎慎独即戒惧,两者说的是同一种状况,只是具体用语不同。有人疑惑,就此问难于顾宪成:"戒惧、慎独,有作一项说者,有作二项说者,未审孰是?"顾宪成之善辩有如孟子,应声对曰:"两说皆是。要而言之,一固一也,二亦一也。今只要理会他立言本指。"那么何为"立言本指"呢?顾子运用了整体与个体、一般与个别的逻辑方法予以辨析:"盖戒慎不睹,恐惧不闻,是全体功夫。慎独二字,则就中抽出一个关键而言也。如《易》言极深,又言研几。《书》言安止,又言惟几。又如《论语》言君子无终食之间违仁,更没渗漏了。却又言造次必于是,颠沛必于是,乃是把人最易堕落处提破。须到这里一切拿得定,方才果无渗漏也。"(《虞山商语》卷上)顾宪成的意思是,戒慎恐惧是道德修为的普遍状态,其中的要害之处在慎独。如果说慎独是操练而后的高深意境或德行正果,那么戒慎恐惧则是慎独的心态"语境"。顾子的解释很巧妙,但他没有进一步说明"戒惧"究竟何指。

其实,在其他地方,顾宪成已然道出了戒惧的本义。最明显者如:"语工夫只是小心二字。"小心即是戒惧的同义语,亦即小心翼翼,审时度势,谨慎肃穆。顾宪成竭力想要说明,他所说的戒惧不是"忧患恐惧",而是当年曾子"有疾",告戒弟子"吾知免夫"(《论语·泰伯》),并征引《诗·小旻》"战战兢兢,如临深渊,如履薄冰"的原意。他说:"须知战战兢兢,乃吾性体流行,没些子放松处。如临深渊,犹所谓如见大宾,如承大祭,而语加严切耳。非有所忧患恐惧之谓也。"(《小心斋札记》卷九)戒惧不是恐惧,而是敬畏。他征引王阳明语——"洒落生于天理之常存;天理之常存,生于敬畏之无间。"他认为阳明之言意犹未尽,遂进而言之:"究其实,洒落原非放纵,乃真敬畏。敬畏原非把持,乃真洒落。"(《小心斋札记》卷九)可知所谓戒惧即小心、即敬畏,即切实体悟了天理之后的进退自如，随心所欲而不逾矩，此之谓"真洒落""真敬畏"。那么，如若诠之以现代语言，戒惧实则是一种唯恐"一失足成千古恨"的戒备警惕心态，是站在善的边缘，面对恶的深渊而诚惶诚恐的精神临界状态。顾宪成有这样一段描述，大概最能真切地表达他的理解："语人心'惟危'，语道心'惟微'。又曰'出入无时，莫知其乡'。语独曰十目所视，十手所指。语人之所异于禽兽者曰几希。读其言，想见圣贤满腔子都是个战兢恐惧之心。"（《小心斋札记》卷一）

戒惧与慎独是东林人士对于同一种道德境界的不同表述。慎独主要指内心体验和精神境界，戒惧主要指某种心态特征，从慎独到"戒慎恐惧"的体悟过程，表现为从理性思考向着文化心态的渗入过程。戒惧心态的普遍存在使得东林人士们的灵魂深处随时保持着高度戒备，他们表现出强烈的"罪错意识"，带有某种先天的负罪感，以至在他们的意识中，能够谨小慎微，避免过失就是幸福快乐。且看东林诸子的心声：

高攀龙认为："吾人本分二字要紧，圣贤不过一个本分。本分即素位也。若一越分，便是无忌惮。如鱼投网，如蛾投火，至死后已。真是可哀。"（《东林书院志·高景逸先生东林论学语上》）高攀龙要人恪守本分，否则便会如鱼如蛾，遭受灭顶之灾。他惟恐灾起无妄，惟恐逾分逾矩，这种慎微之感还表现在他的"家训"中。如："言语最要谨慎，交游最要审择。多说一句不如少说一句，多识一人不如少识一人。"又引民谚："人生丧家亡身，言语占了八分。"（《高子遗书·家训》）

赵南星云，"人生贵无过耳"。他认为"官大则其有过也亦大"，为官者反不如务农者活得安稳。"为农者晨兴而晦息，饥食而渴饮，过安从生如此者，即可以为人祖，为人孙，以至父子兄弟无不可者。"因而，理想的人生有如"为农者"，平安即是福。"故君子者，位极人臣，犹之为农也。其饬躬尽力，求无玷家世而已。"（《赵忠毅公文集·高存之家谱序》）

冯从吾认为，"学者必有戒慎恐惧之心，然后有春风沂水之乐"（《冯少墟集·庆善寺讲语》)。这是典型的无过错的幸福观。为此,冯子要求学者安详节制,不能任意喜怒,不可放纵。他说,初学之士,常常能安详恭敬;学有所成,自谓得悟,往往就会放松,"不知悟处就是误处。卒之放纵决裂,坏人不小"。保持心中戒慎恐惧,正是"率性中节"的要点。他还特别要求人们善于制怒。"七情之中惟怒为难制",怒不只是表现在"行事"上,即使"著述立言多嫉愤不平之气,亦是怒不中节处"(《冯少墟集·疑思录二》)。冯从吾一心要戒惧,就连人们心里之嫉愤、意中之不平都要一笔抹去。殊不知这样一来,人们心中本来可能存有正义感也将被一并清除。他们不会再义愤填膺,更不会怒发冲冠,只剩下了谦谦君子的小心谨慎和唯唯懦夫的视而不见。冯从吾还作有两则箴言,表达了对于自身罪错意识的自觉警戒。兹录如下:

> 呼汝从吾,慎汝存心。一念少差,
> 百庆俱侵。毋愧汝影,毋愧汝衾。
> 勉旃勉旃,上帝汝临。
> 呼汝从吾,慎汝制行,一步少错,
> 终身大病。毋任汝情,毋任汝性。
> 勉旃勉旃,庶几希圣。(《冯少墟集·座右二箴》)

冯从吾很能严于律己,他真的想做戒惧的典范,感受无过错的人生之乐。

高、赵、冯诸君的见解很有典型性,展示了东林诸子政治精神的另一面。固然,他们的理想高远,志向宏大,时而指点江山,很有些挺身而出的豪侠气象。然而,在他们的内心底里,却埋藏着"戒慎恐惧"的心态种子;在他们的意识中,甚或隐隐地以能做到慎独,达到"戒惧"境界为成功。这将不可避免地影响到他们的行为选择。

如果说,东林诸子的慎独与戒惧确实具有代表性;那么,在儒家文化的观照范围之内,"无过错的幸福观"将对整个民族文化和民族精神有着恒久而深刻的影响。这使我们想起了伊壁鸠鲁的名言,"一切之中最大的善就是审慎";而依照西雷尔·贝莱的看法,对于伊氏来说,"没有痛苦的本身就是快乐"①。在中国文化的传延过程中,这种浅层次、低要求的满足感即幸福观,演化成了"知足常乐"的人生态度。1894 年美国的 A.H.斯密斯在《中国人的特性》里写道:"'安步当车,无罪当贵',是有知识的知足常乐;'布衣暖,菜饭饱','今朝有酒今朝醉',是普通民众的知足常乐。"②近人林语堂亦在 1935 年指出,知足的哲学给了中国人"追求幸福的消极方法","幸福总被降低到个人基本生存需要的水平"。③时至今日,"平安是福"仍然存留在人们的观念之中,这正是传统"无过错的幸福观"的当代遗存。怎样评估这种观念与进取、创造、探索和承担风险的现代社会观念的关系,如何评判这种观念的当代价值,似乎未易一言以断,还需要进行细密的分析。不过,"知足常乐"及"平安是福"所内蕴的惰性层面则是不言而喻的。当然,从"戒慎恐惧"到"知足常乐"之间尚有诸多的社会化环节,仅以一脉亦不足以概括全部的中华民族精神。但是,指出其间可能存有的文化联系,揭示其惰性层面仍然是有意义的,它将给我们进一步探寻民族精神和民族性格的文化根源,指明致思路径。

三、东林理性与原惧特性

　　综上所析,东林志向及其学旨似乎并未超出宋明学术沿袭的大格局。有些辩题,如缪昌期论"国是",顾宪成议"外人之是非",确实含有高于前贤的见解。但东林人士讲论本体工夫,论辨心性善恶,追循圣道无我,志在君父百姓,等等,仍然基本属于儒家文化传统命题的延续和发展,从中很难找出真能启迪后人的出奇之论。从中华文化的整体规模来看,东林之学作为儒家文化绵延承传过程中的一个小段落,一段小经历,其价值资源全部来自汉唐以

---

① ［英］罗素:《西方哲学史》(上卷),何兆武、李约瑟译,商务印书馆,1963 年,第 360 页。
② 沙莲香:《中国民族性》(一),中国人民大学出版社,1989 年,第 46 页。
③ 沙莲香:《中国民族性》(一),中国人民大学出版社,1989 年,第 152、153 页。

降的学术沿革，本不能指望其志向会发生超越儒学母体的认识升华或价值
突变。然而，另一方面，东林之学毕竟是历史莽丛中的个性存在，东林人士展
示的是不可重复，不可能再现的"唯一历史事件"，他们的学理思绪、人生追
求和心态表达局限于特定的"语境"：那个特定的历史场景和人生际遇。因
之，当儒家文化的激流冲刷着东林书院的围墙柱础，流淌过他们身畔之时，
毕竟也激起了几朵浪花，闪烁着东林人士的思想特色。

其一，东林学旨及其志向所内涵的价值合理性具有绝对化的特点。

我在这里借用了马克斯·韦伯(Max Weber,1864—1920)的宗教社会学
理论。马克斯·韦伯作为当代最负盛名和影响广泛的社会学家，对于西方文
化的分析可谓玲珑剔透，然而对于中国文化的理解多少有些雾里看花。他把
儒学解释为宗教，纳入他的宗教社会学体系，在宗教类型上归属于东方宗教
神秘主义。这些论断显然牵强，事实上我认为他没有真正懂得儒学。不过，韦
伯在东西方宗教比较研究中形成的一些概念和学术判断，以及他的发生学
方法及类型分析却极富启发性。例如，韦伯认为中国"儒教"具有入世和理性
主义的特点，儒教的宗教起源是楷模先知，它的入世伦理类型是"信念伦
理"，属于"价值合理性"的行为类型。这与西方基督教新教的伦理先知、责任
伦理和"工具合理性"正好相对。如若去除韦伯对儒学正统宗教成份的定性，
运用信念伦理和价值合理性来概括儒学的某些特征显然是很有道理的。

依照一般的理解，韦伯说的信念伦理指的是行为主体的信念、意志、意
向的价值决定着行为本身的伦理价值，这是一种主观的认定，因而行为主体
没有必要对行为的结果负责。"基督徒的行为是正当的，后果则委诸上帝。"
这与责任伦理以行为的后果判定行为的伦理价值，行为主体责无旁贷地要
为行为负责的伦理准则大异其趣。由于伦理准则的不同，人的行为合理性自
当有别。基于信念伦理，人的行为取决于某些特定价值的信仰、理想、观念或
意志，属于价值合理性行为。反之，基于责任伦理，人的行为取决于对实现目
标的可行性的评估，在充分计算了可资运用的资源、条件和手段之后设定行

为的目的和预测可能的后果,这属于工具合理性行为。显而易见,儒家文化的伦理准则属于信念伦理,其行为指向是价值合理性。我们看到,儒家文化的礼、仁、忠、孝及三纲五常等等,内涵着系统化的道德价值和政治价值,是儒家文化观照下的人们行为选择的根本依据。所谓"杀身成仁""舍生取义"体现的正是价值合理的追求。行动主体保持着信念伦理的主观价值认定,他们的行为选择是由儒家文化中基于特定价值而形成的信仰、理想和意识来支配的。

事实上,儒家文化从其肇始直到明清,彰显"价值合理"始终是其主要的学术特质。东林之学秉承儒学传统,自当连同其学术特质一并承传下来,体现在他们的治学旨要、人生志向和具体行为之中,这些本来无须赘述。这里需要特别说明的是,东林学旨彰显的价值合理性具有典型的绝对化倾向,主要表现有:对治学讲学的无比执著,对于践行社会政治理想的异常坚定,以及对于价值认同的绝对划一。以下随手拾取两则言论,即可洞悉。

例一:有人求教于冯从吾:"《诗》云:小心翼翼,昭事上帝。张子云:大其心,以体天下之物。程子又谓:心有主则实,无主则虚,何也?"问者举出"小心""大其心"和实、虚等不同说法,试图找出其间的差异和是非。冯从吾却回答说:"不当在大小虚实上论,只当分别人心、道心。"如果是道心,"则小也是,大也是;有主也是,无主也是"。反之,如果是人心,则无论大小虚实都不是。至于问者所举,"《诗》与程、张之言皆是在道心一边说,所以无不可"。(《冯少墟集·关中书院语录》)

例二:高攀龙曾严正申明,凡治学必须师崇孔孟程朱,治行则笃守孝悌忠廉,然后强调说:"如此之谓是,不如此之谓非。德行由是,词章由是,比闾之论议达于朝廷之举错由是。赏罚明而劝惩著,耳目一而志虑专,学如是而止也。"(《高子遗书·无锡县学笔记序》)

上引冯子说的"道心",高子说的孔孟程朱、孝悌忠廉,都是儒家文化的理想道德价值和理想政治原则的代称。冯子认为,只要"道心"在,则大小虚实皆合理。高子认为,凡德行、词章、参政、赏罚等均以圣人及其道德准则论是非。不言而喻,在他们的选择判断上,价值合理则一切合理,这是典型的信念伦理模式,是明确地将价值合理性推向绝对化。

东林人士志在学以致用。当他们将其所学用于政治之时,也坚持以价值合理作为选择的唯一依据。例如有人设问:"正心诚意亦未必为上所厌闻,或为上所喜闻亦不可知。为臣子者何可不言?"冯从吾答:"臣子进言,不必论上所厌闻不厌闻,亦不必论上所喜闻不喜闻。如以厌闻诚正而不言诚正,固非事君之道;如以喜闻诚正而始言诚正,亦岂纯臣之节?"(《冯少墟集·宝庆语录》)冯子的意思是说,为臣者只管依乎臣道而亟言敢谏,至于可不可言,当不当言以及君主喜闻与否,则一概毋论。当年孔子教人,也不过是"以道事君,不可则止"(《论语·先进》)。东林诸子则更进一层,正所谓"以道事君",不计其余,在价值选择上表现出明显的绝对化倾向。

东林人士强调价值合理的绝对性,不可避免地使他们的学术思维具有了宗教性"绝对伦理"的表征。一般而言,以世界三大宗教为样本的任何正规宗教的教义、教规都要求教徒们在世俗生活里绝对遵守宗教道德,而且他们至少在信念上要像圣徒一样行事,否则便是罪错。[1]东林之学与之相仿,它要求人们严格遵照道德和政治的价值准则,而且要"临深薄履",惟恐过错。如果说,中国传统儒学与一般意义上的宗教尚有不少差别,那么,强调价值合理的绝对性则使得东林之学具有了某种宗教意味。如果说,道德理性是贯穿儒学的本质特征,那么,价值合理的绝对化则使东林之学的理性特征更典型地表现为"信仰理性"[2]。

从东林人士的志向表达和行为效果来看,绝对化的价值合理性取向及

---

① 例如耶稣的《登山训众》,参见《马太福音》第5~7章。

② 关于"信仰理性",学界是有争议的,一般认为二者不能并称。本书对于这一问题有专门分析,请参见拙著《走出王权主义藩篱——中国传统政治文化研究》第十一讲《政治哲学之政治信仰:政治合法性思维与中国化信仰理性》,天津人民出版社,2017年。

其表现出来的信仰理性,给这些一心一意效忠君父、真心实意关切苍生的东林人士们鼓足了奋进和抗争的勇气。马克斯·韦伯认为:"越是把据以采取行动的价值观念提高到绝对价值的地位,与此相应的行动就越是'无理性的'。因为,行动者越是无条件地为这种价值观念献身,去追求纯粹的情操或美、追求至善或者为义务而献身,他就越不会考虑自身行动的后果。"①严格地说,东林人士的行为选择并非完全不计后果,事实上,他们常常对可能召致的后果能够有所觉察或预测。然而权衡之余,他们多半会义无反顾地选择自身赖以立足的价值准则。他们不是为了信仰而献祭的狂热信徒,而是为了理想而清醒地走向深渊的殉道者。据此,我们有理由断言,东林人士之所以表现出更多的社会责任感和政治忠诚,绝非一时感情冲动,而是扎根于东林学旨的深思熟虑,肇源于对儒学价值合理的绝对化领悟。

其二,东林人士的"戒慎恐惧"心态所表现出来的"原惧"特性,是最终导致东林悲剧的深层学理根源。

原惧之名当然是我的"杜撰",这是对于东林人士所理解和所感悟的戒慎恐惧的一种把握方式,意在揭示出那些深深埋入他们灵魂底里的恐惧感,更加精确地概括出他们惟恐失足的惊惧心理,以及他们那种无前提、无条件的自我谴责和罪错意识。为了能够相对准确的给原惧定位,这里以构成西方文明基石之一的基督教教义"原罪"说为参照。

依照基督教一般教义,"原罪"是上帝对人类的代表撕毁人神契约的惩罚:亚当和夏娃偷吃了禁果,背弃了对神的承诺,只有承担罪责。原罪在认识上为宗教"救赎论"的成立奠定了逻辑依据,同时也回答了一般宗教的永恒主题:通过信仰以拯救人的灵魂。"原罪说"是基督教教义的理论基点,也是庞大的教会神权系统得以建构的思想依据。正像宗教内涵着信仰理性一样,"原罪说"并不是简单的迷信,"一切神学都是对拥有的神圣价值在理智上的

---

① ［德］马克斯·韦伯:《经济与社会》(上卷),阎克文译,上海世纪出版集团,2010年,第116页。

理性化"。"原罪说"认定,除了上帝,在原罪面前"人人平等",没有例外。同时,经过 16 世纪新教改革,人的灵魂拯救问题不再是教会的特权,新教排除了人神之间可能具有的任何阻隔,使得每一个个体都可以直接面对上帝,"因信称义",这一变化不只是祛除了灵魂救赎过程中的巫术手段和迷信,而且还肯定了在上帝面前,个人是"相对独立"的这一事实。因之,尽管"原罪说"表达的"平等"和"个性独立"仍然囿于宗教神学的"语境",但毫无疑问,这里潜藏着一条与近代西方社会政治及文化变迁相沟通的认知逻辑,为日后西方文化趋向文明与进步打开了通途。

与"原罪说"相比较,"原惧"具有以下特点:

第一,原惧是少数学术及政治精英基于儒家伦理政治学说而形成的一种文化心态特征,它不是宗教神学的理论基点,而是中国古代王权主义政治文化的产物。它的涵盖面不是除了上帝之外的所有人,而是士大夫阶层中的一部分,是社会上的极少数。

第二,原惧特性并不反映类似"原罪平等"或承认"独立个体"的认知因素。原惧意味着只有士人中的少数杰出之士才会形成对自家心性的自觉和珍惜,他们形成的文化心态恰恰使他们有别于"日用而不知"的芸芸众生,因而原惧的深层意识具有等级性。

第三,原惧特性所指向的臣服权威是人间的帝王,而不像原罪的臣服权威是超验的上帝。如果说,在上帝的威灵之下,人们入世救赎为的是蒙受恩宠,以超越凡俗,获得拯救;那么,在人间帝王的世俗权威之下,人们除了入世而外并他求,别无选择。于是,"原罪说"以超越的情怀履行现世规范,结果使行为主体的自觉性和主体性得到发扬与提升。原惧则以入世的专注履行现世规范,其结果便是一再强化了士人精神的现世规范性。

诚如前文所言,原惧是我对于东林士人文化心态的一种概括,而且认为其中内涵着等级性、入世性和强制规范性。正如同战战兢兢、戒慎恐惧并不是东林人士所独有,而是渊源有自,几乎与儒家文化的形成相伴生一样,原惧的凸显及其文化弥散实际上也遍及儒家文化的承传过程。也就是说,作为士人特有的一种文化心态特性,原惧实际涵容于儒家文化之中,它的文化表象和历史展现则是多种多样的。最典型者,莫过于卿士大夫们面对帝王时所表现出来的罪错意识。这里且略举两例。

例一,北宋苏轼,堪称中国历史上个性最为鲜明的文人士大夫之一。他从政四十载,仕途多坎坷,居官有政声。因为个性鲜明,故而"讥刺既众,怨仇实多"。在北宋"熙宁变法"的风波中,正反双方都不能相容。他自认"一肚皮不合入时宜"。近人林语堂总括了他的特点近二十个,其中包括"秉性难改的乐天派"和"政治上的坚持己见者"等等。就是这样一位豪放之士,在帝王面前却表现出由衷的屈己和罪错感。熙宁四年(1071年),苏轼上书,谏买浙灯,神宗皇帝权衡利弊,诏令罢停。苏轼欣喜异常,再次上书,提出了"结人心、厚风俗、存纪纲"的治国方策,是为有名的《上神宗皇帝书》。其文开篇曰:"(臣)谨昧万死,再拜上书皇帝陛下。臣近者不度愚贱,辄上封章言买灯事。自知渎犯天威,罪在不赦,席槁私室,以待斧钺之诛……"结尾曰:"感陛下听其一言,怀不能已,卒吐其说。惟陛下怜其愚忠而卒赦之,不胜俯伏待罪忧恐之至。"(《苏轼文集》卷二五)又查苏轼贬官"黄州团练副使本州安置不得金书公事"所上"谢表",及其移居常州后所上"谢表",其中亦多有"狂愚冒犯,固有常刑""杜门自省,当益念于往愆"等语。如果说,"谢表"中的自责是获罪贬谪而后的反省,那么,明明是向君主谏言治国大计,却也深责如斯,"俯伏待罪",则又所为何来呢?

例二,明朝海瑞,堪称中国历史上清官之典范,以搏击豪右,为民请命和不怕死而著称。时人梁云龙为海公作《行状》,称他"古今一真男子也"。顾允成、彭尊古等更是称他为"当朝伟人,万代瞻仰"。他的事迹流为口碑,传布民间,如戏剧《生死碑》(一名《三女抢板》)即广为传唱。正是砥砺耿介如海公者,在皇帝面前仍不免罪错自责。如说:"臣向自僭言朝廷重务,干冒先帝威颜,罪在莫赎,法在不赦,臣万死不辞矣。"(《海瑞集·乞正赦款疏》)至如"臣不胜战栗恐惧之至","干冒天威,无任惶恐战栗之至","臣无任悚惧待罪之至"等语,更习见于海公的各本奏疏之中。这是官文套话,抑或反映了某种意识?某种心理?

如今已有学者就这一现象给出了答案,认为在理论和社会观念上,"君主是圣明的,无所不知,无所不通";在是非的判断上,"君主是最高的裁决者"。因而臣的进谏包含着对君主的批评,"然而这种批评在观念上又是一种错误和罪过"。于是臣的奏疏中多有自责之语,如"诚惶诚恐,顿首顿首"之类。但"这决不是空洞的客套话和形式主义,而是社会和认识定位的真实写照。历史上无数因进谏而招罪的事实便是这类词语的历史内容和证据"①。不错,这确是指出了士人罪错意识的本质。在历史的承传流变中,在千百年来君主政治及儒家文化的双重制约下,臣对君的罪错意识演变成了一种类如"套话"的话语。作为一种表达方式,它限制着臣的思维边界,再强势、洒脱的个性只要进入这套话语,也不得不按照自责的定式来表明自己的态度,确定自己的位置和立场。前引苏轼和海瑞,不过是重复着千万个卿士大夫们都做过的事。在我看来,在这种现象背后,除了君权至上的绝对权威,还有深入骨髓、渗入肌理的戒慎恐惧心态。如果说君主权威的至上和绝对化是历史的必然,本就无可抗拒;那么,"戒慎恐惧"则是士人们道德修习刻意追循的结果,是他们心甘情愿。这种内涵原惧特性的文化心态弥散开来,播洒在政治意识、政治观念等多个层面,必将对士人精神乃至中国传统文化形成广泛而深刻的影响,诚如泽华师断言:"是造成思想贫乏,缺乏创造力和想象力以及人格普遍萎缩的重要原因之一。"②

具体到晚明东林人士,原惧的影响也是负面大于正面。从积极角度看,战战兢兢,"临深履薄",惟恐犯有过失的心态保持将有助于增强道德修为的自觉性和自律性。例如刘本儒曾自述体会:"吾鞭策之念,毋敢少弛。恐行住

---

① 刘泽华:《王权主义:中国文化的历史定位》,《天津社会科学》,1998年第3期。
② 刘泽华:《王权主义:中国文化的历史定位》,《天津社会科学》,1998年第3期。

坐卧,悉成堕落。近来扫尽尘氛,杜门检点静中意思,觉与平时差别也。"(《东林书院志·轶事二》)然而,另一方面,原惧所标识的莫名恐惧会促使人们道德修习的自觉不断强化,以至发展成为道德戒律的自我压制、自我强迫和自我束缚,惟知"安贫改过",忏悔人生,不知其他。高攀龙就曾说过:"看来学问除此四字(指安贫改过—引者注),亦无学问矣。"(《东林书院志·高景逸先生东林论学语上》)

在绝对化的价值合理取向的鼓舞下,东林人士们意气昂扬,直言强谏,不避利害;可是,深入骨髓、渗入肌里的戒惧心态又紧紧拖住了他们的手脚,使他们不敢尝试跨越雷池。一旦他们的价值追求与王权相冲突,无可化解,他们可以不虑后果,不计生死,即如荀子所言:"畏患而不避死"(《荀子·不苟》)。亦如马克斯·韦伯的分析:他们的善行是无条件的,他们不在乎后果如何。他们只是给自己的价值理想找到归宿。但是,他们与王权的"冲突"绝不会升级为"抗衡",冲突一旦激化,他们总是理智地选择屈从,因为在君主面前,他们的罪错感是没有前提的!东林人士对君权不论是非,不辨善恶,戒慎恐惧,正是他们坚信"雷霆雨露,俱是君恩"的心态根源。

原惧特性也促使东林人士在致思过程中留有退路,表现为一种防御性的保守式思维:前行不得,即退避三舍;进取受阻,即自咎自责。于是在行为选择上很容易从干犯激进转向闭门思过、杜门避祸。所以东林人士之中,既有勇往直前、杀身成仁者,也有退出江湖,关门自保者。当然,具体到每个人的实际选择可能是多种原因促成的,譬如儒家传统的出(仕)处(世)观念等等,但戒慎恐惧及其原惧特性的内在作用和心理影响显然也是不宜忽视的。

"戒慎恐惧"没有给东林人士带来精神的升华,反之却导致了主体的滑落。原惧特性是东林悲剧壮烈哀凉的心态之源。

第三章　君子小人辨

　　东林学旨是东林党人精神世界的理性部分，其中内蕴着他们日后政治选择和政治际遇的认识根源。当我们面对蒙尘积垢的历史遗迹，回溯东林人士的悲哀与壮烈，常常会为他们本意虔敬忠君，反而下场惨痛而一掬英雄泪。以往的有关研究，多数都是延伸到思想的层面便画上了句号。我的师长则教诲我，要在他人停止思维的地方画上一个问号。于是我想，思想的回应是行动，东林学旨及东林志向的价值内蕴与东林人士的社会政治行为有着必然的联系，东林人士作为行为的主体，其思想与行为的沟通，必然要经由他们的政治人格体现出来。换言之，东林党人的政治人格自觉是连接其学旨、志向与行为选择的认识中介，他们确认并奉行的种种政治理念正是通过人格化的思绪而内淀于心理，凝聚为个性，并付诸实际行动的。这一切都将从有关"君子小人"的辨析开始。

第一节　人格认识的形成与政治人格分析

　　人格（personality）是一个古老的理论，古今中外，在不同民族文化，不同历史时期以及不同学科领域，关于人格的界定可谓五花八门，有的认识相距甚远，至今尚没有一种表述是被学术界共同认可的。只是在人格概念的字源上，似乎没有什么异议。人格一词源于拉丁文 persona，意为面具。

　　如果从哲学的视角看人格，可以给出的最为简明的一般性解释是：人格是个体人从心理到行为的诸般特点的总和及其惯常行为模式。这里说的政治人格（political personality）则是从政治文化（political culture）的角度做的界定，一般指行为主体的政治性格特征的总和及其惯常行为模式。在实际社会政治生活中，政治人格首先是个体的，其展现的是个人的政治特质（political trait）；政治人格是决定或者影响行为主体的政治选择和行为趋向的内在驱力。在认识上，人格自觉是认识主体对于模式化的人格类型的理解和把握，表现为某种形式的政治文化现象，并带有明显的群体或集团的共性特征。由此我们可以认定，晚明东林党人以及卷入党议的各等人士无不具有各自的人格构成和人格特征；在认识上，东林人士沿袭了儒学传统的"君子""小人"人格模式，同时也不乏自家特有的人格领悟。

一、从等级身份到政治人格

作为一种政治认知，广义而言，"君子小人辨"是中国古代统治者"集团自觉"的意识表露，它的形成伴随着历史的演进。

君子、小人的称谓出现甚早，西周时期已经很普遍，《诗》中多有记述。这时的君子、小人主要是针对等级身份的泛称，君子指贵族统治者，小人泛指平民或劳动者。例如：

> 岂弟君子，民之父母。（《诗·大雅·洞酌》）
>
> 周道如砥，其直如矢。君子所履，小人所视。（《诗·小雅·大东》）
>
> 驾彼四牡，四牡骙骙。君子所依，小人所腓。（《诗·小雅·采薇》）

我们由此可以确知，君子小人的本初含义与社会政治等级紧密相连。关于这一点，春秋时人依旧表述得十分清楚。例如鲁宣公十二年（公元前597年），随武子说："君子小人，物有服章。贵有常尊，贱有等威，礼不逆也。"（《左传·宣公十二年》）

有时候，君子又称为"大人"，小人称作"野人"。孔子曰："先进于礼乐，野人也；后进于礼乐，君子也。"（《论语·先进》）这里的君子指卿大夫之子弟，君子与野人相对，显然涵指身份地位的不同。

自夏商周三代及至春秋战国，君主政治历经了改朝换代的沧桑之变而日趋成熟，人们的政治视野也随之愈益宽广，"君子小人"遂从一种不假思索的习惯性称谓而逐渐上升为人们认识和讨论的课题。人们发现，君子小人之分及其相互的关系与国家治乱直接相关。《左传》君子曰："君子尚能而让其下，小人农力以事其上，是以上下有礼"，这时天下有序，形成治世。反之，"及其乱也，君子称其功以加小人，小人伐其枝以冯（杨伯峻注：冯即凭）君子，是以上下有礼，乱虐并生。"（《左传·襄公一三年》）君子和小人不能有序相处是导致乱世的主要缘由，"国家之敝，恒必由之"。

那么在社会生活中，君子与小人最根本的联系是什么呢？孟子总结诸人之说，概括为治与养的关系。他把社会分为两层：劳心者治人，劳力者治于人。又说："无君子，莫治野人；无野人，莫养君子。"（《孟子·滕文公上》）在先秦时人看来，保持君子与小人治与养关系的恒久巩固，正是维系社会政治稳定的根本条件，不然就会发生祸乱。《易·解卦·六三爻卦》说："负且乘，致寇至。"《系辞上》解曰："负也者，小人之事也；乘也者，君子之器也。小人乘而君子之器，盗思夺之矣。"高亨注："小人，庶民也。君子，贵族大官也。此乘字谓车也……此言小人本宜负物，而今乘车，非其分也，故盗思夺之矣。"①

中国古代社会的实际等级身份是很复杂的，以至有"天有十日，人有十等，下所以事上，上所以共神也"（《左传·昭公七年》）之说。君子小人作为一种政治认识，超出了具体而琐细的身份等级规定，把社会全体成员综括为权力执掌者和服从者两大层次，统治者彼此之间则相对"小人"而以"君子"相认同，表露出清晰的身份认同感，表达和展示了明晰的统治集团归属意识。能将复杂的等级身份化约为两大类，形成了对于社会政治结构的简明概括，这显然是上古先民政治思维的理性程度有所提高的标志。

儒家学派主张以礼治国，倡言礼义德治，于君子小人之辨最为热中。他们在划定君子小人两大层次的认识基础上，进一步分辨出他们各自的价值规定。儒家学派认为，君子小人各有其特定的价值构成，而其中最基本的价值规定，亦即区分君子与小人的最根本的价值准则是：君子尚德，小人逐利。

---

① 高亨：《周易大传今注》，齐鲁书社，1979 年，第 523 页。

孔子说:"君子喻于义,小人喻于利";又:"君子怀德,小人怀土"(《论语·里仁》)。《易传》:"君子进德修业"(《乾卦·文言》);"小人不耻不仁,不畏不义,不见利不劝"(《系辞上》)。荀子:"道礼义者为君子;纵性情,安恣睢,而违礼义者为小人。"(《荀子·性恶》)儒家宗师们的判断成为分辨君子小人最重要的评估标准,先秦乃至后世的君子小人讨论大抵都是遵照着这一评估标准而展开的。

尚德与逐利作为一种价值判断应当归属于道德领域,能不能遵行礼义亦属于道德行为。那么沿着儒家划定的评估标准区分君子小人,在认识上实际已经偏离了原来的出发点,从对等级身份的概括过渡到关于道德价值的判定。因之,虽然从广泛意义上说,君子与小人作为历史形成的概念,并不能完全排除其身份等级的内涵,或者等级与道德兼而有之。如宋代王安石就认为:"有天子、诸侯、卿大夫之位,而无其德,可以谓之君子,盖称其位也。有天子、诸侯、卿大夫之德,而无其位,可以谓之君子,盖称其德也。"(《王文公文集·君子斋记》)然而,若就这一讨论的主体而言,君子小人是作为一种"道德分层"的认知而被人们普遍接受的。

我这里提出的"道德分层"当然是借鉴了社会学的"社会分层"的理论。"分层"本来是地质学的概念,被社会学家借来用以区分人类社会的差别关系与不平等。作为现代社会学的重要研究论阈之一,一般而言,社会分层理论的研究前提首先是要设计分层标准,通常是在考察判定现实社会的实际状况及结构等方面的基础上,从政治、经济、社会存在、观念舆论,以及性别、种族、职业、年龄等多种层面和角度,设立综合标准,通过田野调查、统计分析,进行多方位的研究,从而使得人们对于当下社会实际问题的认知更为准确和深入。

这里提出的"道德分层"则是某种政治思维的产物,它与"社会分层"的最大区别是其理论的前提不是实际而具体的社会现象或状况,而是某种价值判定。作为分层标准的"君子""小人"实际上已经越出了现实社会等级的限制,各自凝结着旨在指导人们行为选择的价值系统。也就是说,在"道德分层"的观照下,人的社会政治存在的意义主要取决于价值认同,至于具体的财富、权力占有和实际社会政治地位则无关紧要。富甲天下、位极人臣者可能是小人,困居陋巷、箪食瓢饮者反而为君子。"道德分层"只承认分层标准的确立和人们的认同程度,这一切可以通过个人努力而做到。也就是说这种分层方式设定了人际差别,但是每个人对于自身的差别归属是可以选择的。先秦荀子有言:"小人君子者,未尝不可以为相也。"(《荀子·性恶》)宋儒欧阳修也说:"不修其身,虽君子而为小人;能修其身,虽小人而为君子。"(《欧阳文忠集·答李诩书》)或为君子,或做小人,何去何从,但凭己择。

在儒家文化的思维视野中,道德与政治是混而为一的,君子小人的分层标准既是伦理的,又是政治的。在秦汉以后的文化承传中,君子形象逐渐演化成为一种道德化的政治人格,得到全社会的普遍尊崇;小人则作为反道德的政治人格,受到贬斥。君子和小人代表着相对的两种价值系统供人们选择,从而使得每一个社会成员都有可能在君子小人的取与舍中,超越生而与俱的等级身份局限来选择自己的政治前途和人生归宿。

君子小人作为一种道德化的政治人格理论是中国传统社会特有的政治文化现象。晚明东林党人关于君子小人的讨论就是在这样的文化背景上进行的。

二、君子人格解

从一般意义来看,儒家文化养育的君子人格是礼义道德的化身。凡是能称作君子者,必然是手捧儒学经典,肩负着儒家理想的诸种道德规范,在儒家文化设定的"内圣外王"金光大道上恂恂而行。他们是修身的典范、忠臣的楷模和维系社会与政治秩序的中坚。

儒家文化关于君子人格的认识极丰富,总括其成说,连同东林人士的侧重之处,主要可以归纳为以下四点。

第一，君子是诸多道德的负载者，更是仁德的执著追循者。

儒家文化就其本质而言是一种伦理政治学说，诸如忠、孝、仁、义、礼、智、信、廉、诚，以及中庸等，都是构造其学说体系的核心概念。君子作为道德的化身，理所当然成为诸多道德的承载者和体现者，如孔子曰："君子道者三"，计有"仁者不忧，知者不惑，勇者不惧"（《论语·宪问》）。孟子曰："君子以仁存心，以礼存心。"（《孟子·离娄下》）关于君子人格道德承载的广泛性，最形象的表述莫若比之如水，喻之以玉。据《说苑》载：

> 子贡问曰："君子见大水必观焉，何也？"孔子曰："夫水者君子比德焉，遍予而无私，似德；所及者生，似仁；其流卑下句倨，皆循其理，似义；浅者流行，深者不测，似智；其赴百仞之谷不疑，似勇；绰弱而微达，似察；受恶不让，似包蒙；不清以入，鲜洁以出，似善化；主量必平，似正；盈不求概，似度；其万折必东，似志。是以君子见大水观焉尔也。"（《说苑·杂言》）

以水喻称君子之德的说法又见于《荀子·宥坐》《大戴礼记·劝学》等，字句或有出入，内容则同。

《说苑》又载：

> 玉有六美，君子贵之。望之温润，近之粟理，声近徐而闻远，折而不挠、阙而不荏，廉而不刿，有瑕必示之于外，是以贵之。望之温润者，君子比德焉；近之粟理者，君子比智焉；声近徐而闻远，君子比义焉；折而不挠，阙而不荏者，君子比勇焉；廉而不刿者，君子比仁焉；有瑕必示之于外者，君子比情焉。（《说苑·杂言》）

与之相近的记述还见载于《管子》《荀子》《礼记》等文献，内容多有不同。《管子·水地》以玉有九德,君子贵之。《荀子·法行》列为七德。《礼记·聘义》论为十德。如"垂之如队,礼业;叩之,其声清越以长,其终诎然,乐也;瑕不掩瑜,瑜不掩瑕,忠也;孚尹旁达,信也"(《礼记·聘义》);"茂华光泽,并通而不相陵,容也"(《管子·水地》),等等,则为《说苑》所不载。

《说苑》是西汉人刘向纂辑的。由于能够博采群书,使得某些后世失传的古籍,藉《说苑》辑录而存留一二,"吉光片羽,弥足可贵",故而颇为史家称道。我们则藉此而看到了君子人格的历史脉络。可知君子水玉之喻自先秦至汉代,已经形成了普遍认识,君子人格道德承载的广泛性得到了儒家文化的认同。

依照儒家文化的设计,君子人格的道德承载广博而不泛然,其中又有重点,某些境界极高的道德条目即是君子道德修为的主要进路,故而在评判君子人格的诸多标准中,最受重视。如诚,如中庸,如仁。

儒家文化的"诚"含有真实无妄,坦诚无欺,恒久不息等多种意义,是人格修炼的高层道德境界。"诚者,天之道也;诚之者,人之道也。"(《中庸·二十章》)诚是通往圣化之境的捷径,所以荀子断言;"君子养心莫善于诚,至诚则无他事矣。"(《荀子·不苟》)儒家文化认为,只有圣人天生至德,生而有诚:"诚者不勉而中,不思而得,从容中道,圣人也。"(《中庸·二十章》)君子要想达到诚,务须"择善而固执之",非得付出艰苦的努力不可。当然,在儒家文化看来,也惟有君子才能达到诚,"夫诚者,君子之所守也"(《荀子·不苟》),这正是君子人格的高尚之处。

"中庸"在儒家文化的道德体系中也占有极高的位置,孔子就曾有过感慨:"中庸之为德也,其至矣乎!民鲜久矣。"(《论语·雍也》)然而,惟有君子恰恰能够把握"中庸",遵道而行,不偏不倚,随时随地避免"过犹不及",力求"时中"。中庸的艺术境界是通达权变,故而孔子说,对于一般人而言,"可与共学","可与识道","可与立",但"未可与权"(《论语·子罕》)。惟有君子能够体悟中庸的精髓,通晓权变,屈伸自如。所谓"柔从若薄苇,非慑法也;刚强猛毅,靡所不信,非骄暴也。以义变应,知当曲直故也"(《荀子·不苟》)。这正是君子人格的高明之处。

最后,在儒家文化的诸多道德规范之中,在君子人格的诸多道德承载之中,"仁"是最具权威性的人格标准。作为儒学道德体系中的最高德目,仁是区分君子小人并构造君子人格的道德砥柱。孔子有言:"君子去仁,恶乎成名?"(《论语·宪问》)又说:"君子而不仁者有矣夫,未有小人而仁者也。"(《论语·里仁》)儒家文化认为小人本性嗜利,根本与仁无缘,君子也不一定就必然能够达到这光辉的顶点。事实上成就君子人格的真正意义在于,他必须是一个仁德的执著追循者,能够"无终食之间违仁,造次必于是,颠沛必于是"(《论语·里仁》),百折不挠,锲而不舍,表现出赴蹈仁德的坚定意志和毅力。仁是君子小人人格最本质的道德定位和人格确认。

晚明东林诸子关于人格道德本质的认识,基本继承了传统成说,重复着前贤之见。如高攀龙:"孟子曰:'君子以仁存心,以礼存心。仁者爱人,有礼者敬人。仁者爱人,有礼者敬人'。君子存心只是仁礼,仁礼只是爱敬。""君子有终身之忧者,忧不仁不礼不爱不敬也。"(《高子遗书·爱敬说》)邹元标释"子曰:'可与适道,未可与立'":"夫所谓立者,戴仁而行,抱义而处,非礼弗履。"(《愿学集·崇儒书院记》)钱一本说:"君子以仁存心,以礼存心。仁则心存,不仁则亡。礼则心存,无礼则亡。"(《明儒学案·东林学案》)这些认识大抵都是学习先儒经典的心得体会,没有什么新见。东林人士如同他们的前辈一样,在认识上恪守着君子人格的道德基调。

第二,君子着眼于正己和道德实践,在德行修为上严于律己,无求于人。

儒家文化认为,君子是能够在实际社会政治上生活中践行礼义道德的理想人格。孔子曾就此提出要求:"君子义以为质,礼以行之,孙(逊)以出之,信以成之。"(《论语·卫灵公》)孟子也认为:"夫义,路也;礼,门也。唯君子能由是路,出入是门也。"(《孟子·万章下》)他们认为,礼义道德的价值体现不在于宣扬倡导,更在于践履实行。君子人格是德行的实行者,他们能够将礼义道德融贯于日常生活中的举手投足之间，凡视、听、言、动，一颦一笑，无不以礼义忠信等道德规范为标准，讲求言行如一，最忌言过其实。因而，当子贡问老师如何作君子，子曰："先行其言而后从之。"(《论语·为政》)这种先行后言，注重实行的认识很有普遍性。如《礼记·表记》："君子耻服其服而无其容，耻有其容而无其辞，耻有其辞而无其德，耻有其德而无其行。"君子应该以践履礼义道德作为毕生的义务，"敬始而慎终，始终如一，是君子之道，礼义之文也"(《荀子·礼论》)。在道德实践中言行如一、表里如一、始终如一，正是君子人格有别于小人人格的人格特色。

儒家文化还要求，君子人格在道德践履中要严于律己，以身作则，所谓"君子有诸己而后求诸人，无诸己而后非诸人"(《大学·九章》)。他们只关注自身德行的完善，故而宽于待人。"君子务修其内而让于外，务积德于身而处之以遵道。"(《荀子·儒效》)他们专一克己，孜孜以求，因而从不在意他人说三道四。"是以不诱于誉，不恐于诽，率道而行，端然正己，不为物倾倒，夫是之谓诚君子。"(《荀子·非十二子》)

晚明东林人士全盘继承了传统认识，尤其在正己和宽人方面体会最多。例如：

赵南星："君子奉古之制，遵圣之矩，率性之常，修人之纪。饥食而渴饮，夙兴而夜寐，漠然无所求于天下。"(《味檗斋文集·居易堂记》)赵南星认为身为君子就应当一味正己，率性修德，更无他求。

邹元标："大人者，惟明己而后可语正己，正己则天地万物莫非己也。故先儒曰：认得为己，何所不至。"(《愿学集·焦弱侯太史还朝序》)邹子深感君子要以正己为首务，应做到严己宽人，谓之"以古道褆(褆，安也)躬，以世法待人。褆躬贵严，待人贵恕"(《愿学集·答文时甫明府》)。

冯从吾也认为，君子应当修德不望报，能"居易以俟命"。有的人"朝修德而夕望报，一或不应，辄以为天地间无善恶报应之事。不知一为报而修德又是伪，又不是诚，如何能感召天地？故曰居易以俟命。必居易以俟命而无一毫望报之心,才谓之诚,才谓之德"(《冯少墟集·辨学录一》)。作为君子只求正己,无怨无尤。"盖正己而不求于人,则无入而不自得,自然无天可怨,无人可尤。"冯子的意思是,君子只知在"正己"上用心用力,既无求于他人,又对他人"陵下""援上""拂意"等等皆"不自见",必然能做到心无怨尤,心态安然自得。冯从吾认为,正己的预期目的是"尽兴",具体入径是"安分"。"只一个分定了,便改移不得。可见人只是安分,便是尽性"就能达到通达适意之境。所谓"大行不加,穷居不损"。冯子亦有诗证之:

芳草和烟暖更青,寒门要路一时生。

年年点检人间事,唯有春风不世情。

(《冯少墟集·示四氏曲阜两学诸生》)①

与儒学前贤相比较,东林人士在君子正己、严己和宽以待人认识的深度和绝对化方面有过之而无不及。

第三,君子人格具有道德的恒定性,在任何环境条件下,都能表现出最佳道德风貌。

儒家文化认为,不论贫穷富贵,地位高下,劳顿安逸或是命运多舛,作为君子者,必然总是遵照尚德的标准进行选择,在实际行为上与置身其中的具体环境相协调,"是以百举不过也"(《荀子·臣道》)。《中庸》说,君子"素富贵,行乎富贵;素贫贱,行乎贫贱;素夷狄,行乎夷狄;素患难,行乎患难"(《中庸·十四章》)。《易传》说,君子"居上位而不骄,在下位而不忧"(《易·乾卦·文言》)。荀子也说:"君子贫穷而志广,富贵而体恭,安燕而血气不惰,劳倦而容貌不枯,怒不过夺,喜不过予。"(《荀子·修身》)在实际社会生活中,大如调节

---

① 原诗作者唐代罗邺(825—?)。冯从吾回答诸生提问而引用之。又,罗诗"寒门"作"闲门",今从《少虚集·卷四》:"问大行不加,穷居不损。曰:芳草和烟暖更青,寒门要路一时生;年年点检人间事,惟有春风不世情。"

人我关系,小到容貌举止,君子皆能依乎礼义法度,圆满处之。前者如荀子曰:"其交游也,缘类而有义;其居乡里也,容而不乱。"(《荀子·君道》)后者如子夏曰:"君子有三变,望之俨然,即之也温,听其言也厉。"(《论语·子张》)

君子人格的道德恒定性突出了君子的道德自律,他们无私无畏,"不为贫穷殆乎道"(《荀子·修身》),不在乎名利的干扰和诱惑,"食无求饱,居无求安",唯一的追求是"就有道而正焉"(《论语·学而》)。孟子对此颇有自信,声言"焉有君子而可以货取乎?"(《孟子·公孙丑下》)这种道德自律得到了后世士人们的广泛认同。如说君子"不待褒而劝,不待贬而惩"(《嘉祐集·史论上》);"夫君子之不骄,虽暗事不敢自慢"(《王文公文集·周公》);"君子之仕,不以高下易其心"(《栾城集·张士澄通判定州》)等等。君子道德恒定,自律自戒,必然不计锱铢得失,而且在心态上能保持着豁达与乐观。"其未得也则乐其意;既已得之,又乐其治。是以有终身之乐,无一日之忧。"(《荀子·子道》)道德恒定的君子人格至少在认识上或曰理念上接近了完美。

晚明东林人士在认识上对于君子的道德恒定性最有共鸣。顾允成体会"君子素位",说:"所谓君子者,只是素位而行,不愿乎外而已。里面不曾减了些子,何入而不自得;外面不曾添了些子,何缘怨个天尤个人……自小人看君子,见他贫贱也不辞,夷狄也不辞,患难也不辞,却似做个难题目",其实则不然。"以我处富贵、贫贱、夷狄、等项则易,要富贵、贫贱、夷狄、患难等项来处我则难。"(《小辨斋偶存·君子素位章》)以个体之我去"处"外物,对贫贱患难安之若素正是君子人格的优长之处,非此不足以展示君子的道德恒定性。

顾宪成比较了常人与圣人,指出"平居无事,一切行往坐卧",似乎没有相异之处。可是,当外部条件或个人境遇发生变化时,常人的反应会极度失常:"至遇富贵,鲜不为之从充诎矣;遇贫贱,鲜不为之陨获矣;遇造次,鲜不为之扰乱矣;遇颠沛,鲜不为之屈挠矣。"顾宪成认为,对于普通人来说,富贵、贫贱、造次、颠沛等等都是关卡,"到此直令人肝腑具呈,手足尽露,有非声音笑貌所能勉强支吾者"(《明儒学案·东林学案》)。故就源头上看,"必其无终日之间违仁,然后能于富贵、贫贱、造次、颠沛处之如一"(《明儒学案·东林学案》)。当然,这只有君子能做到。

高攀龙对于君子人格德行恒定而几近完美最有感触,遂作有《洗心说》一文,尽心摹画:"食无求饱,居无求安,不做居食想。彼以富,吾以仁;彼以爵,吾以义,不作富贵想。不怨天,不尤人,不作怨尤想。用则行,舍则藏,不作用舍想。行一不义,杀一不辜,得天下不为,有甚动得我。知之嚣嚣,不知亦嚣嚣,有甚苦得我。非仁无为,非礼无行,有甚恐得我。江汉濯之,秋阳暴之,有甚染得我。鸢则于天,鱼则于渊,有甚局得我。"(《高子遗书·洗心说》)在高子的心目中,君子人格内蕴的价值本质如同天造地设般的坚实稳固,这种近乎完美的道德本质一旦外化,必然表现为顶天立地的人格形象:"既唤做个人,须是两手顶天,双手拄地,巍巍皓皓,还他本来面目。"(《高子遗书·洗心说》)高子向往的正是儒家文化造就的道德巨人。

东林诸子一方面在不断加深体认君子人格的道德恒定性,同时另一方面也在充盈着他们自己的道德满足感,从而为他们在实际社会生活和政治旋涡中不顾顺逆优劣,不计荣辱得失而始终保持着人格稳定提供了心态条件。

第四,在理念上,君子人格完美无缺;在实际社会政治生活中,君子的表现须"一以贯之"。

儒家文化把君子人格所内蕴的道德价值体系称为"君子之道"。如果说,君子人格是传统伦理道德的凝聚,那么君子之道则涵盖着儒家文化之道德及政治价值的总范式,体现着统治阶级的整体利益和共同意志,具有广泛的适用性和绝对的真理性。正如《中庸》的表述:"君子之道,本诸身,征诸庶民,考诸三王而不谬,建诸天地而不悖,质诸鬼神而无疑,百世以俟圣人而不惑。"(《中庸·二十九章》)显而易见,这是典型的"群体人格",其中剔除了任何可能存留的个性和自我,以一种绝对无私无畏的精神风貌展现出绝对完美的人格形象,形成了被君臣统治者们共同认可的人格模式:"君子动而世

为天下道,行而世为天下法,言而世为天下则。"(《中庸·二十九章》)

　　君子人格的模式化、法则化是儒家文化的理想与实践相统一的体现。与圣人相比较,君子的实践意义更为凸显,高于它的理想层面。在儒家文化的人格设计中,圣人是道德及政治理想的极至,亦是最高理想人格的显现。古往今来,圣人屈指可数,除了尧舜禹汤等少数圣王,常人可以向往,可以仰慕,但很难企及。君子则不然。君子内涵的价值准则是可望可及的——可以修习,可以践行,所以孔子说了实话:"圣人,吾不得而见之矣;得见君子者,斯可矣。"(《论语·述而》)对于后世儒生而言,崇圣是最高理想,不得放弃,不可迷失;君子是实践目标,务须追循,理应做到。换言之,儒家一脉之所以竭力推崇君子,就是要将人们鲜活多样的个性存在依照君子"群体人格"的统一模式重新整塑,完成合乎统治者需要的"政治人"改造,造就君主政治的忠臣顺民。因之,实际社会生活中的君子具有理想与行为的"一以贯之"特征,他们能在道德修习和理想追寻中坚忍不拔,在坎坷颠沛的人生途中牢牢把握着行进的方向。

　　晚明东林人士对于君子人格的实践意义领悟深刻,确信君子的道德本质需要在实际政治生活中考察。冯从吾通过诠释"君子之仕也,行其义也"表明了他的认识。这句话见载于《论语·微子》,下文中有"道之不行"云。于是有人问,"君子之仕也"的本义"明白是教他出仕,何以为不然?"冯子曰,圣人本意"原不是教他出仕,只是要他晓得君子之仕为行其君臣之义耳"。因为当时"以仕为通者"往往只看到了仕与势、仕与利的关系,"若曰君子之仕也,行其势也,行其利也,那里行什么义。所以把仕字弄得不好看……恰似仕途全行不得义,全做不得君子。如此道理不明,凡要做君子的安得不着一可不可之念"。所以子路有言"君子之仕也,行其义也",即"非行其势也,非行其利也"。遵照儒学先师设计的生涯规划,入仕参政是君子们人生践履的必然道路。冯从吾从君子人格的标准看入仕,深悉先贤之教导,指明"仕"不是目的,而是手段,履践"君臣之义"正是道德人格的政治实践,表现为个体人格向着君子群体人格的介入过程,对于个人而言,则是笃信奉行的政治道德价值的实现过程。"君臣之大义,自我而植;宇宙之纲常,自我而立。岂为功名富贵哉！"(《冯少墟集·疑思录四》)

当然,冯从吾也看到谋仕者"中间即有丢过义,只为势、利出仕的",但这不过"是他各人自家见不到,各人自家做了小人",这些人把仕途视为"势窟""利薮",既不属于君子之德,也不关"君臣大义"的事。在冯氏看来,君子人格的人生实践只是幼而学,壮而行,"行之者,行其义也。知此则知仕止久速,无往非道;用行舍藏,无往非学。视用舍为寒暑风雨之序,视行藏为出作入息之常。仕者安得以仕为可,以隐为不可;隐者安得以隐为可,以仕为不可哉？"(《冯少墟集·疑思录四》)只要把握住道义,无论行、藏、仕、隐,都是道德的践行,无不是君子人格的锻铸。

赵南星和缪昌期也意识到了君子人格从理想到实践的贯通性。赵南星认为,君子人格完美无缺,因而在政治实践中必然能够成为优秀官僚,能将其人格备具的德行付诸实际政务之中,"故其操身也正,其畜下也慈,其绳人也恕,其莅事也勤,其究心于吏治人才也豫"(《赵忠毅公文集·贺大名世哲翁游老公祖晋秩久任序》)。缪昌期认为,君子人格的政治实践是要贯彻胸中"为了君父百姓"的大志向。他说:"古之君子所谓爱其君者,非独爱其君也,爱其君之所以托天下也。故必以安危之机审之。"(《从野堂存稿·爱君以周公为法》)君子关心的是涉及君父安危的大事,能通过某种方式而使君主"知危",从而有所节制、约束和调节,由知危而知"自爱",而知"爱天下","知爱天下而宗社久长之计定矣"。缪子指明的是一种为了君主根本利益的政治忠诚,这正是君子人格的典型表现。为臣者能从"宗社久长之计"着眼,赵南星谓之大志、大识:"置身千古之上,而不求胜于目前之谓大志;明于国体,洞于机宜独观昭旷之道之谓大识。"(《赵忠毅公文集·贺邑父母矗翁晋公考绩序》)这样的志向与忠诚,非君子人格不能做到。

儒家文化固定的君子人格道德一贯性,主要通过社会政治的实际活动和具体行为表现出来。但这并不是说，君子只知仕进，非官宦不足以明德，而是可进则进，不可即退，唯义是择，进退自如。"故君子进退无不乐也。"（《味蘖斋文集·雕桥庄记》）君子在践行道德理想，积极进取的同时，胸中含蕴着恬淡的情怀，心里保持着一种淡淡的余韵。关于这一点，冯从吾的解析最通透。

《中庸》末章载："《诗》曰：'衣锦尚䌹'，恶其文之著也……君子之道，淡而不厌，简而文，温而理。知远之近，知风之自，知微之显，可与入德矣。"宋儒朱熹认为这段文字的本意是君子修德，要关注于心，内修实德，不可张扬浮华。如同身着锦绣而外罩禅衣。"淡、简、温、䌹之袭于外也。不厌而文且理焉，锦之美在中也。"（《四书注·中庸集注》）冯从吾的理解显然与朱子相左，他专一在"淡"字上做文章。冯子认为，这里圣人强调的正是一个"淡"字，"故下文即曰：'淡而不厌'。学者只凡事淡得下，其识见自别，其品格自高，不患不到圣贤地位"（《冯少墟文集·示济宁学诸生》）。这只是从君子治学修德的一般意义而言。如果具体到政治实践，君子更要立足于淡，方才保得人格本色。冯子曰：

> 淡之一字乃吾侪安身立命所在。若是能悟破淡字，则精神收敛在内，觉得世间种种可艳之物，自与自家身上不相干涉。就是在爵禄名位中，必不为爵禄名位所用。何等安闲，何等潇洒。须有此等胸襟，方才做得出笃恭而天下平的事业。不然，把自家一段精神，终日驰骛于外，只在荣身肥家、纷华靡丽上做。营营逐逐，徒自苦累一生，有何好处？又何论事业？故舜、禹有天下而不与，不是有心去把天下不放在心上，只是把天下看得淡，所以能不与也。（《冯少墟集·示济宁学诸生》）

悟破"淡"字，看得淡，意谓在价值评估和价值选择上重德行而轻爵禄，尚精神而抑实利。厕身君子，参与政治，为的是"笃恭而天下平"；忝位公卿，利禄名位俱全，却心如明镜，一尘不染，只觉得与我有何干。冯从吾讲的"安闲潇洒"看似好像名利荣辱于我无所谓，看似心中漠然而无可无不可。其实，这种安闲潇洒的背后是对儒家之理想政治和道德价值的大执著！倘若没有这种坚不可摧百折不挠的道德自信和政治信仰，东林人士焉能在爵禄名位面前举重若轻，视而不见，"只是个淡"！

淡的心态特征典型地注解了东林人士"君子人格"的宽广胸怀、道德一贯性以及他们对价值合理的绝对化选择。

如果换一个角度看，东林人士称许的君子既要参与政治，分享权力，容身于官场；又要像舜、禹那样"有天下而不与"。那么，其中的微妙之处就在"与"和"不与"之间。这意味着东林的君子们在真实的社会政治活动中贯彻德行如一也得讲究方法，既要有板有眼，也须审慎随缘。顾宪成教以"方圆"结合："胆欲大，心欲小，行欲方，智欲圆。此四言最尽。"大者，"所当君子，破格而进之；所当小人，破格而退之"。小者，"好问、好察"。方者，"悦之不以道，不悦"。圆者，"高下洪纤，不拘一辙"（《泾皋藏稿·复陈侍御南滨·又》）。如此招数，本来说不得高明。事实上，进退君子小人的"破格"之论，已是在给稍后天启初年东林秉权形成的党见壁垒而张本。不过，方圆之教却也透露出足够的政治精明。东林的君子们可不都是读腐了书的穷酸秀才，他们是政论家，也是实干家，他们要在君子人格的政治践行中身为表率，有所作为，同时也颇晓分寸。

上述关于君子人格的四点分析中，唯有最后一点最有时代感。自先秦以来，儒学有关君子人格的述说不厌其多，许多论点，孔、孟率先坐而论之，后世儒生一再重复，实则已成定论，如君子的道德本质，君子人格的道德恒定性、完美性等等。从东林诸子的论述来看，前三点分析基本没有走出传统认识的套路，表明了东林之学对先儒的继承和学术衔接，并为东林人士得以将儒学传统的君子人格发扬光大奠定了理论基础。在最后关于君子人格政治实践的认识中，我们终于把握到了东林诸子对君子人格的理解要点：

其一，依照东林志向的要求，东林诸子须一心扑在君父百姓身上，实现儒家文化的道德及政治理想。这一志向在人格实践中即表现为积极参与政事，君子人格的政治实践实际表现为道德践履，"行其义"才是其入仕居官的全部内容。

其二，由于实际政治环境的芜杂险恶，"曰内宠之将盛也，曰群小之将逞也"（《小辨斋偶存·廷试制科》），故而在为了理想而一以贯之、执著而不殆的同时，君子还需要持护自家的恬淡情怀，保持淡泊心态，以及努力调动"方圆"结合的政治智慧。

君子人格的政治实践是一道难题，远不如讲论人格内蕴或人格完美那样"侃侃如也"。东林人士对于这道难题固然有所思考和解读，但最后的答案是在历史的书案上，用他们的悲怆际遇写就的。

三、小人无忌惮

在儒家文化传统认识里，与君子同时降生的是小人。作为君子的对立面，小人人格的本质特征是反道德。自先秦以降，关于小人的描述极其丰富，主要归纳为三个问题。

第一，小人以追逐私利作为唯一的人生目的。

儒家文化的一个基本价值准则是"重义轻利"。虽说"义利之辩"几乎贯穿了古代中国，关于义、利的具体解释也不完全一致，但无庸置疑的是，儒家文化在义与利孰为首要的裁断上从不含糊。汉儒董仲舒的名言"正其谊（义）不谋其利，明其道不计其功"（《汉书·董仲舒传》）代表了主流认识，重义轻利成为一切有德之士及君子们的行为准则。可是，小人恰恰要反其道而行之，不明其义，只谋私利。

荀子指出："言无常信，行无常贞，唯利所在，无所不倾。若是可谓小人矣。"（《荀子·不苟》）《大学》说："小人乐其乐而利其利，此以没世不忘也。"（《三章》）小人人格设定的唯一人生目的就是谋利，因而肆无忌惮，主要表现在两个方面。其一,小人在行为上表现出强烈的投机性。倘若投机不着,小人就会怨天尤人,于是他们总是斤斤计较,患得患失。正像荀子描述的那样:"小人者,其未得也,则忧不得;既已得之,又恐失之,是以有终身之忧,无一日之乐也。"(《荀子·子道》)其二,由于小人"游世也以势利",他们唯利是择,无所顾忌,因而敢于对抗任何有碍其逐利的规范、原则和权威。逐利的人生追求使得小人蔑视所有儒家文化尊崇的道德及政治价值。"小人私己,利于不治"(《张子正蒙·有司篇》),他们的道德认同和政治认同意识极为淡薄,无疑是政治中的不稳定因素。

第二,以儒家文化为界标,小人的德行表现极其恶劣。

与君子人格的道德一贯性截然相对,小人的人格形象不具备任何形式的道德自我,遑论道德同一性。

儒家文化认为,小人并不是对于道德价值以及相应的行为规范完全无知,而是明知不行,明知故犯,故意做恶。在行为上主要表现为口是心非、言行相背。《大学》有言:"小人间居为不善,无所不至,见君子而后厌然,掩其不善,而著其善。"(《六章》)宋儒朱熹解曰:"此言小人阴为不善,而阳欲掩之。则是非不知善之当与,恶之当去也。"(《四书集注·大学集注》)这就是说,小人原本是知晓善恶的,只是他们不屑于为善,而乐于作恶。不仅如此,小人明明是有意作恶,却偏要博得善名。他们"致乱,而恶人之非己也;致不肖,而欲人之贤己也;心如狼虎,行如禽兽,而又恶人之贼己也"(《荀子·修身》)。在儒家文化的道德天平上,不是因为小人逐利,而是缘于其人格的极度虚伪,致使小人径直坠向了恶的深渊。

因之在儒家文化看来,清醒的罪恶较之懵懂的过失要丑恶得多,小人恰好属于前者。他们丧失了最起码的道德意识,"小人者,不畏咎于人,不怀惭于己"(《读通鉴论·宪宗》),全然没有羞耻感,以至在任何情况下或任何环境中,小人的表现都将一无是处,无可救药。《礼记·坊记》:"小人贫斯约,富斯骄。约思道,骄思乱。"《荀子·不苟》:"小人……大心则慢而暴,小心则淫而倾；知则攫道而渐，愚则毒贼而乱；见由则兑而倨，见闭则怨而显；喜则轻而翾，忧则挫而慑；通则骄而偏，穷则弃而儑。"这样的人格表现与道德恒定的君子人格形成了鲜明的对照。在实际社会生活中，小人在人际交往等行为方面不具有任何责任感，不受任何社会规范与道德律条的约束。他们出尔反尔，反复无常，"与人同逆而旋背之，小人之恒也"（《读通鉴论·梁武帝》）。小人是制造纠纷和引发紊乱的主要根源。

第三，小人才德相悖，才是其逐利和作恶的手段。

荀子曾经指出："色知而有能者，小人也。"（《荀子·子道》）儒家文化认定小人人格的特质是反道德，但在实际社会政治生活中，小人人格并不等同于愚人。他们往往有知识，有才能，但是在反道德特质的制约下，他们的表现及社会功效却与君子大相径庭。荀子曾以小人对照君子，讲得透彻明了：

> 君子能亦好，不能亦好；小人能亦丑，不能亦丑。君子能则宽容易直以开道人，不能则恭敬缚绌以畏事人；小人能则倨傲僻违以骄溢人，不能则妒嫉怨诽以倾覆人。（《荀子·不苟》）

小人才能越高，危害越大，无论能与不能，都是人间祸害。

就一般情况而言，小人有术而无学，所谓"纵性情而不足问学，则为小人矣"（《荀子·儒效》）。但是也有例外。小人有时也要学习儒家道术，也会峨冠博带，俨然饱学之士。然而小人学道的目的却与君子截然不同。荀子曰"君子之学也，以美其身"，旨在个人的道德修为和人格完善。"小人之学也，以为禽犊。"（《荀子·劝学》）关于"禽犊"，解者有歧义。唐杨倞注："禽犊，馈献之物也。"清郝懿行《荀子补注》认为："小人之学，入乎耳，出乎口，无裨于身心，但为好玩而已，故以禽犊譬况之。"王先谦《集解》则认为二说皆非："小人出耳入口，心无所得，故不足美其身，亦终于为禽犊而已，文义甚明。荀子言学，以礼为先，人无礼则禽犊矣。"又以前文有"为之，人也，舍之，禽兽也"与此文相应，认为："'禽兽''禽犊'特小变其文耳。小人学与不学无异，不得因此文言小人之学而疑其有异解也。"①今检《礼记·曲礼》，"凡挚，天子鬯②，诸侯圭，卿羔，大夫雁，士雉，庶人之挚匹"。《周礼·大宗伯》："以禽作六挚，以等诸臣：孤执皮帛，卿执羔，大夫执雁，士执雉，庶人执鹜，工商执鸡。"是知古礼，臣见君必执挚——携带礼物，以示敬重。禽犊即指挚见之物。王先谦虽为一代朴学大师，但是对于这条的解读似有不顺。《荀子·劝学》前文有"古之学者为己，今之学者为人"等语，则小人以学为禽犊，正是"为人"之举，即如杨倞注，小人以其所学道术作为取悦他人，谋求进身之阶，以求取私利的手段。儒学道术形同挚物，正与小人人格的本性相合。正是在这个意义上，清儒王夫之断定"小人而儒，则有所缘饰而无忌惮"（《读通鉴论·平帝》），明确指出礼义之学在小人手中非但不能用于人格修习，反而成了他们恃以作恶的工具。

上述三点分析基本涵盖了小人人格的恶劣本质，包括晚明东林人士在内，历代有关小人的认识大体不出其右。例如，高攀龙断言"小人定是不仁"（《高子遗书·君子而不仁者有矣夫章》）。赵南星批评小人一味谋利："健则得之，孱则否。""小人狡则得之，騃则否；捷则得之，钝则否。""小人则追飞鸟，学悬猿，入虎穴，探龙渊，唯利之求，不顾躯命。"（《味檗斋文集·居易堂记》）这些认识显然没有超出小人逐利的传统成说。

不过，与前贤相比较，东林人士也有一些心得之见。例如，冯从吾以王门心学的"良知"说为据，认为虽是小人，其心中也应存有德行的种子。如果说"小人而无良知，何以见君子而厌然？可见良知是人人有的，只是君子肯致，小人不肯致耳"（《冯少墟集·疑思录一》）。小人"见君子而厌然"——见前引《大学》及朱熹传解，意指小人并不是天生懵懂，善恶不辨。冯子认为小人心中也有良知，就是对此而言。然而小人之所以为小人，正是缘于他们明知何者为善，何者为恶，却偏不为善，偏要做恶。冯从吾指认小人虽有良知而不肯

① 王先谦：《荀子集解》，中华书局，1988年，第13页。
② 郑玄注："天子无客礼，以鬯为挚者，所以唯用告神为至也。"

"致"之,言外之意,如果肯"致",小人亦可为君子。话语之中,深有遗憾。

然而小人与德绝缘,并不是由于机缘不巧或肯与不肯,而是劣根深重。吴钟峦认为,小人的恶根在物欲:"小人所以喻利,只为遂耳目口体……直将此身立在千仞岗上,下视养口体物交物一班人,渺乎小哉,真蠛蠓一世矣。"(《明儒学案·东林学案四》)冯从吾则认为,小人的劣根在心术,在于怀有忌心。他指出,"恐小人变而为君子,望君子变而为小人者,小人之心也"。所以小人对小人"左袒"庇护,对君子则"媒孽"攻讦。"左袒小人者,非是厚小人,只是使小人益成其为小人,而有以快己之忌心。媒孽君子者,非是恨君子,只是使君子不成其为君子,而有遂己之忌心耳。"说到底,"小人只是一个忌心,不知坏了世道人心多少,良可浩叹"(《冯少墟集·宝庆语录》)。

从上述有关心得之论中,我们可以清楚地捕捉到这样一个信息:东林人士固然在观念上继承了小人人格的传统认识,但他们并没有停留在理论辨析的层面,而是在实际社会政治生活中,对小人之害有着切身感受。晚明政坛的明争暗斗以及他们在仕途上的跌宕起伏,使得他们对于小人恶劣无耻体会得极真切。他们很难像他们的前辈那样,在饭后茶余平心静气地讲论小人之质,或是怎样治之用之;而是捶胸顿足,扼腕戟指,痛陈小人之祸。

东林人士的亲身体验告诉他们,不仁、逐利、忌心固然都是小人的劣根,但在政治上最具危害的却不是那些嗜利的平庸之辈,而是那些识文断字、知书习礼、巧辩如簧又肆无忌惮的小人。如高攀龙说:"自古君子为小人所惑,皆是取其才,小人未有无才者。"(《高子遗书·家训》)自古以来,正是这般小人祸乱天下,令人思之愤愤,言之痛心。

顾允成举出北宋王安石变法为例,认为其过在小人:"炎祚之促,小人促之也。善类之殃,小人殃之也。绍圣之纷更,小人纷更之也。"(《明儒学案·东林学案三》)可是如今有人"不归罪于小人,而反归罪于君子,是君子既不得志于当时之私人,而仍不得志于后世之公论。为小人者,不惟愚弄其一时,仍并后世而愚之也"。顾允成愤而问道:"审如其言,则将曰:比干激而亡商;龙逢激而亡夏;孔子一矫,而春秋遂流为战国;孟子与苏秦、张仪分为三党,而战国遂吞吕秦。其亦何辞矣!"(《明儒学案·东林学案三》)感愤之余,顾允成甚至觉得小人也是今不如昔:"昔之为小人者,口尧、舜而身盗跖;今之为小人者,身盗跖而骂尧、舜。"(《明儒学案·东林学案三》)昔日小人尚存顾忌之心,如今小人则毫无顾忌,实属无耻之尤。

冯从吾对于这类小人深有同感,他的揭示更深刻:"此小人不是泛常小人,乃异端之害道者。"这类小人"以纲常伦理为情缘,以诗书礼乐为糟粕,以辞受取予为末节,以规矩准绳为桎梏"。而且他们自视极高,"其自视常居吾圣人上"。其弊害是"使人猖狂自恣,以礼为伪,以肆为真,贻祸于天下后世不小。故夫子断之曰:小人而无忌惮。先儒有言,无以学术杀天下后世,此小人乃以学术杀天下后世者。"(《冯少墟集·疑思录二》)小人以学术害天下,蔑视礼义价值,"不论礼与非礼,要视就视,要听就听,要言就言,要动就动,是无所忌惮之小人"。他们既不遵守任何规则,也从不尊重传统,肆意妄为,反而以黑为白,振振有辞,"而曰悟后全无碍,是惑世诬民之异端"(《冯少墟集·疑思录四》)。冯子认为,正是由于这类小人无忌惮又善巧辩,是为"惑世诬民之异端",在政治上危害极重。他指出:

> 天下之患,莫大于小人倡不根之言。君子不察,误信而误传之。人见其出于君子之口也,皆谓君子必有所见,其言必不妄。即理之所无者,或亦信其为有而不可破矣。不知小人当造言之时,原觊君子之信而传之。及君子一信而传之,则小人反借为口实曰:君子云何,君子云何……如此则小人不根之言一一皆有根之论矣。(《冯少墟集·宝庆语录》)

小人利用君子,操纵舆论于股掌,弄权售奸,无所不至。冯从吾叹道:"忠臣饮恨,孝子含冤,病正坐此。"(《冯少墟集·宝庆语录》)

假如,小人之祸只是属于认知标准不清,或是没有自知之明而认识疏误所致,那么只要澄清标准,画清界线,分清孰为君子,孰为小人,则弊害可解。然而,认识不清或者有之,其实更常见的是小人的头脑很清楚,于君子小人之别以及道德价值、是非标准等无不明朗在心,只是出于利、忌等欲心,他们按捺不住而故意作恶;同时还要巧言惑众,善于伪装。如赵南星所指:"小人者,遇其党则谈东郭之际,遇君子则称西山之薇。上好承顺则烟视媚行,上喜气节则抗颜强项。是以贤者容或为其所欺,有极力翼蔽,以损令名者矣。"(《赵忠毅公文集·覆陈给事容淳条陈疏》)小人之厚颜于此可见一般,愈显其人格卑劣。

就实而论,被东林诸子斥为"无忌惮"的小人亦属于士大夫阶层,指的是那些以学谋官、假道逐利的"有才"之小人,亦即构成君主政治官僚体系中最腐败最暗黑政治势力的那些士人。

儒家文化对于这类小人早有察觉,《大学》即引孟献子曰:"百乘之家不畜聚敛之臣,与其有聚敛之臣,宁有盗臣。"又说:"长国家而务财用者,必自小人矣……小人之使为国家,灾害并至。"(《大学·十章》)这些认识虽然尖锐,可是与后世相比较,发论者毕竟只是限于春秋战国的政治经验,不免有泛然之感,尚不及后世君子感触深刻。及至晚明,东林君子们的体会最为真切。他们看到,这类小人多为士子,学无深厚却权术高超,他们有着清醒的犯罪意识,洞悉利、权之争的种种决窍,长袖善舞,最喜兴风作浪,故而在晚明政争攻讦倾轧上胜人一筹。

顾允成总结小人的倾轧之术,指出这是一个由公而私的过程:"彼方见小信而自结,其所称说指陈,类多依于公义,犹若未害。久之,则阳公而阴私也。又久之,则纯出于私矣。"(《小辨斋偶存·廷试制科》)顾允成又援引宋儒司马光总结的小人倾害君子之术:"曰好名,曰好胜,曰彰君过而已。"(《小辨斋偶存·恳除邪险疏》)李应升也揭示道:"臣尝观从来小人之祸,其始莫不有小忠、小信以固结其主之心,根株既深,辣手乃露。"(《落落斋遗集·仰祈圣断疏》)指出小人媚权争宠、假公济私倒也不是东林人士的发明,以小忠信而售大奸既是小人的看家本领,则前人的指斥抨击亦不绝于耳。例如东晋徐邈在《与范宁书》中即申明,小人作恶的手段无非是"皆先因小忠而成其大不忠,先藉小信而成其大不信,遂使君子道消,善人舆失,前史所书,可为深鉴"(《晋书·徐邈传》)。

东林君子以他们的亲身体验告诉我们:如果说小人在谋求利、权方面欲心无限,因而肆无忌惮,那么他们在争权夺利、谋私售奸的具体手法上却极讲究。他们不是绝对排拒道德,或者对于道德一无所知,而是对于道德规范及其价值、戒条等一清二楚。他们有时候也会遵照道德的要求实行一二,但那不过是为了获取更大利益而故作姿态,说到底也不过是一种"政治投资"而已。他们头脑清醒,计算精明,有步骤,有分寸,只待时机成熟才放手大干,否则宁可慎重从事。假如人世间作恶的形式有许多,那么这种清醒的故意作恶无疑是最丑陋最恐怖的。当一切价值准则和行为规范都被用来蒙骗对手,被用来当作满足个人欲求的手段之时,任何有序的调节都是徒劳的,因为对于参与竞争的其中一方来说, 任何规则都是不存在的。于是就只有两种结果:一是设法树立规则的权威性——但这常常是空想;再一就是任凭参与相争的各方撕打下去,直至兵革相向,白刃相接,争出胜负。在这种情况下,败北的一方只会是那些抓住规则不放的呆子和徒劳于说理的傻瓜。从这个意义看,在规则形同虚设的竞技场上,"无忌惮"是最具实效的制胜韬略,因之自古以至于今,人们常见的是"唯小人为赢家"。晚明东林党议中的君子小人之争亦无例外。

四、乡愿和伪君子

君子与小人是传统人格的主要类型,但不能涵盖政治人格的全部。当年孔子曾用狂、狷、乡愿等概念评估士人。这些认识延及后世,也被人们视为人格形象。

孔子说:"不得中行而与之,必也狂狷乎! 狂者进取,狷者有所不为也。"

(《论语·子路》)又说:"乡愿,德之贼也。"(《论语·阳货》)孔子认为"中行之
士"是最理想的人格形象,如果求之而不得,则狂放者、狷介者也可以接受。
唯有乡愿是害道之人,要斥而去之。孔子列出的选择方案是:宁为狂狷,不为
乡愿。

孔子以后,孟子又对此三色人等详加解说。孟子也认为"中行之士"是理
想人格,"孔子岂不欲中道哉?不可必得,故思其次也"。所谓狂者,"其志嘐嘐
然,曰,'古之人,古之人。'夷考其行,而不掩焉者也"(《孟子·尽心下》)。杨伯
峻引赵岐注:"嘐嘐,志大言大者也"①。如果"狂者又不可得,欲得不屑不絜之
士而与之,是狷也,是又其次也"。不屑不絜即不屑于作恶。至于乡愿,孟子
曰:"阉然媚于世也者,是乡原也。"原同愿,意为谨善、谨慎。这种人貌似忠
厚,老实巴交,"非之无举也,刺之无刺也,同乎流俗,合乎污世,居之似忠信,
行之似廉洁,众皆悦之,自以为是,而不可与入尧舜之道,故曰'德之贼'也"。
孟子又援引孔子曰:"过我门而不入我室,我不憾焉者,其唯乡原乎!"(《孟
子·尽心下》)

孟子的解释大体符合孔子本意。虽然与中行相比较,狂放者言过其行,
狷介者落落寡合,但前者卓然进取,后者洁身自好,仍然不失为有道之士。唯
有乡愿不讲原则,左右逢源。看似忠信廉洁,无可挑剔,其实最会同流合污,
寡廉鲜耻,乱德害道。乡愿的似是而非颇能惑众,故而最为儒家所厌恶。孟子
引孔子曰:"恶似而非者:恶莠,恐其乱苗也;恶佞,恐其乱义也;恶利口,恐其
乱信也;恶郑声,恐其乱乐也;恶紫,恐其乱朱也;恶乡原,恐其乱德也。"(《孟
子·尽心下》)

孔、孟先师的人格判断给后人的选择做出了表率,乡愿在儒家文化的道
德殿堂里丧失了立足点。不过,历代士子之中,当属晚明东林人士抨击乡愿
最力,这与他们身处其中的酷烈政争不无关联。概言之,大敌当前,紧要之务

---

① 杨伯峻:《孟子译注》(下),中华书局,1960 年,第 343 页。

莫过于分清敌友;短兵相接,何去何从不可不旗帜鲜明。乡愿人格的表现恰恰与这样的政治要求背道而驰,不能不令东林君子极其痛恨。总括东林之论,主要集中于以下四个方面。

其一,乡愿的学理之源在"性无善恶"说。

顾宪成说:"告子无善无不善一语,遂为千古异学之祖。得之以混世者,老氏也;得之以出世者,佛氏也;得之以欺世者,乡愿也。"(《还经录》)又说:"无善无恶四字,就上面做将去,便是耽虚守寂的学问,弄成一个空局,释氏以之。从下面做将去,便是同流合污的学问,弄成一个顽局,乡愿以之。"(《证性编·罪言上》)当年孔子评论乡愿,只是把它看作人们德行的一种类型;其后孟子描述乡愿,也只是循其流,并没有溯其源。唯有东林诸子要刨根问底,深入查寻乡愿的学理之源。顾子以乡愿与佛、老之学相参照,关于"欺世""混世""出世"的概括简明扼要,教人信服。顾宪成进而分析道:"乡愿何以为无善无恶也?曰:其于流俗污世不为倡而为从也,即欲名之以恶而不得矣。其于忠信廉洁不为真而为似也,即欲名之以善而不得矣。是谓无善无恶。"(《证性编·罪言上》)顾宪成说的乡愿"性无善恶"是指其不作首恶,实为伪善,如此立论与东林学旨的性无善恶之辨微有出入。然而,此正所谓"饮中骂酒,意在逃酒",顾子之论大有深意。辨析性之善恶是东林学旨的立论之本,顾宪成申辩最力。这里将乡愿纳入了性无善恶的论辩之中,指出乡愿人格的学理之本与王学末流同出一源。且不论其具体评判是否合理,就这一点便已经在逻辑上根本否定了乡愿人格的价值合理性。因之相对前贤来说,东林诸子关于乡愿的认识深度有所推进。

其二,乡愿的道德本质是"自为",表面忠信的实质是私心和私利。

顾允成综括古往今来,一言以蔽之:"三代而下,只是乡愿一班人,名利兼收,便宜受用。虽不犯乎弑君弑父,而自为忒重,实埋下弑君弑父种子。仲尼恶乡愿,正与作《春秋》意同。"(《小辨斋偶存·札记》)顾允成之目光锐利,不让乃兄,他一语道出了乡愿者貌似忠信的背后是"自为忒重"。这班人只顾谋求自家私利,什么道德原则、君父大义自然抛在了脑后。他们确乎没有犯上作乱,但他们一味"自为",不顾正义,不讲道义,不问仁义,则只会给弑君弑父者大开方便之门。正所谓助纣为虐者,与纣何异!

"自为甚重"指出了乡愿的非道德人格实质,这也是对乡愿"心性"的一种概括。钱一本说:"圣门教人求仁,无甚高远,只是要人不坏却心术。狂狷是不坏心术者,乡愿是全坏心术者。"(《明儒学案·东林学案二》)这一评价正与顾允成之论相呼应。

其三,乡愿的道德表现似是而非,虚伪乖巧。

乡愿的人格本质与德行无干,可是在行为表现上,却极力装扮有德。冯从吾认为乡愿是"伪中行"。他说:

> 中行者,资学兼到者也;狂狷者,具美资而可进于中行者也;狂狷一加学问,便是中行矣。正与'圣人,吾不得而见之矣',思君子,思善人,又思有恒语意同。思有恒正所以思圣人,思狂狷正所以思中行也。岂专为狂狷、有恒而已哉。奈何夫子思狂,而天下遂有伪狂;夫子思狷,而天下遂有伪狷;夫子思中行,而天下遂有伪中行……'圣人,吾不得而见之矣'之圣人是真中行,若乡原,便是伪中行。此夫子所以致慨于三疾而深恶乎乡原也。"(《冯少墟集·河北西寺讲语》)

文中"三疾"见《论语·述而》:"亡而为有,虚而为盈,约而为泰,难乎有恒矣。"冯子的意思很清楚,狂放、狷介虽然比不得中行,却也相去未远。有恒固然不比善人,却也坚持了德行操守的真实无欺。唯有乡愿着落在虚伪上,最能混淆视听,不仅令夫子深恶,也使正人君子难以容忍。

顾宪成也指出,乡愿欺世,极尽伪巧,可以在君子与小人之间相媚相安。他们"忠信廉洁既足以媚君子,为其不为真而为似,则小人亦安之而不忌矣。同流合污既足以媚小人,为其不为倡而为从,则君子亦略之而不责矣。乡愿之巧如此"(《论性篇·罪言上》)。顾宪成认为,乡愿之所以能欺世,就在于他们欺得乖巧,在于"乡愿以生斯世,善斯世为可,似人情而非人情"(《还经录》)。倘若欺世而不近人情,或者令人可憎,却不至于视而不见。唯其欺世而又近乎人情,令人反而不觉其欺,则斯害之大,岂止令人"深恶",简直令人可畏。

其四,乡愿在调处社会关系上不分是非,圆滑媚世。

乡愿人格的虚伪特质在具体的社会关系之中表现得极圆滑,他们最能多方讨好,不失玲珑稳便。顾宪成讲得很清楚:"世间只有两种人。作君子的,便著了善一边,小人来非刺他;做小人的,便著了不善一边,君子来非刺他。独乡愿不然。同乎流俗,合乎污世,平平稳稳,没些子圭角,既中了小人;居似忠信,行似廉洁,干干净净,没些子斑点,又中了君子。更于甚处寻他善不善?"(《还经录》)刘永澄也指出,乡人圆滑处世,以至于贻害不小:

> 与君子交者君子也,小人交者小人也。君子可交,小人亦可交者,乡人也。乡人之好君子也不甚,其恶小人也不甚,其用情在好恶之间,故其立身也亦在君子小人之间。天下君子少,小人亦少,而乡人最多。小人害在一身,乡人害在风俗。(《明儒学案·东林学案》)

乡愿人格本质使然,他们专一巧伪欺世,以媚取人,在君子小人之间首鼠两端,几至善恶无别,黑白不分。刘永澄"害在风俗"之论,并非危言耸听。高攀龙正是有鉴于此,故而谆谆告诫世人,切不可小觑乡愿之害,君子自当警惕之。"乡愿曰'生斯世,为斯世也,善斯可矣'。便是强力人也推仆了。君子曰'我犹未免为乡人也,是则可忧也'。便是醉梦人也唤醒了。"(《高子遗书·语》)高子的忧虑之情,话语之中明晰可见。

上述四点分析深入肌理,切中要害,表明东林人士恨极了乡愿,其程度不在痛恨小人之下。虽说恨到极点即使仁人君子亦不免杀伐之念,但在理智上，东林人士也不得不正视这样的事实：他们正在与乡愿并小人等共处一世；尽管他们并不情愿，却也不得不与乡愿同朝为臣，所谓同在一个屋檐下，这实在有些尴尬而且无奈。语云：害人之心不可有，防人之心不可无。既然自诩为君子，终不便整日磨刀霍霍，必欲手刃乡愿而后快，而是应当以有效的设防抵制为高明。那么，对于乡愿之徒怎样才能准确地分辨之，避免之，防范之？运用何种策略和手段予以防范才能不令君子误入其中呢？有人提出矫枉必须过正。

顾允成认为，防范乡愿诀窍在于学问的"起脚"与"歇脚"上。他曾与高攀龙交流心得体会，论曰："弟生平左见，怕言中字。以为吾辈学问，须从狂狷起脚，然后能从中行歇脚。凡近世之好皆为中行，而每每堕入乡愿窠臼者，只因起脚时便要做歇脚事也。盖落脚即是中行，唯圣人天理浑然，毫无私欲则可。自圣人以下，便有许多私欲纠牵。所以孔子告颜子曰克己，而其称之亦曰：有不善未尝不知，知之未尝复行。其紧要工夫自是如此。若不向私欲处悉力斩绝，而遽言中行，所谓藉寇兵而赍盗粮，未有不败者也。"（《小辨斋偶存·简高景逸大行·又》）顾允成的用意很清楚，缘于人皆有私有欲，虽能树立目标，立意中行，可到头来不免受到私欲干扰，反而堕于乡愿。如果能从克除私欲入手，效仿狂放之进取，取法狷介之有所不为，目标稍偏，落脚处反而恰当其可。在顾允成设计的选择方案里，列位次席的狂与狷反却成了达到中行的捷径。

无独有偶，冯从吾也有类似的认识，他说："士君子立身天地间，唯求无愧于乡人之善者足矣。若不善者之恶不恶，勿论可也。若既使善者信其节操，又怕不善者疑其矫激；既使善者称其宽厚，又怕不善者议其懦弱。则瞻前顾后，便终身做不成。此乡愿之不可与入尧舜之道也。"（《冯少墟集·疑思录四》）冯从吾也认为，做君子就要立场坚定，旗帜鲜明，不怕指为"矫激"，不可退为"懦弱"，只要心中无愧，便可一意做将下去。冯从吾的方法很干脆：宁可受人批评，也不能多方讨好。

　　依照儒家文化的一般规定,合理的行为选择是力求适中,"过"与"不及"都不是明智之举。孔子念念不忘的中行之士正是通晓"过犹不及"之底蕴的智者,他们在德行上恰恰可以归为圣人一路。然而,纯粹的理念与理念的实际践行有时常常难以对应,理念化的道德规范免不了要随着实际语境的变化而有所倾向或调整,东林人士正是这样。为了逃避乡愿,他们或有"过正"之言,"矫激"之行。可是,他们环顾利欲横流、危机四伏的晚明社会,确知非此不足以纠陋行。如果以儒学视为精髓和灵魂的"中庸之道"为标尺,则顾允成"怕言中字"有偏激之讥。然而,人类的认识发展历程告诉我们,人类在走向文明的路径中,从来没有排斥或杜绝过"偏激"。事实上,如果把人类认识的推进看作是一个持续而完整的过程,那么,持平公允之见正是在偏激之论或左或右的不断校正中形成的。也就是说,偏激与持平不是戏剧性的互相对峙,而是在人类求真的生命体验中,在创建文明的历史流程中的相辅相成。尤其是当思想本身作茧自缚,在政治或其他外力的作用下,认识的桎梏已经郁结成精神壁垒之时,这时,得以拆解桎梏、洞穿壁垒的往往只能是"偏激"之论,否则又怎能突出原则,强化理想理念而亦破亦立,推陈出新呢?知晓这一点,便能知晓顾允成的"起脚""歇脚"说大有道理。东林人士有识亦且有胆,他们承传传统而不囿于传统,确有过人之见。

　　如果以君子人格为标尺,则中行体现了传统政治人格的完美性。狂与狷虽然小有缺陷,如狂者"大德不逾闲",不能拘制于小节;狷者独善其身,弃天下万众如敝屣;但是在君子人格的基本价值规定上,狂与狷都能坚守。孔子对狂狷的认可正是基于这一点。顾宪成深悉孔子的用意,曾感慨道:"狂者嘐嘐,流俗之所共笑也;狷者踽踽,流俗之所共疾也,而孔子与之。即此一个榜样,便有大功于世。"(《小心斋札记》卷一)所以高攀龙指出:"取人要知圣人取狂狷之意。狂狷皆与世俗不相入,然可以入道。若憎恶此等人,便不是好消息。"(《高子遗书·家训》)

　　至于乡愿,则是小人之外的又一种恶劣人格类型。其本质自为,貌似忠廉,实则乖伪,圆滑柔媚,似是而非。乡愿人格的社会政治表现只能是媚俗、媚雅、媚时、媚权!故而最为东林君子所鄙夷。

与小人人格相比较,乡愿无疑显得平庸了许多。单纯的平庸虽说与功业、事业或伟业无缘,却也无争于世、无害于人,故而不可厚非之。但是,倘若平庸被注入了野心和嗜利作驱力,或是与权力相接结,甚或位居冲要,统领君子,就会其害无穷,所以东林人士对乡愿也要攻讦不已。

"进有非刺之狂狷,退无非刺之乡愿"(《东林书院志·顾泾阳先生行状》),顾宪成的表白代表了东林人士的心声。他们承续了孔子的选择方案,宁为狂狷,不做乡愿。这一人格认同对于东林人士的政治行为的影响至深。当政治压力呼啸而至时,他们要么挺身而出,迎风而上;要么归转林下,与闻松涛。他们或狂放,或狷介,惟独不去媚权贵。这里列举典型各一。

黄广原,名伯英,字冠龙。从学东林,参与讲习。"已丑,丙寅间(天启五、六年,1625,1626 年)书院毁,珰①焰炽。日趋书院旧址,讲习不辍。会忠宪(高攀龙)赴止水,有司欲絷其子,旋奉旨究漏泄。因上台责保状急,高氏四顾无应者,慨然要(同邀)华孝廉国才同署状,极陈罪不及孥之意,获免。"(《东林书院志·黄日斋先生传》)

黄广原从学于东林,不过是普通讲众。但在人格认同上,慨然以狂者自命,视当国如蔑有,置禁令如不闻。偏偏在"书院毁"后,"日趋书院旧址,讲习不辍"。又挺身疏通解救高攀龙家人。在常人惟恐避之而不及,黄广原却要公开介入。这是何等气魄,非狂者而何?

宿梦鲤,字龙吉,号仁寰。与东林诸子过从甚密,尤其与高攀龙交往最久。"顾泾阳(宪成)、薛玄台(敷教)先生辈俱以畏友目之。"高攀龙为其文稿作序,"有无不读之书,无不了之义,不持一刺,不取一文等语",可见其为人。天启年党祸兴起,宿梦鲤受牵连,被诬陷。当时他"以亲老就禄,令松阳",遂

---

① 珰:指宦官。珰为妇人耳上饰物。宦官用为冠饰,故名。这里指魏忠贤一党。

"从松阳褫冠隐居著述",杜门不出,著《易纂全书》《五经百家类纂》《古今类书》等,"皆生平抄记不辍,食以饴口,怠以为枕者也"(《东林书院志·宿仁寰先生传》)。后"以八十一终"。

宿梦鲤与东林交往并非泛泛,故而险遭株连,"亦几为松阳劣生所陷",于是断然归隐。昔日东林"畏友",如今终老林泉。无需闻达于天下,只要独善其身。这又是何等的操守,非狷介而何哉!

东林人士关于狂狷与乡愿的辨析,为他们在实际政治生活中作出适宜的选择提供了更多的人格参照。

君子,小人与乡愿,大致可以概括了传统政治文化中的主要人格类型。君子的反面就是小人,因而,儒家文化并没有针对"伪君子"形成广泛的讨论。不过孔子当年曾经有言:"论笃与是,君子者乎? 色庄者乎?"(《论语·先进》)论者一般认为"色庄者"指的就是伪君子。如今从东林人士的论述中,有时也可以看到他们对于口是心非,言行相悖之人的深恶痛绝,这一类人格表现大约可以归之为"伪君子"之属。

伪君子的根本特点是:平时里对人对事,不失其君子之风,以致令人确信是君子;一到关键时刻,特别是关乎自家名利,就会原形毕露,丑态立现。刘永澄这样描述说:"假善之人,事事可饰圣贤之迹。只逢著忤时抗俗的事,便不肯做,不是畏祸,便怕顺名,其心总是一团私意故耳。"(《明儒学案·东林学案三》)冯从吾指出这种人格的特点是"平日好称人恶,道人善。自托于直之人。立朝偏不肯犯颜敢谏,偏不直"(《冯少墟集·疑思录四》)。赵南星则径直把这种人喻为禽兽:"心好为恶,而口谈孔、孟,是鹦猩之类也。"(《味檗斋文集·无极县修学记》)

以小人与伪君子相对照,真小人属于明知作恶、故意为恶、或恣意作恶者。如赵南星抨击当世巧宦即属于此类:"今有司所在贪残,上下雷同。有巧宦者,能自简押,而听属吏之贪残,护名避怨,不顾苍生之命,此真小人。"(《味檗斋文集·与孙文融》)

至于伪君子,他们作恶的本性与小人无二,所不同者,他们最善于用仁义道德作伪装。冯从吾以王霸、老庄为例,辨析详明:

> 仁义一也,尧舜曰仁义,汤武曰仁义,五霸亦曰仁义。不知尧舜性之也,汤武身之也,五霸假之也。至于老庄,则绝而弃之矣。然五霸之假,老庄之绝弃,总只是不知性善。
>
> 五霸之意,以为吾性中本无仁义,故不得不假之,以自附于汤武之列。而不知一假之则其弊无穷。故今人欺世盗名,假公济私,使吾儒之教视为虚文,为体面者,五霸为之作俑也,是率天下而为伪也。
>
> 老庄目击其伪,于是愤愤然有绝仁弃义之说。若曰:吾性中既无仁义,何必去假? 与其假之而为伪,毋宁绝而弃之,犹不失其为真乎。而不知绝仁弃义以为真,是为真小人,非为真君子也。而其弊更益甚。故今人毁裂纲常,蔑弃礼法,使吾儒之教视为桎梏,为糟粕者,老、庄为之作俑也。是又率天下而为乱也。
>
> 五霸假之,其弊为伪君子;老、庄绝而弃之,其弊为真小人。世教人心可胜慨哉!”(《冯少墟集·疑思录五》)

这段引文有些冗长,不过冯子把问题讲得很清楚:伪君子者,假仁假义;真小人者,绝仁弃义!

依照冯从吾的判断,真小人的弊害在于毁弃纲常礼法,较之伪君子更甚。可是,真小人的道德特征和行为表现是"明叛于仁义道德之外矣",易于识别,无须深辨。伪君子则不然。"五霸之假,是阴附于仁义之内者也,不容不辨。"(《冯少墟集·疑思录五》)伪君子常常假以学人长者,冠以仁信忠义,颇能蛊惑人心,最会混淆视听,辨析最难。虽说东林人士在认识上并没有什么壅塞不通之处,似乎可以轻而易举地分辨出孰伪孰真。然而现实生活中的真实人格表现却是极其复杂的,有时候真的一下子难以说得明白。

　　例如高攀龙提醒人们说:"气节而不学问者有之,未有学问而不气节者。若学问不气节这一种人,为世教之害不浅。"(《高子遗书·会语》)学问与气节本就没有什么必然的联系,高子在这一点上并没有坚持到底,承认有"学问不气节者"。可是学问不气节、或气节不学问者属于哪种人格类型? 小人乎? 伪君子乎? 抑或君子乎? 高子亦未言明。

　　又如冯从吾评论汉代长于理财的桑弘羊、孔僅和北宋的王安石:"长国家而务财用者,必自小人矣。桑、孔之徒,小人中之小人也。王安石之流,君子中之小人也。小人中之小人,其罪易见。君子中之小人,其罪难知。虽然斥逐忠良,引用凶邪,至于覆人邦家。其罪业已彰明较著,而或者犹作祠堂记以左袒之,何也? 故曰君子中之小人,其罪难知也。"(《冯少墟集·太华书院会语》)小人擅长理财是传统认识,冯子所言"长国家而务财用"必由小人云云,语出《大学·十章》。那么既能理财,又能笃行仁义者也须归为小人么? 王安石为"君子中之小人",是伪君子? 还是真小人? 抑或兼而有之? 冯氏也不得正解。

　　东林人士辨析伪君子和真小人,对于他们开阔思路,认清现实生活中真实人格的多样化现象大有裨益。通过他们之所论,我们确实可以察知他们已然感受到了现实生活中人性的复杂与人格混乱,而且令他们真正忧虑的是那些似是而非的伪善之徒,那些貌似饱学笃行的伪君子,因为这类人的人格本质最具隐蔽性,"其罪难知也"。

　　东林人士对伪君子的憎恨厌恶发自内心,这无疑是他们坚持价值合理和追求完善人格的又一种表征。可以认为,正是在辨析"君子有伪"的过程中,东林人士从观念到心态进一步强化了君子的自我认知与自我证成,令他们得以在晚明纷乱的利、权之争中,甚而在生与死的抉择中,始终保持着英雄本色,义无反顾地做君子。

第二节　君子小人与政治运作

君子小人之辩始自先秦，汉以后成为儒学的传统论题之一，历朝历代士子文人均辨之不已，颇多高明之论。及至晚明，东林人士对于这个题目尤其热衷，表现出极大的兴趣。究其原由，可能有多种，其中最重要的一条是他们深感政治多艰，世风日下，而时代呼唤君子。正如邹元标的感叹："今天下士习诪张①，人心变幻。忧世君子患无正己物正之大人。"（《愿学集·焦弱侯太史还朝序》）于是他们情不由己且满怀赤诚地对君子寄予了厚望。

一、君子的政治功能与治乱

道德与政治的共生互化是中国传统政治文化的特质，儒家文化崇尚的伦理价值一般都含有政治性，道德规范几乎等同于政治行为规范。那么，作为道德分层的君子人格，除了本身具有的道德本质和道德特性，同时还具有鲜明的政治功能。撮其大要，计有下述四点。

第一，君子是君主可以信赖的忠臣。

儒家文化认为，君子人格在执着的礼义践行过程中，逐渐形成了一种特有的对权威的敬畏心态。他们能自觉地认同礼义道德权威，"尊仁畏义，耻费轻实"（《礼记·表记》），在认识上"思不出其位"（《论语·宪问》）；在行为上"无理不动，无节不作"（《礼记·仲尼燕居》）；从而在政治选择上做到"忠而不犯，义而顺"（《礼记·表记》），自觉而心悦诚服地服从由礼义规范维系着的政治权威。正如孔子所言："君子有三畏：畏天命，畏大人（指当政秉权者——引者注），畏圣人之言。"（《论语·季氏》）

---

① 诪张：诪音 zhou（阴平）。《玉篇·言部》："诪张，诳也。"

在古代社会君主政治条件下，天下被帝王们看作一己之私物，除了君主及皇族自家外，容不得他人垂涎染指。因而，最令帝王们惧怕的莫过于臣下结成"党与"，相互勾结，弄权营私，侵害君主的利益。不过，对于君子，帝王们大可放宽心，因为孔子早就声明："君子周而不比。"（《论语·为政》）

君子对君主的忠诚是经得住考验的，越是危难之际，越显其耿耿赤诚。曾参说："可以托六尺之孤，可以寄百里之命，临大节而不可夺也——君子人欤？君子人也。"（《论语·泰伯》）荀子也认为，"君子隘穷而不失，劳倦而不苟，临患难而不忘细席之言。岁不寒，无以知松柏；事不难，无以知君子无日不在是"（《荀子·大略》）。最为可贵的是，君子虽然有德、有功，居高位，执权柄，却仍然保持着谦和、恭谨的道德本色。他们"不自尚其事，不自尊其身……卑己而尊人，小心而畏义，求以事君"，绝对不会居功自傲或恃德自重，"不敢有君民之心"（《礼记·表记》）。总之，君子人格的道德本质决定了他们介入"臣的角色"时，总能保持着最佳选择，他们是最理想的忠臣。

第二，君子作为礼义的载体，是建立社会政治秩序和推动政治运行的主体力量。

关于君子与政治秩序的关系，先秦儒家及历代儒生士人多有叙述，其中当推荀子的表述最为明确和详尽。他认为："无土则人不安居，无人则土不守，无道法则人不至，无君子则道不举。"（《荀子·致士》）在这里，荀子从分析国家政治的基本要素入手，认为对于君主来说，土地、人民和道法缺一不可，谓之"国家之本作"。其中道法指的是理想政治原则，君子则是"道法之总要也，不可少倾旷也"。在政治生活中，如果没有君子，则政治原则、法规及制度仪节等等就全都没有了依托。君主虽然大权在握，疆土广袤，子民众多，可是没有君子相佐助，难以建立社会政治秩序，政治运行必然会陷于混乱。荀子讲得很清楚："礼义者，治之始也；君子者，礼义之始也。"（《荀子·王制》）君子正是缘于跟礼义规范的特殊关系而具有了特殊重要的社会政治地位。因而在荀子看来，有无君子关乎国之命运，得之则治、安、存，失之则乱、危、亡。荀子一再提醒当权者："无君子，则天地不理，礼义无统，上无君师，下无父子，夫是之谓至乱"（《荀子·王制》），意在强调君子是建立统治秩序的中坚。

第三，君子参与政治，对上能辅佐君主，对下能惠爱百姓，具备独特的政治调节功能。

在儒家文化的设计下，君子人格成为种种优秀德行的汇集。中庸之德作为儒学的精髓，"民鲜久矣"，可君子人格却极谙熟。他们懂得"执两用中"和执中亦有"权变"的诀窍，因而在实际政治生活中，在各种利害关系及种种利益集团、政治势力之间，他们能够成功地进行调节。他们"进则能益上之誉而损下之忧"（《荀子·大略》）；"其待上也，忠顺而不懈"（《荀子·君道》）；"务引其君以当道"（《孟子·告子下》）。与之相应，"其使下也，均遍而不偏"（《荀子·君道》）。君子这一调节功能，使他们成为维系君与民的中间环节，既能协调君主实现对民众的有效统治；同时，又能使统治者与被统治者之间的矛盾和冲突得以缓解，形成上下交融，各得其所。曾经备受孔子称赞的春秋名臣子产就是这样的典型。孔子说，郑子产"有君子之道四焉：其行己也恭，其事上也敬，其养民也惠，其使民也义"（《论语·公冶长》）。

君子人格既是儒家文化的价值凝聚，那么他们的调节功能除了价值观上的表达，在政治运行的实际过程中也有着普遍的价值显现。在历史上，入仕的君子是君主的良辅忠臣，又是百姓的清官，他们是中庸之德的承载者，也是调节功能的实现者。

第四，君子作为道德修身的楷模，是推行道德教化的最佳人选。

儒家治国的基本方针是崇王道，尚德治。教化治民是德治的主要内容。孔子的"富之""教之"之谕表明教化在治民之道中的重要性，实现这一方略的重任则必须由君子承担。儒家文化把治理民众看作一个上行下效的过程，孔子形象地指出："君子之德风，小人之德草，草上之风，必偃。"（《论语·颜渊》）孟子也说："上有好者，下必有甚焉者矣。"（《孟子·滕文公上》）因之就教化而言，身教重于言传说教。儒家们认为，只要君子能以身作则，笃行礼义忠

信,黎庶百姓就会弃恶向善。例如:

> 君子笃于亲,则民兴于仁。(《论语·先进》)
>
> 君子贵人而贱己,先人而后己,则民作让;
>
> 善则称人,过则称己,则民不争;
>
> 善则称君,过则称己,则民作忠;
>
> 善则称亲,过则称己,则民作孝。(《礼记·坊记》)
>
> 君子言不过辞,动不过则,百姓不命而敬恭。(《礼记·哀公问》)

总的来看,儒家文化对于君子的教化功能充满了信心。在一般情况下,"君子不出于家而成教于国"(《大学·九章》),只要有君子给民众作表率,全社会的伦理道德水准就能得到普遍的提升。倘若君子入仕为官,效果将更为显著。他们"居官而化一邦,在朝廷而化天下"(《日知录·俭约》)。假如甚而言之,则有时君子的教化功能还能起到挽救危亡的作用。如顾炎武说:"士君子处衰季之朝,常以负一世之名而转移天下之风气。"(《日知录·两汉风俗》)王夫之也说:"国有君子,国可不亡。"(《读通鉴论·哀帝》)正是由于儒家文化把君子的身教看作建立理想政治秩序的必要环节,所以孟子才敢断言:"君子之守也,修其身而天下平。"(《孟子·尽心下》)

儒家文化论辩君子,崇尚君子,正是基于君子人格具有优于一般官僚贵族集团的特殊政治功能,能够给予君主政治以更多的活力和更有力的支撑。故而孟子不无担忧地说:"今居中国,去人伦,如之何其可也!"(《孟子·告子下》)

晚明东林诸君全盘继承了儒家文化关于君子人格政治功能及其治乱关系的认识,在他们看来,君子与治乱不仅仅是一个认识问题,而且带有政治实践的必然性,是政治运作的规律性显现。顾宪成指出:"君子在朝则天下必治,小人在朝则天下必乱。"(《泾皋藏稿·上相国瑶翁申老师书》)赵南星总括道:"天下之所以治安者,君子之气恒伸也。天下之所以危乱者,君子之气恒

郁也。"(《味蘖斋文集·阐幽录序》)高攀龙援引卢玉溪曰:"论治只在进君子
而退小人。"(《高子遗书·札记》)黄尊素也说:"从来天下之治乱,视君子小人
之进退。"(《黄忠端公文集·请用讲学名贤疏》)问题很清楚,东林人士普遍认
识到,无论是本质使然,还是功能特点,君子人格在实际政治生活中带来的
只能是"大治"。他们的认知沿顺着这一思路向前推演:既然有了君子便意味
着实现治世有了保障,那么怎样才能确保"君子必进""君子之气恒伸"和"君
子在朝"呢? 冷峻的政治现实令他们深深感到,理论的标尺一旦用来丈量实
政,常常会形成误差,有时误差还挺大,这不能不让他们大伤脑筋。

二、系统整合下的君子小人辨

先秦诸子首倡君子小人之辨, 他们绝大多数都是坐而论道,"不治而议
论",偏于理论构建,较少关注实政。东林诸子则不然。他们不论在朝在野,或
主动介入,或身不由己地卷入了晚明形式各异的政争之中。与前贤相比较,
他们当然更关注实政,"亦多裁量人物, 訾议国政"(《明儒学案·东林学案
一》),对于甄别和辨析政治运作中的君子小人更为热衷。

东林人士们认为,政治治乱的要害不在于分辨孰为治乱之源,而是在于
怎样才能准确地区分孰为君子,孰是小人。有人提出要确立标准。如冯从吾
认为,以"称人善恶"为标尺,就能明辨之。他说:

> 大庭广众中,如一人称人善,一人称人恶,则称人善者为君子,而称
> 人恶者为小人。一人称人善,一人和之,一人阻之,则和者为君子,而阻
> 者为小人。一人称人恶,一人和之,一人不答,则不答者为君子,而和者
> 为小人。以此观人,百不失一矣。(《冯少墟集·疑思录二》)

冯子之见,不失为经验之论,可是实际情况要复杂得多,并不是靠一两
条标准就能分辨得清的。其一,现实生活中的君子们并不那么完美无缺;其

二,世人的见识、评论也并不那么公允适当。这正是分辨君子小人和确保"君子在朝"的难处。

关于第一点,邹元标就指出,君子毕竟不是圣贤。"君子有君子病,小人有小人病。小人病在卑污。或乘机而射利,或与时而兢进。此如面上有瘢,有目者见之。君子之病,病在高明。如澡躬自持,过于刻厉,则污者忌;中立不倚,过于激昂,则懦者惭。且人情之迟速异,宜强之以不堪则过;天理之隆杀异,宜责之以大难则甚。此皆高明之士所以自以为是者。"(《愿学集·答文谷宗兄》)邹元标说的"君子之病",意谓君子的过激态度和自以为是,凡刻厉、激昂、强人所难等等皆有违于中行,无益于治道,君子反而佞以为是,自以为高明。高攀龙把这种情况归为偏见,说:"天下事败于邪见之小人,无见之庸人,偏见之君子。"(《高子遗书·语》)理论上的君子人格内涵很明确,一进入实政就难免有了毛病,或过激,或偏见,据此又怎么来评价分辨君子小人呢?

关于第二点,高攀龙解释说:"君子必有所短,小人必有所长。君子难亲,小人易比。故世人于君子唯见其短,于小人唯见其长。无怪乎好恶乖方,用舍倒置。"(《高子遗书·语》)高子指出,君子既然不是完人,短处在所难免。对于世人来说,却只会抓住君子的短处不放。刘永澄针对这种现象,进一步分辨:"寻常之人,惯苛责君子,而宽贷小人,非君子仇而小人昵也。君子所图者大,则所遗者细,世人只检点细处,故多疵耳。小人所逆者理,则所便者情,世人只知较量情分,故多恕耳。"(《明儒学案·东林学案三》)世人多俗见,他们通常只能理解和关注日用家常、身边琐细。君子的志向曲高和寡,少有知音;小人则惯于在人情处行方便,在琐细处存小惠。结果世人"检点细处","较量情分",越发将君子的高瞻远瞩拒之千里,反而心甘情愿地站到了小人一边。

此外,再加上小人没有自知之明,如高攀龙担心的那样,"事之不可救药者,在小人不自知其为小人,转认君子为小人。其始也失于上无教化,其终也失于上无用舍"(《高子遗书·语》)。或是小人故意作伪,正如冯从吾忧虑的那样:"后世小人知敬为君子,肆为小人也,又伪为敬以自附于君子,于是乎有真伪之辨。是真伪之辨,盖就敬之中辨也。世儒不察,遂一概以敬为伪,以肆为真。不知敬或有伪,伪则为伪君子。肆虽皆真,真却为真小人。惩其为伪君子,不于敬中求真,进而为真君子,乃于肆中求真,退而为真小人,是果何心哉!”(《冯少墟集·疑思录四》)

以上种种表明,理论上的或曰认识上关于君子小人的人格甄别标准在政治实践中常常混淆,令辨者茫然。可是,政治人格的认识又不可能完全与实政相脱节,人格的确认和价值兑现总要在实际政治中来完成。那么,东林人士置身其中的政治环境有什么样的特点,政治人格与实政的对应是在哪一个环节上出现了误差呢?

一般而言,在君主政治的实际运作中,人们的身份地位及政治关系主要受到君主——官(僚)贵(族)体制的制约和影响;不论朝野,凡是纳入了君主政治系统的士大夫,其政治身份、社会地位、官爵高下及财富占有均与其人格特征没有什么必然的联系。事实上,凡是通过科举或其他政治录用(political recruitment)形式而进入君主——官贵体制者,他们必须服从的第一条原则就是“遵循官场规则”,这是君主政治条件下的政治“铁律”。君主政治体制下的官场“游戏规则”实际赋予了每一位参加者相应的扮演条件和表演内容,参加者只须“照章办事”,“循规蹈矩”,无须表现个性,不可独出心裁,不能标新立异,否则就是犯规,要开除出局的。这里最具有典型性的例证就是明臣海瑞。

海瑞不是东林中人,他的活动年代与东林同期而稍前,卒于万历十五年(1587年)。海瑞与东林人士有联系,有的过从亦密。如邹元标“平生与海瑞善”。南直隶提学御史房寰抨击海瑞“大奸恶极”,顾允成为之上疏申辩。今人黄仁宇在《万历十五年》中给海瑞列有专章,认为海瑞是“在圣经贤传培养下成长的文官”,他“始终重视伦理道德的指导作用”[1],“确实是一个公正廉洁

① 黄仁宇:《万历十五年》,中华书局,1982年,第135页。

的官员,具有把事情办好的强烈愿望"①。诚如顾允成的上疏中所言:海瑞"搏击豪强,则权势敛迹;禁绝侵渔,则民困立苏"(《小辨斋偶存·恳除邪险疏》)。海瑞对于儒家崇尚的道德价值和君子人格内涵的道德本质极为虔敬,奉之为绝对真理,而且力求全部践行,一丝不苟。曾声言"不求合俗,事必认真,九分之真,一分放过,不谓之真,况半真半假者乎!"(《海忠介公全集·告养病疏》)因之他的施政措施不是审时度势,杀一儆百,而是固执于原则,总想着要将豪强与贪官一网打尽。黄仁宇说他是"单凭一己的是非标准行事"②,显然没对。事实上海瑞的行事标准并非出自"一己",而是源于儒家文化的道德理想。他的过激行为和狷介意气违背了晚明官僚集团内部的办事原则和实政惯例,因而他屡屡受到参劾,以致"使他在文官集团中失去了普遍的同情"③。

从海瑞的政治行为看,完全可以誉之为忠谏廉正的官僚代表。可是他在仕途上的挫折和几次罢官,表明了他的行为与晚明"官场规则"的冲突,其中所表现出来的强制性和规律性,正是君主政治系统整合(system integration)的典型表征。

按照通常的理解,系统整合指的是一个社会系统的各个部分之间的有序和冲突关系,亦即社会各部门的结构、制度及运作效率的合理性程度。在一般情况下,社会各部门结构的合理性、运作效率与系统整合的程度成正比。这里说的"君主政治的系统整合"指的是在君主政治条件下,政治系统(political system)各部分之间的有序和冲突关系,也就是政府各个部门的结构关系,中央与地方各级官府,地方职能部门之间的调和程度及协调关系,以及君主政治的运作效率。

从中国古代君主政治运行的实际情况看,大体而言,自汉代至明朝,有统一有分裂,王朝更迭,治乱相继,表现出一定的规律性。君主政治系统在历

---

①　黄仁宇:《万历十五年》,中华书局,1982年,第151页。

②　黄仁宇:《万历十五年》,中华书局,1982年,第151页。

③　黄仁宇:《万历十五年》,中华书局,1982年,第144页。

史的行进中,逐渐形成了适于政治运作和政治调整的一整套帝国建制、政治制度和政治规范,积累了丰富的政治经验,演化并积淀于政治文化之中,形成思维定式和行为惯例,代代相传,被每一代新兴王朝的组建者们及其继任者们所接受。同时,历朝开国之君大都能根据时势所需,总结前朝兴亡教训,对部门结构等进行调整,主要表现在职权分配、职官置废及税制田制等方面,从而使君主政治的运作效率得到改善。

如果以君主政治系统各个部门之间的结构合理性及其运作效率为标尺,则君主政治"系统整合"的程度并不算高。然而,低效率和结构合理性差并不影响系统整合的稳定性与运作惯性。从历史的行进来看,与王朝的更迭相伴行,君主政治的系统整合周而复始,逐渐在君主政治系统内部形成了极具强制性的行为规范和惯例,从而对于介入并参与该系统活动的任何个人施以巨大的影响,竭力将介入者的政治选择和政治行为纳入整合之后的系统运作之中。东林人士对于系统运作的强制性有着清楚的觉察,曾用他们的语言作过准确的描述。典型者如李应升说:

> 身在局外,每慷慨以除贪残;一入局中,率因循而随波荡。故巡方行事,常不如其持议之初心;及回道数时,又渐忘其地方之所愿。(《落落斋遗集·申明宪纪大破积习以安民生疏》)

李应升通过从"局外"到"局内",由"循方"至"回道"的对比,表达了介入"体制"之后因"因循"而"随波",而"渐忘"其"初心"的无奈。我们从中可以真切地感知到君主政治系统运作的强大威力。在东林人士从体制外向着体制内全面介入的过程中,常常伴随着心态和观念的演化和转变,正如顾宪成的描述的那样:"始而以为不得不然,既而以为当然,久而不觉与之俱化。"(《泾皋藏稿·与仪郭丁长孺》)多么形象,多么逼真,没有切身的感受和体知,又怎能道得出!

换言之,官僚制中央集权君主政治千百年来的系统整合,形成了极具强制力的官场文化,具体表现为种种官场惯例与规矩。凡入官场者,以东林党人的切身体验而言,不论当年的鸿鹄之志多么高远,一旦介入,三磨两磨,便会偃旗息鼓,消弭殆尽。故而在古代中国,凡是得以步入官场,介入君主政治系统者,只有严格遵守体制内的统一规范,养育成自觉的权威认同和权威崇拜,才有可能在权力分享和利益分占方面得到最大限度的实惠,在仕途的攀升中通达顺畅。如果介入之后却不能遵循规范和规则,或是像海瑞那样,处处与"体制"作对,则非但利益受损,而且多半不会有好下场。海瑞在给神宗皇帝的上疏中说:"胡铨之告孝宗曰:《诗》云:'勿听妇人之言。'今举朝之士皆妇人也,皇上勿听之可也。"(《海忠介公全集·告养病疏》)海公将帝王倚为股肱的满朝文武斥为"妇人",以其个人之力与整个体制形成对峙之势,恰恰犯了介入体制者之大忌,宜乎其虽有憨直忠谏之名,却仕途坎坷,命运多舛。

晚明东林人士虽然不如海瑞激越,但他们热衷于用儒家理想的君子小人政治人格标准裁量时政,自然会在价值观念上与经由系统整合而形成的规范惯例发生冲突,主要表现在下述两个方面。

其一,基于道德定位的"君子小人辨"无非是观念形态的价值准则,实际政治运作过程中的官僚士大夫则形形色色,两者相互照应,必然不能合拍,多有错位之处。于是东林人士切感君子难识,君子小人皆有"品等"。

关于"君子难识",黄尊素说:"君子小人之品,判若黑白;君子小人之名,淆若朱紫。其淆也,能致天下之乱;其判也,亦能致天下之乱。庙堂之上,君子指小人为小人,小人亦指君子为小人。人主无知人之明,使君子小人并进。究则进者,唯小人而已。小人进而天下有不乱乎!"(《黄忠端公集·止魏廓园劾魏广微庙享不至书》)黄尊素指出,由于名实不符,君子与小人相互指认,本就让人困惑;加之君主虽然掌有分辨判定的最高权威,却没有分辨能力,结果只能是君子难识,小人竞进,祸乱天下。

关于君子小人皆有品等,顾宪成通过辨析"枉"与"直"发宏论曰:

谓之直，必然是曰是，有能匡人之是；非曰非，又能匡人之非，独立自信，略无些子依违者。此等人，下面公论极归向他，上面人都最容易怪他，所以举之为难。

谓之枉，必然是可为非，又能阿人之非；非可为是，又能阿人之是，曲意求媚，略无些子执持者。此等人，下面公论极鄙薄他，上面人却最容易爱他。所以错之为难。

是故，均之为君子也，而其品不同。若一味清苦的、朴实的、忠厚的、谨饬的，纵是昏乱之时，还不至尽见废弃。惟危言危行，敢于犯颜的，纵清明之时，亦往往取忤矣。

均之为小人也，而其等不同。若一味贪污的、虚浮的、苛刻的、恣肆的，纵是昏乱之时，还不至尽见宠任。唯谄言谄行，巧于伺指的，纵清明之时，亦往往被昵矣。

乃知概曰用君子，犹未有以见其用之之实也。必至连直者都用，方才用得彻底，方才唤得真能用君子。概曰去小人，犹未有以见其去之之实也。必至连枉者都去，方才去得彻底，方才唤得真能去小人。"（《小心斋札记》卷九）

顾宪成衍论"枉""直"，以为直者乃君子之忧，枉者为小人之尤，君子小人各有品等。然而真能识得透彻，去用合理，并非易事。孔子当年论枉、直，曾说："举直错诸枉，能使枉者直。"（《论语·为政》）这是将君子小人辨"推勘到纤毫含糊不得处"（《小心斋札记》卷九），可是一到现实的政治环境中，由于君子小人各有"品等"，君主又少有"知人之明"，使君子小人的实际际遇与圣人的"理论预设"相去颇远。加之君子小人之名"淆若朱紫"，辨之已难。东林人士用人格标准考较实政，其结果多半是不如人意的。

其二，以理想的伦理道德准则与"官场规则"相对抗，则君子小人之争势所不免。东林人士自命为君子,他们参与"争国本",争"三案",反对"三王并封",争"福王之国",以及几次京察之争,等等,基本思路是以儒家崇尚的伦理道德准则以及理想政治价值与实权派相对抗,以匡正君主的不当言行。

例如,明神宗宠爱赵妃及其子常洵,不立太子,想出了"三王并封"的招数,引起诸多朝臣不满。顾宪成上疏进谏,提出了"九不可"。其中引为论据的有"君与天一体","皇后以母道临天下者也","统于尊也","夫为天下之主者,未有不以天下为心者也"(《泾皋藏稿·建储重典国本攸关疏》),以及"有违祖训"等。顾允成谏"国本",请皇上早立太子,以"天下事非一家私事,盖言公也",和"圣祖宝训"(《小辨斋偶存·恭请册立皇太子疏》)等为据。史孟麟谏"国本",疏中征引"《易》曰:'主器莫若长子'。《传》曰:'国有长君,社稷之福。'孔子曰:'名不正则言不慎(今本《论语》慎作顺——引者注),言不顺则事不成。'贾谊曰:'天下之命悬于太子,太子之善在于早教谕'"(《明文海·国本疏》)。他们或援天道,或依祖训,甚或直接举出经典和圣贤,用来批评君主,与圣意相峙。

东林人士的种种作为表明,他们在进谏的一瞬间显然没有把现实中的帝王权威奉为至上,在他们的心目中,道德价值和政治原则是高于一切的。他们过于理想化了,以至很难切实遵行官场原则。他们本来置身于"体制"之内,可他们的认识、思绪和行事总要越出体制。这不仅导致了他们与君主政治"系统运作"的摩擦,而且与整合而后的官场规范及政治规矩相抵牾。因之,他们的越轨之举最终且必然要受到来自君主政治系统本身的压力,受到君主政治体制"权力核心"的整治,最终被他们赖以容身而又冲突不已的君主政治所抛弃。

小人的作为与君子恰好相反。东林人士指出,凡称为小人者,大多以揣摩上意和争夺权势利益为目的,他们遵循的行为原则是实利,而非某种理想道德或政治蓝图,因而君主政治的"游戏规则"对他们反而很适宜。经由系统整合而形成的行为规范和惯例只要能给小人带来利益,就会得到他们由衷的拥护。精明的小人正是利用官场规则来实现自己的目标的。

既然君子代表着儒家文化中道德与政治理想的层面，小人则融合于实际政治的系统整合之中；那么，当理想与实际政治运行的磨合发生纠结时，君子与小人之争便是不可避免的了。

因之，与君子相对照，小人更能适应官场中的利、权之争。李应升有言，"君子与小人争是非，小人与君子争胜负。君子之势常负，而不以掩其是；小人之势常胜，而莫能饰其非"（《落落斋遗集·请明是非以释群疑以定众志疏》）。君子关注的是价值准则和理想标准，他们争的是"是非曲直"，要与小人们讲论道理，论个"孰是孰非"。小人看重的是实利，他们深谙争权夺利的诀窍，因而只论输赢，不讲是非，反而左右逢源，常做赢家。

东林人士对于小人与君子相争的内蕴多少有所觉察，有的揭示亦很深刻。如缪昌期指出："有数奸人者，东挑西激，阳施阴设，鼓召群不义之徒，以为之用。适遇忠勇男子，清德名流，应手剿截，遂悁然无复忌讳，相表里而为权利耳。而比其党魁既败，诛累将及，则又渐渐抽身，急急卸罪，以巧缝其阙。所以小人时有易置，而君子永无牵复。始于搅乱乾坤，终于织成世界，此之为奸，亘古希有。"（《从野堂存稿·寄赵侪鹤》）缪子之论入骨三分，明确指出小人与君子相争为的是利与权，而且他们长袖善舞，进退多变。那么对于君子们来说，对这样的小人该怎么应对呢？

冯从吾认为，对待小人应该掌握分寸，根据不同场合而区别待之。"论交与当亲君子而远小人，论度量当敬君子而容小人，论学术当法君子而化小人。"（《冯少墟集·庆善寺讲语》）在一般情况下，对待小人要宽容，如果事关利害，就必须严格。冯子说："待人当亲君子而容小人，故曰泛爱众而亲仁。用人当进君子而退小人，故曰举直错诸枉。以待人者用人，则忠邪不辨；以用人者待人，则度量不弘。"（《冯少墟集·疑思录五》）不过，冯从吾对小人的宽宏是有限度的。他最反对以"调停"为借口，在政治上姑息小人。有人问："既知是小人，却借调停之说引用之，是何主意？"冯答："此鄙夫患失之意也。彼知小人敢于为恶,恐一时得志,以图报复,所以借调停之说,阴结小人以自为地耳。不知小人如虎狼然一得志,未有不反噬之理。"(《冯少墟集·疑思录五》)姑息小人的真实目的是为了自身之利,"鄙夫患失"揭出了"调停"背后的卑劣心态。冯从吾坚持认为,要在国家政务和事关重大的原则问题上站稳立场,身为人臣者"只当秉公持正,以进君子,退小人,一心为国家计。若自家恩仇德怨,祸福利害,一切置之不问可也"(《冯少墟集·疑思录五》)。

　　顾允成认为,对小人不应怀有宽容之心。"大抵论君子不可刻,论小人不可恕。孔子曰:'人之过也,各于其党,观过斯知仁矣',又曰:'君子而不仁者有矣夫,未有小人而仁者也。'必如是,方不埋藏君子,方不出脱小人,乃万古不易之断案也。"(《小辨斋偶存·札记》)顾允成的态度很鲜明,宽恕只能用于君子。对小人大概只有斗争一途了。那么君子与小人斗,要不要有限度?史孟麟以为是。君子小人双方的对抗应有边界,否则有为渊驱鱼之虞。史子曰:"天下有君子,有小人。君子在位,其不能容小人,宜也。至于平常人而亦不能容焉,彼且退而附于小人,而君子穷矣。小人在位,其不能容君子,宜也。至于平常人而亦不能容焉,彼且退而附于君子,而小人穷矣。"(《明儒学案·东林学案》)史孟麟说了两面的话,不过他的核心理念很明确:君子与小人相争相斗是政治生活中的正常现象,"宜也";但不能过分,不可殃及无辜,不宜搞扩大化。否则受伤害的将是君子自己。史孟麟说出了人类社会政治生活中一条颇为浅近的道理。然而耐人寻味的是,道理越是浅近,能真正做到越是不易。从东林人士以后的政治行为看,史子之论可谓不幸而言中。

　　东林人士关于君子小人的讨论显然没有停留在一般化的理论认知层面,他们的见解大多来自实际政治生活中的切身感受。他们深知小人之害,深感颇难应对。他们也清楚地认识到,介入实际政治运作的小人和君子,并不像圣人的"喻利""喻义"之辨那样黑白分明。他们自命为君子,可君子的表现并不整齐划一。他们抨击小人,防范小人,可实践中的小人常常难分真假。他们的政治存在决定了他们必然要陷入君主政治"系统整合"形成的规范和惯例之中,但他们又念念不忘自家学旨和理想价值的追循。于是,东林人士只有在君子人格的感召下,在与小人永无休止的争斗中,艰难地前行。

第三节　思维定式与结党相争

中国传统文化中的"君子小人之辨"由来既久远,历代论辩者亦如过江之鲫,延至后世,所论多为平常之见,大抵不出先秦两汉的议论框架。不过对于东林人士来说,关于君子小人的论辩在他们的政治思维中却占有极其重要的位置,主要表现在两个方面。一是在认知模式上,东林人士表现出强烈的善恶两分思维倾向。这种思维特点并不是东林人士独创或独有,但作为一种政治思维定式,东林人士的表现最典型。二是在行为方式上,东林人士关于君子小人政治人格的体认,以及由此体现的思维定式,对于他们的政治活动产生了直接和具有主导性的支配作用。"君子小人辨"涵盖着东林学旨的精华,其中蕴涵着东林人士政治行为及其选择倾向的人格动力和心态根源。

一、文化整合与政治思维定式

在前述有关"东林学旨"的分析中,我们已经得出了这样的结论:东林学旨具有追求绝对化价值合理性的认知特征。这一学旨特征经由多种中介环节的沟通,被东林人士们所认同,逐渐内化为他们政治人格的结构成分,在心理上形成了强烈的"君子自我意识"。他们惺惺相惜,相互接纳,互为支持,甚而联成"党与",谓之"论道而不论地",致使这一现象带有明显的"文化整合"表征。

文化整合(culture integration),通常可以理解为基于价值观、信仰和道德观等而形成的社会成员之间的有序或冲突关系。一般而言,每个社会系统或民族社群都有自己的主流文化及亚文化层次, 社会成员通过不同的渠道和方式,在其个人"社会化"(socialization)过程中,将主流文化或亚文化所内蕴的价值观、道德观及信仰等等内化为自己的观念或信仰,从而形成了某种归属感,并且影响着其个人的社会定位、集团认同以及人我关系的协调,甚而影响着社会秩序。文化整合的范围可以扩大到整个社会,形成普遍的国民观念、民族意识;也可以局限于某一阶层,某个集团,形成少数人的群体观念。

　　以东林人士的群体表现来看,他们彼此之间以道义相交结,以君子相标榜,以学以致用相劝勉,以君父百姓和实现道德理想相激励,显而易见,他们是文化整合程度很高的特殊士大夫群体。高攀龙即指出:"东林人行辈不一。"如他与洪平仲、丁元荐、刘元珍、陈嘉训等为同辈,彼此间"决不相类,而相欢。何也? 朋友,同乎道也"(《东林书院志·东林轶事》)。在实际政治生活中, 正是基于文化整合而形成的坚定不移的价值观念构成了东林人士进行政治选择的驱动力,对于价值准则的认同是激发和支配行为的力量之源。因而,当东林人士在政治实践中遭受挫折,或是在参与政治运作的过程中,由于理想和现实的冲突而深感困惑之时,他们一般不会做这样的选择:根据实际利害而调整,直至放弃原则。他们的选择是一下子回到文化整合的核心价值层面寻求支持,重申理想和原则,借以调节利害,渡过难关。于是正如我们所看到的,东林人士确实觉察到了在实际政治运作过程中,君子、小人的人格表现是多样化的,为此他们大呼君子有品,小人难辨。然而他们并没有因为政治现实的复杂性而调整认识, 没有根据政治运作的实际需要而在思维方式上形成认识的多角度、多层面,推进其政治思维的深化,反而在认识上退回到儒学的价值原点,在认知形式上表现出典型的"善恶两分"的绝对化政治思维定式,这是东林人士文化整合之强化程度的具体表现。

　　绝对化的思维定式源于儒家的人性讨论,当孔子宣告"唯上知与下愚不移"之时,就已经显露出将人性善恶绝对化之端倪。汉、唐流行的"性品说"是孔子性说的延续和发展,上智与下愚始终处于善恶的两极。至宋代,理学兴起,理学诸子利用佛说改造传统性论,将"上善之性"本体化,通过所谓"气质之性","生之谓性",扩大了善性的涵盖面,改变了性品三分的传统格局。至晚明,东林诸子自命学秉程朱,在人性善恶上坚持"善恶两分",坚持一种"非此即彼"的认知模式,包括下述三层内涵。

其一,讲论人性,非善即恶,再没有任何其他的表现形式。

这个认识源于东林学旨的心性善恶辨。东林诸子力诋王学末流的性无善恶说,强调人性本善,弃善即恶。其中尤以冯从吾的讲述最明确。冯从吾说:"义利只有两途,人心原无二用。出于义即入于利,出于善即入于恶。岂有无义无利无善无恶,一切总归于无心之理乎!"(《冯少墟集·辨学录》)他以尧、舜、桀、跖为例,以说明出善入恶之谕:"尧之隔壁就是桀,舜之隔壁就是跖,中间再不隔一家。此孟子所以并谈无别。世之学者,既不敢为尧为舜,又不甘为桀为跖,只是错认以为中间尚隔许多人家耳。"(《冯少墟集·宝庆语录》)冯子认为,这是由于"孔子论人,有圣人、君子、善人、有恒之别",遂使世人以为其中"路径甚多",以为纵然做不了尧、舜,也不至于就是桀、跖。能做善人、有恒也未尝不可,大可以"自宽自便"。冯从吾对于最后这种"第三条道路"极为不满,他辩驳道:"孔子以圣人、君子、善人、有恒列为四等,正所以示入舜之阶基,恐学者躐等而进耳。"世人"不知发端之初,一念而善,便是舜;一念而利,便是跖。出此入彼,间不容发,非舜与跖之间复有此三条路也"(《冯少墟集·善利图说》)。为了申明他的主张,冯子特地绘制了《善利图》一幅,又作"图说"以解之。图中"舜之善"与"跖之利"分向两侧,示为两途,正中大字标明:"中间无路"! 又题图诗曰:

圣狂分足处,善念是吾真。

若须中间立,终为跖路人。

冯从吾所表达的认知方式很有代表性,东林人士中有很多人都具有这种"非此即彼"的思维特征。例如高攀龙论"天理"曰:"天理既明,如权衡设,而不可欺以轻重;如度量设,而不可欺以长短。合此则是,不合此则非。以此好恶,以此用舍,以此刑赏。"(《高子遗书·语》)高攀龙将"天理"树为绝对标准,用来判定是非,衡量善恶,决定取舍。无论是政治实践还是在认识上,高子都杜绝了"第三条道路"。

再如顾允成。有人认为,议论是与非不可以自以为是,或自以为非,"不当以同己者为是,而不复察其非;不当以异己者为非,而不复取其是"。顾允成认为此说不妥,反驳道:"今有人于此,且为杨朱,且为墨翟,乃欲于无父无君之人,而节取其有父有君之是,正恐是未必得取,而反陷于非也。岂不惑之甚哉!"(《小辨斋偶存·答罗布衣》)显然,顾允成坚持在是非判断上不应含糊,不可模棱,欲取"非中之是",反倒陷溺于非,不如截然两分反而明快。

其二,辨别是非善恶取决于辨别者自身的好恶之分,只有君子仁人才会有好恶。而且,人的好与恶也要推到极至,旗帜鲜明。

高攀龙说:"君子经事宰物,好恶两者而已。"君子的好恶理应关乎天下,以社会政治的是非善恶作为自己的好恶。假如事非关己,"善非身有之弗好也,恶非身无之弗恶也。视天下之治乱,朝廷之利害,非如得失之切于身",这叫做"好而弗纯,恶而弗决也"(《高子遗书·题三太宰书》)。为了进一步阐明观点,高攀龙又作有《好恶说》一文。他说:"近见世局纷纭,此一是非,彼一是非。因而推其故,原来只在好恶两字。"然而再进一步推衍,问题似乎又不在好恶本身,而是在于由"谁"来论好恶。"世间那一个人是没好恶的,但各人等第不同",众人以为,好恶相同就是"公好""公恶","不知圣人说,唯仁人能好人,能恶人"(《高子遗书·好恶说》)。东林诸子自认为是仁人君子,故而唯他们才有资格论好恶。高攀龙突出了"仁人"在辨别是非善恶上的权威性,认为如果德行不足,与圣人之所教所学不符,则"未可自谓仁者,自谓能好恶也"(《高子遗书·好恶说》)。这是将分辨是非善恶的主导权推向了善的一方,除了少数仁人君子,其他人包括不仁的一方根本没有分辨是非善恶的资格,这是将"非此即彼"的认知主体也推向了绝对化。

刘永澄认为,仁人君子的爱与恶不能模糊含混,要明见分晓。他说:"爱人则加诸膝,恶人则陨诸渊,此讥刺语。"其实"爱恶之道"正是这样。《大学》中有"好好色""恶恶臭"等语。"好好色之心何啻加膝乎,恶恶臭之心何啻陨渊乎? 圣贤只在好恶前讨分晓,不在好恶时持两端。如虑好恶未必的当,好不敢到十分好,恶不敢到是十分恶",这种态度谓之"子莫之中,乡愿之善耳"(《明儒学案·东林学案三》)。刘永澄将好与恶推到十分,认为未到十分便是调和折衷,如乡愿然。平心而论,爱与恶虽然不到十分,毕竟与无好无恶、可好可恶的乡愿不同, 可见刘永澄是在认知方式上将分辨善恶是非推向了绝对化,非此即彼,不留余地。

其三,君子与小人在认知标准上泾渭分明,在是非善恶上处于绝对的对立状态。君子一切善,小人一切恶。

东林人士在这一问题上的立场是极为坚定的。例如左光斗论"国是",说:"唯君子之别于小人者,清与浊而已矣。君子之不能容小人,犹小人之不能容君子也。其清浊异,则其好恶不得不异也。"左氏认为君子小人清浊相分,有如"鹊终不可以为乌,凫终不可以为鹤",君子与小人"以其好恶殊,其面目终不能易也。此国是也"(《左忠毅公集·科臣挟逞私心倒翻国是疏》)。这一认识强调了君子小人的本质区别,彼此不能相容,不可转化,是绝对对立的两种人格类型。

再如顾宪成论"治乱"说:"夫何以治也? 君子正也。正则所言皆正言,所行皆正行,所与皆正类,凡皆治象也。虽欲从而乱之,不可得而乱也。"顾宪成认为"君子之正"带来的都是"治象",虽欲求乱亦不可得。反之,"夫何以乱也? 小人邪也。邪则所言皆邪言,所行皆邪行,所与皆邪类,凡皆乱象也。虽欲从而治之, 不可得而治也"(《泾皋藏稿·上相国瑶翁申老师书》)。君子皆正,小人皆邪,君子皆治,小人皆乱,是非善恶如此相对,如此绝对化,这是典型的"非此即彼"认知模式。

东林人士认知方式上的模式化, 意味着他们在致思逻辑和思维方式上也形成了模式化。这里说的"模式化",指的是认识主体的认知逻辑过程和判断标准是固定不变的,不论认识的对象或认识的具体条件具有什么样的特点,发生了什么样的变化,认识主体的思绪仍然沿顺着固有的价值格局和一成不变的致思逻辑完成思维过程,最终形成判断和结论。在这一思维过程中,认识对象及条件的特点或变化要么被认识主体忽略不计,视而不见;要么被固有的致思逻辑强行改变,纳入既定的认识框架之中。这种固定不变的僵化的认知和思维方式可以称为"思维定式"。据此,我们将东林人士的模式化思维概括为"善恶两分的绝对化思维定式",其构成的致思逻辑要点有三。

第一,价值判断取决于本原性价值认定。即从"源头"看主流,源头即决定了事物的主体及其流变过程,本根为善,则一切为善,反之亦然。在认知逻辑上则表现为:只要把握住事物的核心价值,则枝节末梢洞然而解。

冯从吾有一段关于人性的议论,典型地表达了这一思维特点。他说:"圣贤学问全在知性,有义理之性,有气质之性。如以义理之性为主,则源头一是,无所不是。情也是好的,故曰:乃若真情则可以为善矣。才也是好的,故曰:若夫为不善,非其才之罪也。若以气质之性为主,则源头一差,无所不差。情也是不好的,为恣情纵欲之情。才也是不好的,为恃才妄作之才。"(《冯少墟集·大华书院会语》)冯从吾认为人性难解,不过只要勘定源头,人性疑难即可迎刃而解。他批评世人不知寻源:"今不在性体源头上辨别",只在性、情、才等末流上辨别,"纷拏盈庭,何有了期"(《冯少墟集·大华书院会语》)。

冯从吾将事物的差别归本于核心价值,谓之"源头",认为在源头与流干整体之间形成了直接的逻辑推导,其间既没有什么演化过程,也不存在任何偏斜,这是典型的绝对化思维。

第二,善恶两分的价值对立是必然的、绝对的。善的对立面必然是恶,恶的反面必然是善。因而对事物性质或价值的判断,只需看到对立着的一方,即可明了,无需"两造具备,师听五辞"(《尚书·吕刑》)。

高攀龙作过一个很精妙的说明:"君子不幸为小人所荐,终身之羞也。若小人骂斥君子,乃君子之荣也。小人不知,以此害君子,不知其为爱君子也。"
(《东林书院志·高景逸先生东林论学语下》)在高子的价值天平上,小人对君
子的攻击排斥,正是君子本身价值的确证,倘若混淆,反而界限不清,有口难
辩,竟为"终身之羞"。缪昌期也有同感。他"偶简《宋史》",读至熙(宁)、(元)
丰、元祐、绍圣之际党争而感叹不已:"古之君子宁身受同人之累,而必不肯
借君子之异,求小人之同以自解免。"(《从野堂存稿·答熊坛石公祖》)在缪昌
期的是非坐标上,君子之间虽然有"异",却并不因此而转向小人,而是坚持
与小人对立。君子与小人之间或许有"同",却决不会背弃君子而与小人沟
通。缪昌期与高攀龙一样,认为君子小人是善与恶绝对对立的人格表征。

正是在上述致思逻辑的引导下,李应升把天下所有祸患全都归之于小
人。他说:"盖天下有三患,一曰夷狄吭背之患,二曰盗贼肘腋之患,三曰小人
腹心之患。"三患相较,小人是祸根:夷狄和盗贼之患,"实胚胎于小人"(《落
落斋遗集·以备圣时采择疏》)。在李应升的观念中,小人是恶的表征,既然善
恶价值绝对对立,小人当然是一切祸患的根源。

第三,善恶两分的价值合理性判定具有绝对的权威性。判定只要成立,
就决定了该项事物的主导方向。如果用于人格审议,则价值判定决定着人性
的本质及其道德归属。

东林人士中不乏有争议的人物,例如李三才。据王天有《晚明东林党
议》,"从万历三十七年(1609 年)十二月到三十九年(1611 年)二月,党议围
绕李三才问题争论了一年零三个月"[1]。是知李三才曾经一度成为晚明党争
的焦点人物。又据《明史》,李三才于万历二十七年(1599 年)以右佥都御史总
督漕运,巡抚凤阳诸府。他在任上惩治矿监税使等害民之官最力,曾几次上
疏,言辞激烈,谏请神宗皇帝"尽撤天下税使"。对于这样一位封疆大吏,史传
的评价是毁誉各半。一方面认为"三才在淮久,以折税监得民心。及淮、徐岁

———————
①　王天有:《晚明东林党议》,上海古籍出版社,1991 年,第 65 页。

侵,又请振恤,蠲马价,淮人深德之";另一方面又不讳言:"三才才大而好用机权,善笼络朝士","性不能持廉,以故为众所毁"(《明史·李三才传》)。关于李三才不能持廉和"用机权",《东林列传》亦有评述:

> （三才）又性豪华,疑不为清流所喜,而结客满天下。(顾)宪成之前,誉言日至,信其才真足办国家矣。
>
> 或言,宪成过淮上,三才宴之,常蔬而已。厥明,盛陈百味。宪成骇问,对曰:"皆偶然尔。昨偶乏,故寥寥;今偶有,即罗列。"以此不疑其奢。其操纵类如此(《东林列传·李三才传》)。

如若《东林列传》及《明史》等记述不谬,则李三才之城府与机权,应不让于当年汉末曹操、司马懿。对于这样一位颇招物议的风云人物,顾宪成或许是囿于闻见,因而不明就里,总之是深引以为同道的。他说:

> 吾闻之,凡论人当观其趋向之大体。趋向苟正,即小节出入,不失为君子。趋向苟差,即小节可观,终归于小人。
>
> 又闻为国家者,莫要于扶阳抑阴。君子即不幸有讹误,当保护爱惜成就之。小人即小过乎,当早排绝,无令为后患。
>
> 又闻古来豪杰,种种不同。或谨严、或阔大、或悃愊、或挥霍,其品人人殊矣。总之各成一局,各不害其为豪杰也。
>
> 合此三言,可以定漕抚(指三才——引者注)之案(《自反录》)。

看来顾宪成并不是没有闻见,或囿于闻见,而是闻见与众不同。他致思逻辑正是以善恶两分的价值判定作为最高权威。一旦判定为君子,则小节可以不计,讹误予以保护。因之李三才的"不能持廉"在他看来"只是交际往来局面稍阔耳"(《自反录》),无非是有点"讲排场",何足为虑? 反之,既已判定为小人，即使"小节可观"也不可取，要尽早摈弃。

从形式上看，顾宪成的认识倒也合乎"大德不逾闲，小德出入可也"（《论语·子张》）的儒家祖训，可其中蕴涵的致思逻辑却是绝对化政治思维定式的构成要点。

东林人士的善恶两分绝对化的思维定式是政治思维的简单化，在这一思维定式的制约下，他们根本无法面对复杂纷繁的人生，更无法应对尔虞我诈的政治。

从人类社会的认识发展来看，理论概括和抽象认识的形成，意味着人的认识的深化，作为认识主体的人正是通过概括和抽象，才得以从芜杂纷乱的表象世界中透视本质，综括规律，寻求意义。从思维的形式看，认识的概括和抽象具有"简约"的特征，但这绝不是把原本复杂多样的认识对象"简单化"，也不是把变动不居的事物表象"僵固化"。而是从具体到抽象，从零杂到概括，从繁复到"简约"——人们的认识正是经由了这样的过程而逐渐形成了对事物本质的洞察，形成了对于事物多样性的广泛涵盖和普遍把握，从而为人们切实地理解生命本身及其外部环境提供了致思捷径。人们的认识如此往复不已，不断深化，正是在这样的过程中，人的无限创造力才得以逐一展示；同时，人们也在不断地创造着人自身。所以西哲康德断言，"人具有一种自己创造自己的特性"，人"可以作为天赋有理性能力的动物而自己把自己创造成为一个理性的动物"。①

不言而喻，中国的先民应当属于最具有"理性能力"的文化群体。譬如东林人士，他们似乎已经感悟到了这种由繁复而至简约的致思过程。有人问高攀龙："看来天下道理若非易简，便不是。"高子深以为然，答曰："是。便是天下至难者惟易简。不历尽险阻，不到易简处。"（《东林书院志·高景逸先生东林论学语下》）然而遗憾的是，令高子击节赞叹的"易简"，并不是认识升华而

———————

① ［德］康德：《实用人类学》，邓晓芒译，重庆出版社，1987年，第232页。

形成的理论概括,也不是思维深入而形成的抽象洞察,而是摆脱了复杂琐屑的纠缠而返璞归真的简单化选择。根据前面关于东林人士致思逻辑的分析,我们完全可以认定,善恶两分的绝对化政治思维定式营造的是"好人""坏人"的思维童稚状态。在认识上将善恶两分推向极端,其结果只能是在政治理性上"拒绝成熟",在行为选择上作茧自缚,以至于贻害无穷。

从关于人性的认识发展看,儒家文化早就意识到了人性具有复杂的一面。虽然不曾深入,但孟子至少指出了人性中既有礼义道德的"大性",也包括饮食男女等"小性"。晚明东林人士从人性讨论树立学旨,他们在实际政治生活中,对于人性表现的多样化是有所认识的,因而有诸如"君子有品""小人难辨"的感叹。可是一触及到人的本质,他们便会身不由己地在思绪上陷于绝对两分。他们以本源性价值认定作为认识的出发点,以价值对立的必然性来囊括社会政治生活中的人性表现,同时,又以强调价值合理性判断的绝对性来维系人之本质的一成不变。这种思维定式完全忽视了实际人性的多层次、多样性和多变化,因而它无法对应现实社会政治中,人际关系、政治关系以及人格自我的分合与冲突,也没有能力去理解和捕捉影响人性和人际关系的多种因素,故而很难针对人性的复杂和多变作出认识上的调整。事实上,这种绝对两分的思维定式是用一个僵化了的公式去裁量鲜活多样的实际人生,这不仅迫使政治人格的认识陷于模式化和绝对化,而且人性内蕴的生命力和创造力也将受到致命的阻遏并被消解,结果必然在思维和行为上陷入困境。

其中,思维的困境主要表现为,善恶两分的绝对化思维定式促成了传统政治思维中简单化的趋势,致使儒家文化在认识层次上始终徘徊在类比和循环逻辑的思维迷宫里,无法脱身。传统文化的政治理性长期停滞在非忠良即奸佞、非君子即小人、非好人即坏人的童稚阶段,从而阻碍了传统政治理性的近代跃升,并且直接影响着儒学学术发展的近代化转型。

不仅如此,这种思维定式使得君子、小人的称谓成了一种"陈述"(statement)。表现为对于既定真理的权威性指示和认识限定。因之在君子、小人的称谓面前，人们无需思考，无需争辩，只需遵照这种陈述所暗示的规定性价值判断去视、听、言、动。事实上，在儒家文化长期建构的政治文化传统中，君子小人已经构成了"霸权性"的"话语"，人们在接受并使用这种"话语"时，有意无意地在认可一种"词的暴政"。这就是说，不论何人，亦无论其资质才学，只要被冠以君子之名，便可以流芳，可以传世；反之，如果被列为小人之属，他便再难翻身。有道是"自古奸佞多文才"，但后世唯知其奸。不传其才。这类事例有很多，典型者如唐代李义府。据《旧唐书》，"义府貌状温恭，与人语必嬉怡微笑，而褊忌阴贼。既处权要，欲人附己，微忤意者，辄加倾轧"。人们以其"柔而害物"，笑中有刀而称之"李猫"。然而在另一方面，李义府"善属文"，被马周、刘洎等直谏名臣举荐入仕，历任中书舍人、弘文馆学士，曾预撰《晋书》，又"兼修国史"（《旧唐书·李义府传》），是知他确有文才。可是既然跻于奸佞，则文名湮没，后世唯知"李猫"而已。

这种思维定式连同"词的暴政"作为民族文化的积淀一直延传下来，其影响力至今未衰。今天，当我们再度反思和检索中华民族的近代化历程，我们看到，在中华民族摆脱帝制，步入共和，走向现代社会的进程中，我们仍然可以从"老子英雄儿好汉，老子反动儿混蛋"，"非左即右，形左实右"和"完美苍蝇论"中清晰地找寻到它的踪迹，感受到"话语的霸权"的威力。而且，在一定条件下，我们还真实地经受了与这种思维定式的引发相关的思想的冲击和灵魂的震荡，虽说与两千年的桎梏相比较，这样的冲击和震荡毕竟是短暂的。

至于行为的困境，则主要表现为，由于认识的绝对两分而引发的行为上的对抗。本来，人性的内蕴极丰富，人性之中有特质，有弱点，亦有优长，因之，人性的实际表现可谓异彩纷呈。一般而言，只有在全面深入地理解人性的基础上，才有可能促成人我之间的谅解和沟通，造就人我交往和人的群体和谐。然而，善恶两分的绝对化非但在认识上阻隔了人我之间的谅解和沟通，而且在行为上极易促成人我对立。加上各种条件及利害关系的计虑，人我之间的对抗几乎是不可避免的。如果说,民族、群体或个人为了生存和根本利益而形成的对抗具有某种道义上的合理性;那么,由于认识偏狭而难以沟通而形成的行为对抗则不能不说是一种文化的尴尬。晚明东林党人正是处于后一种境况,他们的行为困境主要表现在晚明政局中的结党相争。

二、两种"整合"下的结党相争

关于朋党的讨论,由来亦久远。先秦诸子之中,尤以法家最恨朋党。韩非屡屡告诫君主:"大臣两重,父兄众强,内党外援以争事势者,可亡也"(《韩非子·亡征》);"朋党相和,臣下得欲,则人主孤"(《韩非子·外储说右下》)。儒家一派则有孔子一言九鼎:"君子不党",表明了儒家对于朋党的基本态度。自汉代以降,政治指导思想上形成了阴儒阳法之势,实际政治运作中的朋党相争不绝于史,屡有党锢、党禁事件发生,一时间臣下结党被看作致乱之源。所谓"党人为患,自古所疾;政之所忌,虽宠必诛"(《魏书·甄琛传》)。直至北宋欧阳修《朋党论》出,提出唯君子"以同道为朋",小人则"以同利为朋",并要求君主"但当退小人之伪朋,用君子之真朋"(《居士集·朋党论》),总算在认识上为君子结党正了名。欧阳修从理论上将朋党与代表着道义德行价值的人格类型相沟通,不论当政权贵怎么想,至少给五百年后的东林诸子指明了途径。

晚明东林人士有着明确的结党意识,主要表达了三层认识。

首先,他们认为结党乃势所必然。高攀龙说:"天下之生久矣",治与乱相循。"极治之世不能无小人,极乱之世不能无君子。方以类聚,自唐虞之世,九官四凶分类,至元佑、熙宁极矣。此以彼为党,彼亦以此为党。党者,类也。欲天下无党,必无君子小人之类而后可。"(《高子遗书·题三太宰传》)高子由此问道:"如之何讳言党也?"

顾宪成从不讳言"吾党"。有人指责他为李三才上书申辩,"不近于党乎?"顾宪成答:"岂惟是哉!"万历十四(1586年)、十五(1587年)年间,有人诋毁吕坤,欲以《考功法》中伤之。"予极口名其不然,以至取忤,时则人以予为宁陵之党矣。"后有王国"用计事失当",面临降职处分。顾子在吏部任职,经过活动,王国"擢卿太仆,时则人以予为耀州(王国)之党矣"。再后有吴中行、赵用贤"先后被小人望风倾陷"。顾子仗义执言,"辄起而攘臂其间,时则人以予为吴赵之党矣"(《自反录》)。顾宪成历数往事,认为"数君子者,各各自成一局,不必意见之尽同,就其中亦往往互相为左,不必藩篱之尽撤。是故党宁陵,则与宁陵左者且外我;党耀州,则与耀州左者且外我……如此看来,有党乎,无党乎一凭人谓何耳,予曷敢择焉"(《自反录》)。顾宪成似乎并不以结党为非,面对种种非议,亦流露出几分无奈。其实在他的观念中,以君子小人分别结党乃势所必然;党有领袖,相互援引,亦理所当然。他曾经发出过这样的感慨:

> 君子在朝,非君子自在朝也,本之君子之领袖,为之连茹而进也。今宁无君子之领袖乎? 有之,则宜君子日多,而何未见其多也?
>
> 小人在朝,非小人自能在朝也,本之小人之领袖,为之连茹而进也。今宁有小人之领袖乎? 无之,则小人日少,而何未见其少也? 宪不得而知也。(《泾皋藏稿·上相国瑶翁申老师书》)

顾宪成十分看重领袖与其本党的关系,以为事关政治上的进退升黜。言外之意,他是很愿意以君子领袖自居的。

赵南星也认为:"孔子以前,未闻以党空人之国者,自东汉乃有之。三代之季,无党之名,其国亦空。若以党为讳,则孔子言'吾党之小子',而人伦之中,有父党母党妻党之亲,以至于乡党,皆可废耶? "(《味檗斋文集·思党亭记》)万历二十一年(1593年),赵南星"以内计得罪执政者",他原本一向认为君子有党,"至是遂直以为结党逐之"。加上又有多人因上疏论救而受牵连,遭贬免官赵南星回到家乡,遂给园中之亭取名为"思党",又作记曰:"安得聚党斯亭,作党人会耶?"(《味蘖斋文集·思党亭记》)显然,赵南星殊不以结党为非,他与顾、高诸人的看法代表了东林人士的普遍观念。

其次,东林人士从不同角度思考了结党现象的成因。黄尊素认为,小人结党完全出于实际利害的考虑,与价值观无关。他说:"小人虽与小人为朋,亦未尝不欲与君子为朋。"因为驱策小人交结为党的是利益而非道义,故而"小人但恶其碍己者,亦未尝以其为君子而恶之,以其为小人而好之,而以小人之名显也"。直到小人"势穷理极,为君子之所不容,彼始不暇避小人之名,国狗之瘈,无不噬也,而君子之祸烈矣"(《黄忠端公集·止魏廓园劾魏广微庙享不至书》)。

魏大中认为,结党的根源是人们只从个人的狭小天地出发,只关心私己之利,"方隅自域,无一远见",故而相争。"此一方"与"彼一方"相较相争,"三三两两,歙歙訾訾,阶墀尺寸之地,具四分五裂之象"。相争者还常常乘人之危,挑拨离间。"彼一方之人急,乘其急而徼之,使有以德我,而又与一方比;彼一方之人合,伺其隙而挑之,使转以怨彼,而我又与一方比。"结果是"我无不构,人无不孤,人无不战"(《藏密斋集·恳敕臣工蠲隅见以游荡平疏》)。党争之兴,势不可免。

赵南星则认为,由于逐利的小人在利义意趣上与君子相左,就利用当政者的偏见而造出结党的事实,以攻击君子。他说:"夫天下之人,不过欲富贵耳,而不知善之无妨于富贵也。皆以私意持富贵也,故与君子异趣,各相为也,各相左也。相为相左,必有其事,此其主张在当国者。当国者固以为党,而藉口实于人,以佐攻驱除。"结果君子都成了"植党而害人者,蔓延波及,不尽逐之不已"(《味蘖斋文集·思党亭记》)。

上述这些看法不完全一致,但基本找出了答案,指明结党相争的主要缘由是实利、权力和偏见在作祟。

最后,东林人士认为,"结党"之名是小人用来打击陷害君子的手段。高攀龙认为,"党者,类也"。类名之党与作为集团派别的"党与"之党不同。如果从"派别集团"的角度看,"夫君子何党之有",君子以类相聚,并不是出于利、权的实际目的而结成集团派别。只是由于"上恶党,故小人之党反目之为党,一网而君子尽矣。故君国者不患党,要在明辨其党"(《高子遗书·题三太宰传》)。小人为谋利争权而结党,却反诬君子为党。君主不能明辨,君子必受其害。正像钱一本指出的那样:"后世小人,动以党字倾君子,倾人国。不过小人成群,而欲君子孤立耳。或有名为君子,好孤行其意,而以无党自命者,其中小人之毒亦深。"(《明儒学案·东林学案二》)

杨涟针对本朝现状,指出凡权奸小人陷害正直君子"其所口衔者,何尝不曰圣怒,不曰结党"? 如参照前朝,则北宋司马光、范仲淹、程伊川,南宋朱熹等"岂非当时皆诬以党人者哉? 后世之公论何如也"。及至本朝,也莫不如此。"甚而先帝(指光宗朱常洛——引者注)在东朝,且有以争册立为党者。夫不党先帝,将党何人乎?"杨涟问道:"若使当日无忠义诸臣,党护先帝于心危患深之时,但畏祸占风,比同三王并封之奸相,陛下(指熹宗朱由校——引者注)安得有今日乎?"可见党人之名之实皆无负于国,"惟奸人借之以欺主空善类耳"(《杨大洪先生文集·乞停内批疏》)。"空善类"一语说出了小人制造党狱的真实目的,正像刘元珍的概括,"从古小人未有不以朋党之说先空善类者"(《明史·刘元珍传》)。从古代政治的史实来看,东林人士的论断是有根据的。

虽然,东林人士也有"君子何党之有"的表白,但就上述分析来看,他们的结党意识是很明确的,并且多少带有几分主动性。如果考虑到东林学旨与东林志向的循道、致用、公私、好名、成圣诸题目来看,则恰如前面的所析,东林人士张扬价值合理性的绝对化追循,从价值选择和主观沟通的层面看,他们志向远大,胸怀宽广,博施济众,不计私利。对于小人集团一心逐利,结党倾轧,只有反感,并无认同。然而,从历史的表象看,晚明党争铺天盖地,号称"东林"者大多参与其中。那么,他们是投入,还是卷入? 是身不由己,还是积极请缨? 也许两者备具。不过,东林人士作为历史的存在,其行为选择必然会受到历史"语境"的限制,他们之参与党争,实际上受到了来自两种"整合"的制约,带有"不得不然"的历史宿命。

其一,基于系统整合而形成的"庸人体制"排斥政治精英,东林一派在政治上受到小人一方的冲击乃势所必然。为了说明这一点,需要就精英政治、庸人体制等做一番解说。

汉儒贾谊在其名作《过秦论》中检讨秦朝二世而亡的教训,认为最重要的一条是秦始皇不懂得政策调整。他说:"夫并兼者高诈力,安定者贵顺权,此言取与守不同术也。"(《史记·秦始皇本纪》引贾子《过秦论》)秦始皇不晓得时移势变,只以"诈力"安天下,天下焉能不亡? 在这里,贾谊首次明确指出了两种不同的政治局面:取与守。如若从系统整合的角度看,则"取"的政治运作重心在于政治秩序的重建;"守"的政治运作中心是政治系统的整合。前一种局面常常带有鲜明的精英政治的特点;后一种局面往往会演变为庸人体制。

依照有关精英理论的一般理解,政治精英(political elite)指的是具有领导才能和政治控制能力的人才,他们善于开创和驾驭某种政治局面,建构政治体系。在中国古代的历史进程中,通常在改朝换代之际,现行的政治秩序陷于混乱,政治体系濒临崩溃,政治运作难以为继,出现了史家称之为"群雄蜂起,天下大乱"的局面。这时,就会有新的政治精英集团异军突起,扫平群雄,重整山河,取代前朝重建政治秩序。在这一过程中,精英流动的趋势一般呈自下而上,或是从边缘汇归中心,即从社会下层或旧体制的边缘向着新崛起的政治中心流动。古人称这种现象为"时势造英雄",我们可以称之为精英政治。

自从新王称制、帝国再造后,新一代统治者的着眼点就会从建构帝国规模逐渐转向谋求长治久安,他们更为关注的是"某家天下"的万世一系。这时,政治运作的平稳和效率,以及政治秩序的稳定常常取决于重组后的政治系统自身的整合程度。君臣上下政治关系的控制与调节,帝国各个部门间的沟通与磨合,中央与地方政治权力的分配与牵制,等等成为政务首要,至如开创、驾驭、建构等政治能力则显得失去了用武之地。而且,参与"取天下"的政治精英,由于他们的超强能力和赫赫战功,往往会受到一心想着"家天下"永葆不失的称制新王的猜忌,结果会遭受打击和排斥。古人将这种现象概括为:"飞鸟尽,良弓藏;狡兔死,走狗烹。"我们则可以称之为精英体制的自我消解。与这一过程相伴行,在系统整合的作用下,帝国体制自身的强制性和运行惯性得以不断强化,富于个性的政治认识以及哪怕是些许的特立独行都将会受到无情的拒斥,这时,精英政治便会逐渐让位给庸人体制。

如果说,精英政治的本质是不拘一格地广泛吸纳人才进入政治中心,形成高智能的权力核心;那么,庸人体制的根本特点是吸纳平庸之辈进入政治中心,排斥政治精英。前者最典型的例证是汉末曹魏集团。曹操崛起于黄巾之乱,倡言"唯才是举",多次下令求贤,不拘品行。凡"盗嫂受金""士有偏短""或不仁不孝而有治国用兵之术"①之士,不可偏废,有能即用。因之曹操能平定北方,实得益于精英流动,使得智能之士多聚于麾下。甚至其后西晋的遭递和统一,也是从曹魏的班底中衍生出来的。

至于庸人体制,其典型表现多在王朝中、后期,在逐渐形成并定型的政治体制及官场规则的制约下,参与政治者只有按部就班,循规蹈矩。"虽有绝伦之力,高世之智,莫不奔走而服役者,岂非以礼为之纪纲哉!"(《资治通鉴》卷一)这种状况,明儒吕坤称之为"官常":"公卿大夫、百司庶官,各有定法,可使持循,是曰官常。"(《呻吟语·伦理》)在权力私有的政治条件下,"官常"与一定的既得利益相通,凡意欲改革者、变法者、惩治腐败者、整顿吏治者以及践行理想者,必然要与"官常"相维系的既得利益相抵牾,与"官常"代表着的体制规则相冲突,他们必然会遭遇来自庸人体制的全面抵制。他们或许偶尔小胜,但终究会败下阵来,因为他们置身其中并面对的是整个体制的平

---

① 《曹操集》,中华书局,1959年,第41、46、49页。

庸、狭隘、阴暗与昏庸。他们之中有的人可能够不上精英,但他们毕竟与庸人不同,因为他们面对官场痼弊流露出不满,面对积习惯例表示了异议,他们甚至还想为民请命,致君尧舜,有所作为,由此可知他们受到庸人体制的排斥是极其自然的。

只有那些谨言慎行,一心混官场的逐利老手或宵小之徒才会在庸人体制中如鱼得水。因为他们从不想破坏规矩、违背惯例或是为了原则和理想跟谁过不去。他们并不想触犯谁的既得利益,只不过想在体制容许的诸多特权和利益中分一杯羹。当然,在利与权的分割面前,他们或是勾结利诱,或是反目成仇,甚或互相坑害、大打出手。政治上的庸庸碌碌并不意味着在利权相争上不精明,有时恰恰相反:平庸者最精明! 他们的作为却也无伤大雅,因为围绕着利与权的明争暗斗是在官场规则容许的范围之内的。

从精英政治到庸人体制的往复循环,正好给我们认识中国历史上的王朝更迭和治乱相继开辟了一个新视角,为解答为什么开国君臣多英才,而守成之君非纨绔即昏庸提供了另一种答案。同时,作为一种历史的审视,其中亦不无借鉴之处。

庸人体制排斥精英,吸纳平庸,历史上的有关例证不胜枚举,如以东林党人活动的年代来看,最典型者莫如方从哲。据《明史》,方从哲万历十一年(1583 年)进士,"授庶吉士,屡迁国子祭酒"。万历四十一年(1613 年)入阁,为首辅,学业功业皆可谓有成。然而他"性柔懦,不能任大事",史称其诸事多顺从上意,"无所匡正",又"昵群小",以至"职业尽弛,上下解体"(《明史·方从哲传》)。就是这么一位庸碌之辈,却得以"独相七年",较他人秉政执权反而长久。史家一语道出其中奥妙:"从哲独相七年,上(明神宗——引者注)喜其无能而安之。"(《明史记事本末》卷六六)

从东林人士所学所思来看,应当归为精英之列。他们学有旨要,志在君父百姓和做圣贤,在政治上追循道德理想和政治原则的实际达成。然而他们生不逢时,神宗时代的大明王朝早已从国初的精英政治转入了庸人体制,东林人士的政治抱负与作为,必然与执政常有冲突,从而受到得势小人和平庸昏聩之徒的打击排斥。事实上,自明英宗、武宗以来,类似的排斥与争斗已经屡见不鲜了。我们正是在这个意义上断言,东林人士之介入晚明的结党相争,是"不得不为"的正面介入,即非完全被动的"卷入"或"拖入",而是他们全部政治选择的一个必然归宿。

其二,基于文化整合而形成的思维定式制约着东林人士的政治理性和应变能力,令他们在党争的沼泽里越陷越深。

善恶两分的绝对化政治思维定式在东林人士中具有普遍性。这种认识方式一旦涉入实际政治生活,卷入利、权冲突,则非但不会弱化,反而步步增强。在这种模式化致思逻辑的制约下,东林人士关于政治人格的种种理智明见,只会愈益深入地陷于抨击攻讦的战火硝烟而模糊不清,致使他们置身于狭隘的派系冲突而欲罢不能。

天启(1621—1627年)初,遭贬谪居,赋闲多年的高攀龙、赵南星、邹元标、冯从吾等皆被起用,东林人士时来运转,全面掌权。据史载,此时"东林势威,众正盈朝"。高攀龙、杨涟、左光斗"秉宪",李腾芳、陈于廷"佐铨",魏大中、袁化中"长科道",郑三俊、李邦华、孙居相、饶伸、王之寀辈"悉置卿贰",可谓形式大好,"中外忻忻望治"(《明史·赵南星传》)。东林党人历经多年的明争暗斗、苦心经营,终于扬眉吐气。他们大可一展胸臆,实现为了君父百姓而念兹在兹的政治理想。然而,历史展示给我们的却是另一幅图景,东林人士没有把握住这个机会,反而在愈演愈烈的朋党斗争中一退再退,直到被逼入绝境。造成这一局面的原因非只一个,但无可怀疑,思维的僵化和不善于根据时势进行调整应变是其中的关键。

崇祯元年(1628年),倪元璐上疏为东林声辩,文中有这样一段评价:"东林,天下才薮也,而或树高明之帜,绳人过刻,执论太深,谓之非中行则可,谓之非狂狷不可。"(《明史·倪元璐传》)

六十年后,清康熙二十六年(1687年),熊赐履做《重修东林书院记》,"抚今追昔,反而内求",认为"吾党亦当有分任其咎者矣"。他评论道:"盖小人之忌害君子也,非必有深怨积恨,誓不可并生于天地间者也。惟是平居立身制行,殊途背驰,不啻若薰莸冰炭之不相入。而所为君子其人者,则又待之甚严,绝之太过,致若辈无地以自容。又不幸吾党之声誉日隆,交游日众,一时标榜附和之子,或未免名实乖违,首尾衡决,遂不足以服若辈之心,而适予以可攻可议之衅。此同文党锢之狱,小人每悍然为之,而略无所顾也。"(《东林书院志·重修东林书院记》)

二百四十七年后,1934 年,学者谢国桢著《明清之际党社运动考》出版。书中所持观点与熊、倪大致相同:"我们最可惜的是东林的壁垒森严,党见太深,凡是不合东林之旨的人,都斥为异党。"谢氏很赞赏邹元标的和衷共济精神。天启初年,东林得势,邹元标召为大理寺卿,赵南星为吏部尚书,韩爌、叶向高入阁,"东林的确极一时之盛"。可是,"东林党初得了势力,大有不可一世之概,他们很怀疑元标晚节务为和易,对他有一点不满意"。谢氏援引《明史·邹元标传》:"时朋党方盛,元标心恶之,思矫其弊,故其所荐引不专一途.尝欲举用李三才,因言路不与,元标即中止。王德完讥其首鼠,元标亦不较。"谢氏认为,当时的大臣们"若全有邹元标的态度,天启间的政局,不至于弄得这样的糟,也决不会有魏阉当政的这样的惨变出来"。为了说明东林壁垒,谢氏又举出黄克缵、毕自严、崔景荣等人为例,认为他们"本不是坏人",因为在诸如三案等问题的争论中,所持论调与东林不合,"东林党人就反对他"[①]。

今核之《明史》,谢氏所见极是。其中犹以崔景荣为典型。[②]万历四十二年(1614 年),崔景荣任兵部尚书,因在关于辽东战局的争论中,对于"经、抚去留"即熊廷弼、王化贞矛盾的看法与东林一派不合,"数为言官所论"。东林党

---

①　谢国桢:《明清之际党社运动考》,中华书局,1982 年,第 48 页。

②　崔景荣,万历十一年进士,曾长期任地方官,巡按甘肃、湖广、河南、四川等地,多有政绩。

人御史方震孺"请罢景荣",以本派人士孙承宗代之,崔景荣"遂引疾归"。可见,政见不和确实会受到东林君子排斥的。其后,随着党争激化,魏忠贤招兵买马,起用崔景荣,委以吏部尚书,"欲倚为助",崔景荣却坚辞不附,"浸忤忠贤指",最终"削夺为民"(《明史·崔景荣传》)。

崔景荣不为东林接纳,却也不依附阉党,保持了价值中立的政治态度。不过,类似这样的"中立派"在晚明党争中委实不多,绝大多数被东林党拒之门外者,都转身投向了对方的阵营。正像左光斗说的那样:"权阉乱政,四年于兹,士大夫不得志于清议者,委身以从之。初走险以求胜,后及毕智以效忠。"(《左忠毅公集·与张公貌菇》)左公之见,颇为清醒。《明史·崔景荣传赞》云:"方东林势盛,罗天下清流,士有落然自异者,诟谇随之矣……核人品者,乃专以与东林厚薄为轻重,岂笃论哉!"谢国桢对于这段评论极其赞赏,认为"说的非常的痛快"[1]。

以上评述前后延展数百年,指责所集,不外乎"壁垒""党见"。据此,我们有理由认定,这正是东林人士僵化的思维定式所导致的行为上的困境。

就一般意义而论,政治系统的功能之一是调节政治关系,协调政治利益分配,以维护正常的政治秩序。中国传统的儒家文化之所以适应了君主政治之所需,就是在政治思维上既能强化政治权威,同时又极其关注政治调节。概括而言,儒家文化以坚持礼的等级原则肯定了政治关系的强制性;同时又宣扬仁爱,强调中庸和权变,在坚持统治原则的前提下,最大限度地满足了政治调节的需要。这是儒家文化高层次智慧的体现。所以孔子扬言:"可与共学,未可与适道;可与适道,未可与立;可与立,未可与权。"(《论语·子罕》)晚明东林人士恰恰在认识政治关系、审视政治人格方面受到了善恶两分的绝对化思维定式的制约,在实际政治的冲突和较量中,将政治关系简单化,而缺乏必要的调节、协调、转化和包容。他们抽去了儒学"穷则变,变则通,通则

---

[1]　谢国桢:《明清之际党社运动考》,中华书局,1982年,第49页。

久"的思辨灵魂,易之以"非此即彼"的道德教条主义,然后再用这种教条主义去取代了灵活而富于弹性的政治现实主义。实际上,从某种角度来看,他们已经走向了政治上的极端主义,"把斗争说成是绝对的善与绝对恶之间的斗争,并以此来为使用任何策略辩护"①。结果当然是应变失当,树敌过众,使本来就很激烈的派系相争更为尖锐,而愈发不可开交。

虽然,我们可以开脱说,上述批评实际超出了东林人士作为历史存在的致思范围,东林人士不可能去超越时代,按照今人的认识重写历史。但是,这并不妨碍我们认定下列事实,即从某种意义上说,东林人士跌落的政治陷阱是他们自己参与开掘的。

缪昌期认为:"世路之惨恶,多起于人情之急官。人情之急官,起于升迁之太骤。骤之之说有两,一以安排小人,一以酬报君子。初亦未尝有差,而歧路多,觊觎亦多,种种之机阱出矣。"(《从野堂存稿·答梅长公》)在权力私有的时代,政治权力的分配和运作缺乏有效的公正程序和政治监督,故而利、权相争和派系倾轧因无序而频仍、酷烈,实属司空见惯,不足为奇。缪昌期之为人,史称"好尽言亦过憨"(《东林列传·缪昌期传》)。由他口中说出"人情之急官"或"安排小人"或"酬报君子",显然,至少东林一派中的有识之士清醒地意识到,他们自己也是不无主动地实际参与了结党相争的。东林党人是君主政治及其政治文化的造物,他们用自己的行为给这种制度及其文化投了赞成票。那么,当相争相轧的厄运降临到了他们头上时,他们又有什么理由抱怨呢?

---

① [美]西摩·马丁·李普塞特:《一致与冲突》,张华青等译,上海人民出版社,1995年,第28页。

第四章　党议中的士人

当我们整理了东林学旨，清理了他们的人生志向与人格理想，我们只算是看到了东林人士的一个侧面。东林人士同我们一样，除了理念，还有情感，除了认识，还有性格。完整的人格必定是七情备具的，这或许是由于人类的理性秉赋原本就十分有限，剔除了情感、性格和心态描画人性，只会令人匪夷所思。因之，我们应当把分析的触角伸向东林人士思想的背后和内心深处，用史家的笔触去阐述东林人士的心路历程和情感纠结，把他们曾生活过、奋争过、得意过、失败过的实际人生展示出来；以史家的视野和胸怀去容纳和体味他们理念之外的思虑、情感和欲求，感受他们曾经有过的爱、恨、恐惧、执着或迷惘，从而抽掉历史的时空阻隔，展露他们的本来面目。当然，我们也要用同样的方法去感受罪恶，给丑陋人性画像。

然而，所谓史家的笔触、视野和胸怀又是怎样的呢？

第一节　生命与性格的史家笔触

仅就古代文化而言，宇宙间再也没有一个民族能够在历史领域与中华民族相媲美了。中国自古以来历史文献之完整和丰富，堪称世界之最，惟有中国人能够从自家文化传统中豪迈地搬出一整部二十四史奉献给当今世界。正是这些系列的正史、数不清的外史、杂史、野史、"六经皆史"，拱架着中华文明的今天与过去。可是，遗憾的是，我们能够据以夸耀的只是盛载于文献的历史遗迹，至于有关历史的理念、思考和认识，则显得有些贫瘠和乏味。总括其说，最可称道的大概只有太史公司马迁的名言："原始察终，见盛观衰"，"究天人之际，通古今之变"。

作为一种历史认识，显然，司马迁注意到了人类社会与外部世界的某些联系，也意识到了人类社会发展过程中的因循与变革。如果我们进一步推敲，则太史公的"究天人之际"无外乎顺应天道："夫春生夏长，秋收冬藏，此天道之大经也，弗顺则无以为天下纲纪，故曰'四时之大顺，不可失也。'"
(《史记·太史公自序》)司马迁以"良史"著称，为后世折服，他的历史认识
或许含有寻求历史规律的意向，然而究其实，他仍然没有超出经验型的传
统史观。

一、经验型传统史观

至迟到了春秋战国时代，关于历史的认识就已经流行开来。诸子的观点
形形色色，其中代表性的认识可以列出四种。

其一，儒家认为历史是一个表里相依的双层结构，历史的表象是治乱交
替，历史的本质则一以贯之。

孔子早就清楚地意识到天地运行时光流逝的不可逆转，认识到时代的
遭递无可阻遏，历史的运行表现为王朝更迭，治乱交替。他用"有道"和"无
道"来概括这种历史的震荡："天下有道，则礼乐征伐自天子出；天下无道，则
礼乐征伐自诸侯出。"(《论语·季氏》)稍后，孟子和荀子也对历史治乱有所体
会，觉察到其中的某种规律性："天下之生久矣，一治一乱"(《孟子·滕文公
下》)；"千岁必反，古之常也"(《荀子·赋》)。历史的运行是治乱相交的有规律
的循环往复。但这只是社会的表面现象，在这种治与乱的背后，历史发展的
内在主线是礼乐文明，又称为道，具有恒定性和一贯性。孔子曾言："殷因于
夏礼，所损益，可知也；周因于殷礼，所损益，可知也；其或继周者，虽百世，可
知也。"(《论语·为政》)这就是著名的文化"损益"说。孔子实际上表达了这样
一个见解：损益的是文化的表层，文化的深层是礼乐文明的连绵不绝，这正
是历史沿革的本来面目。孔子后学承袭了这一认识，所以荀子曰："百王之无
变，足以为道贯。一废一起，应之以贯，理贯不乱。"(《荀子·天论》)三代之礼
因循相袭展示出来的正是历史发展的一贯性，所谓"以道观尽，古今一也。类
不悖，虽久同理"(《荀子·非相》)。故而，在儒家看来，一方面是历史发展一治
一乱的曲折走向；另一方面是"贯之大体未尝亡也"(《荀子·天伦》)的历史本

质即礼乐文明。只要洞解了历史的本质，就可以察知今世，预测未来，"虽百世可知也"。儒家承认历史发展的曲折和震荡，但这并不是改天换地、开辟新纪元，而是一种暂时的偏颇。通过形式上的调整和校正，譬如"改正朔、易服色"，历史的运行终究要回到礼乐文明的"道贯"上来。这样的历史观不妨称之为历史一贯论或历史还原论。

其二，道家认为历史的演进是一个自然过程，这种自然过程与人为的社会文明相抵牾，形成了"自然"与"人为"的双重史观。

在先秦诸子中，道家一派的思维视野最开阔，他们的历史认识从一开始就越出人类社会的局限，纳入了关于宇宙的总体概括之中。老子试想用"道"来捕捉天地之本原。在他看来，天地万物从无到有，逻辑上总有一个开端，却又难以名状，只好推测："天下有始，以为天下母"（《老子·五二章》）；但是"吾未知其名，字之曰道。吾强为之名曰大"（《老子·二五章》）；天地本原的真面目实际上已经超出了人们的经验，人们能够感知的只是"道"的运作形式，即"反也者，道之动也"（《老子·四一章》）、"周行而不殆"（《老子·二五章》）等自然法则的往复循环。天地万物包括人类在内无不处于自然法则的支配之下，于是日月流转、昼夜交替、生命兴灭，以及人的存在和繁衍无不表现为一种自然状态的演进过程。正如老子言："天下万物生于有，有生于无。道生一，一生二，二生三，三生万物。"（《老子·四〇章》）因之在老子的意识中，人类历史的生成发展是道的衍化，是不依人的主观愿望而自然形成的生命世界。

其后，庄子承续了这种认识，也用自然法则囊括人类社会。人的身体"是天地之委形也"；人的生命存在"是天地之委和也"（《庄子·知北游》）。既然人是自然的某种存在形式，那么人类的历史无非是一个自然法则作用下的自然进程。然而，老、庄又不幸而生活在现实的人类社会之中，他们发觉，悠悠人世与自然法则大逆其理。人们的"不知足"和种种贪欲是一种人为的历史过程，谓之"有为"，它破坏了自然存在的完美与和谐。在现实社会中，道德带来了人性伪诈、德性堕落，法制带来了残暴和欺凌，智慧导致了人性虚伪，制度法令导致了天下大乱。这一切都是人的"有为"的历史,不仅搅乱了人的自然本性,而且与人类本应展现的自然过程相冲突。

道家把历史认识分为"道"的自然演进和"人为"社会两个层次,其间充满着理想与现实的矛盾。他们肯定前者,否定后者,认为合理的选择只有一种,即摆脱"有为"的困扰,归复自然的存在状态,延续那源远流长、周而复始的自然历史进程。这样的历史认识似乎可以叫做双重史观或自然史观。

其三,法家的历史认识表现为对于当代社会的全神贯注,他们站在当世回溯往昔,把人类社会的历史看作一个由低向高、由乱到治的运行过程。

在诸子各家中,法家一派绝少玄想,他们始终关注着人类社会自身的发展变化,认为人类的历史经历了一个不断进化的社会历程。《商君书·开塞》提出"三世说"。上世从"天地设而民生之"起始,人类社会处在初级阶段,这时的民众"知其母而不知其父",没有道德规范,时代的特征是"亲亲而爱私"。随后,社会发展进入中世,这时社会上出现了"贤者",形成了普遍的社会道德,时代特征是"上贤而说仁"。再后,社会进入下世,这时出现了官府、刑法、君主,社会形成了国家,时代的特征是"贵贵而尊官"。类似这样的三世说又见于《商君书·画策》《韩非子·五蠹》等,具体表述各有特点,但他们都强调了人类社会的发展是循序渐进的,都要经过从低层次到高层次文明的阶段性演进。韩非子还特别指出了历史的演进不容逆转,不可重复。他说:"上古竞于道德,中世逐于智谋,当今争于气力。"今世与往古时代不同,治道必将有别。"今有尧、舜、汤、武、禹之道于当今之世者,必为新圣笑矣。"(《韩非子·五蠹》)

法家一派认识到了人类社会的发展具有层次性、阶段性和不断进化的特点,虽然其中并不包含彻底的社会变革认识,但我们仍然可以把这种历史认识称作分期进化史观。

其四,阴阳五行学派的理论多少有些离奇,可其中也不乏卓见。在历史认识上,他们以某些自然规律为依据,生硬地与社会发展相比附,认为历史的运行是五德终始,循环不已。

阴阳和五行即木火土金水本来是人们用以认识自然世界和自然现象的概念,后来被用作概括和分析世上一切事物之间的关系。阴阳五行形成了一个认识框架,五行之间顺向则相生:木生火,火生土,土生金,金生水,水生木;逆向则相克:木克土,土克水,水克火,火克金,金克木。其间的顺序诚如汉儒董仲舒的概括:"比相生而间相胜也。"(《春秋繁露·五行相生》)不只如此,五行中的每一行还与季节、方位、颜色等相对应,同时每一行还具有各自的道德属性。阴阳五行学派试想用这种认识框架概括时空,对人间事物的关系和运行作出规律性的规定、解释和预测。当然也可以用来概括历史。

例如,阴阳五行派的代表人物邹衍就认为,历史是一个遵循着五行构架而变化运行的过程,自上古以来,每个朝代都在五行的支配下交互更迭,所谓"五德从所不胜,虞土,夏木,殷金,周火"(《昭明文选·齐故安陆王碑》注引)。五行之德依照相克的顺序有规律地支配着王朝兴替,体现了历史运行的动力和规律。这种历史运行的循环往复常常通过自然现象预示于天下。所谓"五德转移,治各有宜,而符应若兹"(《史记·孟子荀卿列传》)。据《吕氏春秋·应同》载,夏禹之时,"天先见草木秋冬不杀",成为木德克"虞土"的先兆。商汤崛起,"天先见金刃生于水"是为金德克夏木的先兆。至周文王,"天先见火,赤鸟衔丹书集于周社",于是周火克殷金,天下归周。

阴阳五行派用五行比附历史,将天道与人类社会混为一体,他们的历史认识充满了神秘主义臆说,形成了一种程式化的历史循环论。

以上四种史观都能够自圆其说,理论内容差别很大,并无相同之处。可是,如果从思维的类型上着眼,诸子史观在认识形式上却十分接近,基本同属于"经验型"的历史认识。这种史观的总体特征是注重历史经验的积累,带有强烈的功利性。

一般来说,历史认识大体可以分为两类:事实性认识和价值性认识。前者旨在辨别历史事实,后者回答关于历史事实的价值判断和意义。先秦诸子并不是历史学家,而是思想家,他们的历史认识显然侧重于后者。于是我们发现,诸子形成历史认识的前提是某种既定的道德价值、政治理念,或是某种认识框架,然后作为认识的主体,他们总是试图运用这个前提去穷尽和囊括历史,为此他们总要对历史遗迹和文献有所剪裁和取舍。诸如儒家的礼乐文明,道家的自然进程,法家的三世分期,阴阳五行家的五德终始,等等,正是这些思维前提决定了他们对历史事实的把握,以及认识历史价值的角度与深刻程度。

具体言之,诸子也注意到了历史事实。对于历史的治乱规律或进化趋势也都有所猜测。有的还意识到了人类的物质活动与社会发展的关系。例如,孔子、孟子都称许过禹治水的伟业,《易传》中也讲到耒耜的发明、宫室的创造,由此印证人类社会的文明与进步。《商君书·画策》划分三世的标准是"渔猎"和"农耕"。法家还指出了历史发展的动力源于人类社会本身。然而,这些认识并不能真正形成诸子史观的兴奋点,他们真正关心的是:通过认识历史,能给当今的政治选择提供什么样的政治经验。也就是说,他们殚思竭虑,考察历史为的是向历史索取经验,感知并获得经验内蕴的功利性,他们的兴奋点在"资治"。

固然,历史认识离不开价值判断与选择,以至有人断言"没有价值,就没有任何历史科学"①。可是,以诸子为代表的传统史观将认知价值局限在特定的层面上,而这一特定的价值标准又取决于既定的政治目的。例如儒家的单一认知价值标准只选择了礼乐文明,即以政治上层建筑作为历史的主干,这不只是将丰富而复杂的历史过程简单化了,而且在认识上将历史与政治紧紧连在一起,认识历史不过是换一个角度对政治进行再论证罢了。譬如他们讲论人的物质创造是为了突出圣人在引导社会发展上的绝对权威,而儒家的圣人本质则是礼乐文明即历史一贯性的体现。再如道家穷追道的本体,其

---

① 《现代西方著名哲学家述评》,三联书店,1980 年,第 24 页。

思考的落脚是为了"以道莅天下"。老子从中归纳出"人法地,地法天,天法道,道法自然"(《老子·二五章》)的公式,为道家学派的基本政治模式"无为政治"提供了认识依据。又如法家的分期进化史观较之其他各家更接近历史的本来面目,同时他们的政治功利性又最为鲜明。他们并不想一味追溯往古,也不要预测未来,而是以史论政,注重历史认识的现实政治价值,分期三世就是以历史演进的变革为现实政治的变法和法治建立依据。最后,阴阳家的循环史观虽然大而不经,多是推论。邹子号称"谈天",善于"先验小物",然后"推而大之,至于无垠"(《史记·孟子荀卿列传》),但却最符合称王改制者的需要。五德终始循环论论证了王朝更迭的必然性,从而为建制新王论证王权的合法性提供了依据。

上述种种最终归结为一条:对于现实政治功利性的渴求,阻碍并限制了思想家对于人类历史无限丰富性的逻辑追循,以至于总结"历史的经验"成为全部历史理性的归结点。

"古者帝王右史记言,左史记事,言为《尚书》,事为《春秋》"(《史记正义·论史例》),在历史的事实性认识上,华夏自古就形成了"秉笔直书"的史家传统。公元前 548 年,"夏五月乙亥(一七日)",齐国崔杼以臣弑君,杀了齐庄公。齐国史官(大史)直书其事,"崔子杀之。其弟嗣书,而死者二人。其弟又书"。崔杼无奈,只好止杀,听其将自己的恶行记录在案。这时,"南史氏闻大史尽死,执简以往。闻既书矣,乃还"(《左传·襄公二五年》)。这是最为典型的事例之一。直笔的传统强调事实性认识的真实性和准确性。与其说这是一种理性精神,毋宁说是史家的崇高职业道德,或是某种理应固守的文化传统。直笔的史家传统至今仍是值得赞许和效法的。

然而,历史认识一转到价值性认识上来,就会受到经验型史观传统的影响,现实政治的功利性和既定的认识前提制约着史家及思想家们的历史认识。秦汉以后,随着儒学政治地位的提升,经验型史观变成了某种思想范式,"三代之治"和"先王之道"既是人们判断历史价值的认知标准,也是现实社会的楷模,成为一种天经地义的历史模式,现实社会理应是这一模式的临摹或复制,正像宋儒石介说的那样,圣人之制,"非特救一时之乱,必将垂万代之法","信可以万世常行而不易也"。①

在经验型史观的制约下,"资治"成了历史认识的唯一出发点和最终目的。例如李翰序唐杜佑《通典》曰:

> 夫五经群史之书,大不过本天地,设君臣,明十伦五教之义,陈政刑赏罚之柄,述礼乐制度之统,究治乱兴亡之由,立邦之道尽于此矣……今《通典》之作,昭昭乎其警学者之群迷欤!以为君子致用在乎经邦,经邦在乎立事,立事在乎师古,师古在乎随时。必参古今之宜,穷终始之要,始可以度其古,终可以行于今。(《通典》前引)

再如清乾隆帝序元马端临《文献通考》:

> 夫帝王之治天下也,有不敝之道,无不敝之法,纲常伦理,万世相因者也;忠敬质文,随时损益者也……是编也,诚考据之资,可以羽翼经史,裨益治道,岂浅鲜也哉。(《文献通考》前引)

显而易见,治史的方式是古为今用,"参古今"而"穷终始",目的则是立事经邦,裨益治道。由此我们可以断言,"良史"司马迁的"原始察终,见盛观衰"与"明君"唐太宗李世民的"以古为鉴,可以知兴替",在认知价值上没有什么不同,他们的视野都没有超越历史认识的现实政治功利性。

那么,在经验型传统史观的观照范围内,有没有史家个人的认识主体性呢?平心而论,只要能够成为历史认识,不论是事实辨析还是价值判断,都必

---

① 石介:《徂徕石先生文集》,中华书局,1984年,第69、70页。

然含有认识主体的认识主观性。其间的区别实际上只在于这种认识的主观性是基于史家个人的独立精神，并体现着史家个体的学术个性；还是基于某种带有集团共识特征的认识前提，史家的认识无非是这种既定价值前提的个体投射。

中国古代史家众多，其中也不乏个性鲜明者。司马迁曾经说道：

> 夫《诗》《书》隐约者，欲遂其志之思也。昔西伯拘羑里，演《周易》；孔子厄陈蔡，作《春秋》；屈原放逐，著《离骚》；左丘失明，厥有《国语》；孙子膑脚，而论《兵法》；不韦迁蜀，世传《吕览》；韩非囚秦，《说难》《孤愤》；《诗》三百篇，大抵贤圣发愤之所为作也。此人皆意有所郁结，不得通其道也，故述往事，思来者。（《史记·太史公自序》）

可以看得出来，司马迁历数前世发愤诸君，是想在历史中寻找知音或同道。其实与这些人相比较，司马迁的个性是最突出的，他做到了"成一家之言"。

司马迁原本子承父业，仕途一帆风顺，孰料直言贾祸，蒙受奇耻大辱。由于人生际遇的大悲愤而引发了思想的某种超越性，在历史认识上表现得与众不同，带有史家个人的独特性。可是，如果我们进一步揣摩，促成司马迁史家个性的并不是其理性认识的深思熟虑，也不是在政治或道德价值认识上的离经叛道；而是主要缘于遭受打击、经历坎坷、蒙受耻辱而引发的对汉家天子和汉家天下的信仰破灭、感情疏离和信念动摇。严格地说，这样的个性在其独立精神的深度和强度上必然会有所削弱。然而，即便是这样，太史公的史家个性在历史上仍然是绝无仅有的，而且很快便受到了同行的斥责。班固就批评道："又其是非颇谬于圣人，论大道则先黄老而后六经，序游侠则退处士而进奸雄，述货殖则崇势力而羞贫贱：此其所弊也。"（《史记集解·序》）

在后世士人眼中，班固堪与司马迁相匹，并称"班马"，其实二人的史家个性大不一样。班固对司马氏也颇多赞扬，可对于他通郁发愤的独到见解却很不以为然。如果考虑到班固生活的时代，经验型传统史观已经成型，班氏之论也就不足为奇了。宜乎后世史家少个性，而历史认识则囿于"资治"一途而逡巡不前。

二、人文史观与生命的对话

中国传统史观的经验型特点，使之在历史理论和认识方法上显得十分匮乏，以至于根本谈不上历史研究，史家们代代相沿，毕生用功的只是历史编纂学，或者说是编纂历史学。而且，由于"资治"的现实功利性的唯一化倾向，直接导致了历史认识的意识形态化，政治史几乎囊括了传统史学的全部内容，史家关心的不过是王朝更迭，政治成败，历代兴衰；政治人物构成了历史舞台上的主角，他们的形象在相当程度上被模式化，脸谱化，关于他们的资料选择和褒贬评说则被既定的认识框架所整塑，受到主流价值系统的挤压。其他历史人物，包括一些小人物，之所以青史留名，则不过是为了诠释主流地位的政治意识形态及其价值标准，他们是历史上的"陪衬人"。显然，这不是我们研究东林人士应当选用的方法论。

如果仅从历史认识的方法论着眼，至少有两个问题需要辨析。

其一，历史认识中的主观性的充分延展。

英国历史学家阿诺德·汤因比（Arnold Toynbee）尽管曾经受到法国年鉴学派的嘲讽和批评，[1]但是他的一些论点确实是耐人寻味的。汤因比认为，"从某种意义上，历史的事实是人为的——它是人们从原始材料中选择出来的结果。即使是一块砖头，也是人们从这个世界的泥土中选择出来的东西"[2]。意大利哲学家、历史学家本尼戴托·克罗齐（Benedetto Croce）提出著名论断："每一部真正的历史都是当代的历史"，意在指明历史的本质，并一再申明，

---

① 雅克·勒高夫的《新史学》认为，汤因比制造虚幻的史学，"像演情节剧那样逐一展现各种文明"，这不是科学的历史。

② 《汤因比论汤因比》，第 13 页。

"当代性"并不是"某一类历史"的特征,"而是全部历史的本质特征"。①汤因比对克氏的论断深表理解,认为"他的意思是说,每个人都处在时间的某一点上,而且他只能从其非常短暂的生命的这个移动点上观察宇宙万物……一个人不可能摆脱他在时间和空间中所处的位置,而用一个假设的上帝的眼睛在宇宙和时间之外看待事物"②。

汤因比在这里表达的认识可以理解为:凡是得以成为历史的,便离不开人的主体作用,凡是成为历史遗迹和历史文献的,都可以看作是主、客体相互作用的结果。因此历史认识的主观性实际体现在两个层面上。一是在历史遗迹和文献中遗存着当时的研究者对历史事实的记述;二是前代及当今的研究者对于记述着历史事实的遗迹与文献的认识和表述。在这些记述和表述中都包含着行为主体即研究者当下的认识主观性,表现为研究者的判断、选择、逻辑分析和想象。从这个意义上说,任何强调历史认识的绝对客观都是没有实际意义的。

那么,必然含有主观性的历史认识具有科学性吗? 换言之,我们怎样来评估历史研究的"近真"性? 这要从两个方面来看。

一方面,历史研究不可能具有像自然科学一样的科学性。历史认识面对着的是已经过去了的,不能再现的内容,它的"近真"是无法用实验的方法来证明的,当然也无法证伪。如果有了足够的凭据,对于历史事实是可以认定的,否则只有存疑。我们也应该充分意识到计量化和数字化的历史认识具有相当的精确性,这些研究方法的行为主义特点使之比传统历史哲学的概念演变和推理更加令人信服。足够的凭据、计量史学和统计分析有助于认定史实和展示历史现象,故而相应提高了历史事实或场景模拟"再现"的可信程度,但是却无法说明史实背后的意志与现象背后的精神,也难以对行为的意义给出确解。然而人类的历史本身是不可能没有意志、精神和意义的。这时

---

① 《现代西方历史哲学译文集》,上海译文出版社,1984 年,第 293、294 页。

② 《汤因比论汤因比》,第 18 页。

候,分析、理解与想象反而显得更重要。所以英国历史学家罗宾·科林伍德(Robin Collingwood)说:"从某种意义上说,历史学家不应是富有想象力的;从另一种意义上说,想象是他最必需的东西……历史学家的想象与小说家的想象完全是同一个东西;但是历史学家的想象是一种经过训练的想象,其目的是为了寻求历史真相,而艺术家则是为想象而想象。"①所以汤因比认为历史学"它不是、也不可能是物理学或化学那种意义上的科学"②。

　　另一方面,历史认识是具有科学性的,主要体现在研究者的思维理性和逻辑性上。如果说,追寻真理是人的思维活动的根本目标之一,那么理性和逻辑就是通往真理的唯一捷径。认识历史即追寻历史的"近真"内涵,就要取决于研究者的理性和逻辑思维。事实上,历史学家具有的理性程度和逻辑水准决定着历史认识的"近真"程度。从这个意义上说,历史认识的科学性有待于认识中的主观因素的充分延展。这里说的"充分延展"不是想象力的无限扩张和对于历史事实的凭空臆断,而是要使人们所能具有理性和逻辑思维能力得到充分有效的运用,发挥出本就含有的最大的潜能。

　　历史作为历史学家的认识对象,其内涵的广阔浩瀚是难以穷尽的。作为过去了的人类活动的遗迹和记述,所谓"历史的本来面目"常常让人感到模糊不清。历史学家作为认识主体,他的认识能力即主观性因素实际受到了多种条件的限制,这不只包括"每个历史学家的世界都受到其知识范围的限制",而且历史学家们都是"根据他自己的角度来观察历史的"的,所以"一个历史学家只能看到事实真相的一个方面"。③这固然再次验证了"历史研究是无止境的",但同时也告诉了我们这样一个道理:只有让每一位历史学家的思维理性得到充分发挥,使得历史认识的选择、判断、辨析和想象得到充分的延展,历史研究的"近真"追寻才是有可能的。

---

① 《现代西方历史哲学译文集》,上海译文出版社,1984年,第162页。

② 《汤因比论汤因比》,第38页。

③ 《现代西方历史哲学译文集》,上海译文出版社,1984年,第167页。

假如上述理论不谬,那么,我们就没有理由去拒绝历史认识的多层面、多角度和研究重心的多元化,也没有理由去否定历史研究方法论的多样化。我们会如释重负地摆脱单一的教条主义的史学研究认识框架,从而眼界大开,思如泉涌。事实上,方法论的更新常常意味着认识本身的创新和深化,这正是我们研究晚明东林人士借以立足的理念凭据。

其二,历史研究的"非唯一功利性"。

近代以来,绝大多数历史学家都不约而同地注意到了历史研究的现实意义,为历史而历史的研究受到冷落,克罗齐说的"只有现在生活中的兴趣才能使人去研究过去的事实"①代表了这种趋势。那么,历史认识的现实意义是不是一种功利性呢? 我们且看两段表述。

其一,曾任美国历史协会主席的康尼尔·李德(Conyers Reed)说:"对于一个历史学家说来,第一个必要条件就是要具备一种正确的社会哲学。事实上,他在历史中发现的东西往往就是他想从历史中寻找的东西。在选择、安排和强调他的事实材料时,他是按照自己心中的某种图式(某种他认为对社会有利的概念)进行工作的;他经常用这个目标来研究社会的进化。对他来说,朝向自己的这个目标发展的就是进步,背离这个目标的就是腐朽。这样,用寓意的话说, 他为过去描画的曲线当然也就会延伸到未来……正是在这里,他拥有为社会服务的良好机会;正是在这里,他掌握着不是造福社会就是危害社会的有力工具。"②

其二,中国当代历史学家刘泽华认为:"历史学的内容极其丰富,也有不同的领域和层次,史学家可以任意选择。但历史学的重要功能之一,应该是通古今之变,关切民族与人类的命运……人都是现实的人,是生活在今天的人。如果史学所讲的规律与人们生活的现实无关或者间接而又间接,那么,这些'规律'是不会引起人们的兴趣与注意的……如果不能把规律性的认识

① 《历史学的理论与实际》,商务印书馆,1982 年,第 2 页。

② 《美国历史协会主席演说集》,商务印书馆,1964 年,第 17 页。

贯通到现实社会,而仅限于过去,虽然我们不能忽视它的科学意义,但在很大程度上只能是些文化性的知识开发和积累。如果史学要以研究社会规律为己任,那么就必须关注人间烟火。所谓规律,应该程度不同地伸向现实生活。"①

这两段表述的角度和理论背景并不相同,但他们都强调了历史研究的现实价值。李德提出历史研究与"为社会服务"的关系;刘泽华要求史学家"关注人间烟火",研究规律要"伸向现实社会生活"。如果说,关注现实和注重历史研究的现实价值也体现了一种功利性,那么,这种功利性当然是有理由的,应该是构成历史研究本身之价值的主要依据。

然而,关注现实或历史研究的现实价值与历史研究的"唯一功利性"是两回事。后者正是我们要反思中国传统史观而获得的认识。所谓"唯一功利性",指的是在历史认识过程中,现实的政治利益和政治价值准则成为唯一的认识标准,全部的史实辨析、价值判断和合理性分析都要以这个唯一标准为尺度。在这一过程中,政治理性取代了历史理性,政治规范制约着历史逻辑,政治利益左右着史实辨析。结果是,历史认识被纳入了现实的政治意识形态,历史研究成为统治集团维护其特殊权力和利益的思想工具。这种状况在古代中国已是不争的事实。作为一种研究方法,关注历史研究的唯一功利性在 20 世纪的中国学术界并没有绝迹,曾经风行一时又遭到批判的"影射史学"便是这种研究方法的当代表现,"儒法斗争"则是"影射史学"的登峰造极。

因之,"非唯一功利性"无疑成了我们全面展示历史研究之学术魅力的最合理方式。这就是说,历史认识的意义在当代现实社会。历史研究的学术视阈极为开阔,包括整个民族、整个社会,乃至全人类的利益和命运。历史学家当然不具备"上帝的眼睛",但这并不妨碍他们高瞻远瞩,不是为了某一特

① 刘泽华:《历史研究应关注现实》,《人民日报》,1998 年 6 月 6 日。

殊利益集团的利益,而是站在社会公众或是人类社会的立场上认识历史。

对于史学家们来说,功利性的宽泛化将使他们免除了来自政治方面的利诱和压力,从而相应地解除了媚权媚雅媚俗和弄虚作假等弊害的侵扰,使他们在精神上获得了必要的学术自如感。他们可以依照自己的知识结构、学术能力和兴趣偏好选择自己的领域或课题。他们的认识基点是理性思维和历史逻辑,在这样的思维过程中形成的政治认同和社会——民族归属感反而更为稳固。

当然,任何时候也都不能完全排除那些急功近利、一心想着出人头地的"迂腐小学者"①,史学家中也没有例外。不过,既然"关系到整个民族,乃至人类命运的大事,史学家绝不应该袖手旁观"②,那么,从这个意义来看,能够称得上是"史学家"的就更应当具有人文知识分子的基本品性。即具有彻底的社会批判精神——他们从不满足于人类社会的现状,而是时常对那些设定为不言自明的所谓公理或规律、原则提出疑问,并竭力寻求答案;同时,又怀有对于人类尊严、命运和存在意义的终极关爱,这种关爱没有来由,没有终结。换言之,真正的史学家必然是构成人类近代文明主体的人文精神的继承者,并且将这种继承的连续性融贯到他的历史认识之中,对于这样的历史认识的理性体现,则可以称之为"人文历史主义"。

史学家们在认识上摆脱了"唯一功利性"的纠缠,在精神上以人文精神融贯一体,这时,史学家的主体性必然能得到最充分的发挥,表现为历史认识上鲜明学术个性与独立精神。这才是我们研究东林党人政治精神所能找到的最佳历史感。

正是基于上述的思考,研究东林人士的政治精神不仅需要考察学旨,分析人格,还要深入探究他们的内心,辨析他们的心理与性格,以期能够对他们的选择和精神做出"近真"的解释。其中,有关性格的分析似乎更有意义。

---

① 《美国历史协会主席演说集》,第18页。

② 刘泽华:《历史研究应关注现实》,《人民日报》,1998年6月6日。

依照现代心理学的一般界定,性格指的是人的个性心理特征,是个人通过其惯常的行为方式和相对稳定的态度表现出来的。性格是人的个性差异的明显表征,它标志着人我之间的区别,展现着人的个性,并且直接影响着人们的选择倾向与进退得失。由此说来,当我们意识到今天所谓的"历史人物"无不曾经是一个真实的完整的生命,那么毫无疑问,他们也都具有自己的心理与性格,并且由此而形成了个性的差异与纷争,甚至影响到他们的命运。可是,在千百年来历史认识的唯一功利性的制约下,他们的性格隐去了,藏匿在了厚重的历史帷幕的暗影里, 后人看到的只是经过政治剪刀精心修整后的"历史形象"。他们无非是形形色色的明君贤臣、昏君奸佞,各式各样的忠臣孝子,君子小人。本来,他们曾经有过的生命历程是那样的充实丰满,有声有色;然而,生命之火一旦熄灭,留下来的只是灰暗的影像,板结而且变形, 后人只好凭借着史学家们按照某种标准贴上的标签来辨认。这太糟糕了! 难道人类的历史不是因为有了无数的生命才是真实的历史? 难道不是因为有了那些鲜明的个性与性格,才使得平庸的历史显出勃勃生机,异彩纷呈? 人类的历史是生命的历史,除非去激活那些熄灭了的生命,与他们对话交流同悲共喜,否则历史只会给你一副冰冷的面孔。它可以与你共度日月千年,但却无话可说。

真正的历史学家必须首先是一个本真的生命体, 对于自身生命的历史性和挥之不去的传统有着切实的理解与体验, 他除了具有史学家的理性和逻辑,还要有个性,有激情。当他面对历史的遗迹和文献,用逻辑明辨真伪,以理性剖析史实之时, 他还须以其当下的生命情怀去体味那些曾经有过的生命,去解读那些生命中孕育着的个性与性格。这是生命与生命的对话,是个性与个性的碰撞。这当然不是让那逝去了的复活,不是去模拟或复原那些曾经有过的生命体验和生活世界, 而是以当下的生命投射去寻求往古的生命回响,在跨越了时空的生命对映中,对当今时代的人类尊严和生命的意义给出最能近真的合理人文阐释,这就是我所认为的"史家笔触"。

第二节 书生意气干斗牛

许大龄为王天有著《晚明东林党议》作序，认为"'东林党议'在明末一直延续了半个世纪，大致可分为三个阶段"。第一个阶段是从明神宗万历中期到天启初年，"这是党争的形成阶段，主要的是东林党和非东林党之争"。第二个阶段为明熹宗天启后期，"这是东林党的全盛阶段，也是东林党与阉党进行激烈斗争阶段"。第三个阶段明思宗崇祯年间，"这是东林党人与阉党余孽继续斗争时期，也是东林党的没落时期"①。这一分期很有道理，凡书中所言"东林党议""东林人士"应当是贯穿遍布于这三个阶段的。又据史传记载，先后归入东林党人名录的有三百余人，定为逆案的阉党成员也在近三百上下。然而，为了突出东林党议中士人人格的典型性，这里只能述及为数不多的代表人物，时间断限则以天启朝为中心，基本不涉及第三个阶段。

一、君子人格的正面展现

中国古代士人的基本生存样态可以一言概括为"在道与王的夹缝中求生存"②。这就是说，儒学传统下的士人在思想上循道，以儒家文化崇尚的理想政治原则和道德价值准则作为自己的精神主宰，奉为绝对的思想权威。在实际社会政治生活中，他们尊王，认同王权是最高的政治权威和社会主宰。按照儒家文化的要求，士人参与政治、实现"外王"的政治抱负则是他们最主要的人生追求。就这样，理想原则与现实王权的统一和冲突，支配着他们莫测的命运。东林人士是古代士人的典范，他们循道循得彻底，遭逢大难仍然坚持忠孝道义，初衷不改；他们尊王尊得坚定，身陷囹圄依旧满腔耿耿忠心，

① 《晚明东林党议》，"序言"第5~7页。
② 参见刘泽华等：《道、王与孔子和儒生》，《天津社会科学》，1987年第6期。

一死报君。东林人士以他们的实际作为向世人展示了君子人格的真实形象。

一般而言,东林人士的中坚人物在人生道路的选择上,多能表现得进退不拘,"朝市得闲成大隐,风尘何处不临泉"(《东林诸贤言行录》),显得自如而潇洒。其实,在他们的内心深处,对"积极求道"颇为执着,他们是以循道作为人生首选的。一个有趣的现象是,据史传所载,东林人士的循道情怀常常根植于少年时期。例如:

顾宪成,少年时家贫,无力延师受学,只得"就读邻塾"。回家后必定"篝灯自课,多至达旦"。他从这时就有了圣贤志向,"书其壁曰:'读得孔书才是乐,纵居颜巷不为贫'"(《东林书院志·顾径阳先生行状》)。

薛敷教,字以身。祖父薛应旗,人称方山先生,是阳明王学的三传弟子。薛敷教自幼受祖父教诲,可谓家学深厚。十五岁补诸生,"当是时,以身(敷教字)慨然以天下自任。每从方山先生阅邸报,有不平,目眦欲裂,先生从旁睨之,心独喜……于是以身复以道自任"(《东林书院志·薛以身先生墓志铭》)。

张弦所,名大受,后改梦时,字伯可,无锡人。少年时,随父读书于贵州署,"侍塾师坐一书楼,手题云:'上此楼去,一动一言务尊圣训,下此楼去,一事一念务慊亲心'。此其立志已不同矣"(《东林书院志·张弦所先生传》)。

鹿善继,字伯顺,定兴人。"世有名于畿辅。"善继年少"嗜学,得王守仁《传习录》,慨然有必为圣贤之志。既而与攀龙,光斗等交,遂得程朱之传"(《东林列传·鹿继善传》)。

蔡懋德,字维立,苏州昆山人。"七岁读《大学》,便立志学为圣贤。"长而能文,却不愿以文名于世,一心循圣道,"日读先儒语录,得王文成(阳明)书,叹曰:'圣学渊源在是,吾今知所宗矣'"(《东林列传·蔡德懋传》)。

类似的事例还可以举出许多,不过仅就这些征引来看,东林人士的循道情怀是在一定的文化氛围中,经过儒学的教化形成的。尤其是,早期教育或环境影响对于他们个人价值观念的形成极为重要。观念一旦形成,往往秉持终生,难以改换或消弭。

也有人际遇不巧,没有早期受学的机会。如高攀龙,"年二十五,闻顾宪成讲学,始志于学"(《东林列传·高攀龙传》)。不过由于这类人士的循道情怀同样基于明确的价值选择,因而在坚定性上并无两样。

从东林人士设身处地的明代政局来看,显然带有无可掩饰的末世倾向,当政昏庸,吏治败坏,从上到下,腐败透顶。东林人士对此十分清醒,李应升指出,"今民生日瘁,吏治日偷,风俗凋夷,纪纲凌替"(《落落斋遗集·略陈地方要务以祈圣鉴疏》)。他列举民生十害,主要有徭役繁重、长吏贪残、酷罚重耗、株连诬陷、抛荒虚粮,陪丁、俗吏妨农、私债侵夺等等,以至"民生之憔悴极矣"(《落落斋遗集·乞实行宽恤以固邦本疏》)。再如魏大中:"臣窃惟百姓穷苦,皆由外吏贪残。"他指责官家腐败:"少望风解绶之巡按,多计日待迁之巡抚,而辇毂略遗,往来如织……风尚日非,仕路秒浊。贪官污吏,布满郡邑。百姓求一日之苟活不可得,而天下幸其久安长治,万无是理。"(《藏密斋集·肃计典以励官常疏》)又如赵南星:"奈何世道日颓,人皆趋时以苟富贵,以奔竞为常事,以徇私为无伤。"(《赵忠毅公文集·敬循职掌剖露良心疏》)他愤而列举贪官种种恶行,如视民如仇,而淫行以残;听讼无曲直,惟任其偏私;取物于商贾而"杀其直(值)",名为官价,等等。赵南星质问道:"若而人者,何可以为民父母也!"(《赵忠毅公文集·送胡清宇老先生令介休序》)东林人士也曾试图找出政治黑暗的原因,但他们认为更重要的是入仕的士人难辞其咎。赵南星指出:

> 士人之不贪,犹平民之不盗也,仅可为人,非奇节也。今士人一为有司,往往不期月而致富。问其所以,率由条鞭法行,钱粮经有司之手,重收而取羡余,加派在其中矣。而数年来又以军兴加派,则加重收而取羡余,是加派无已也。有司之贪如此,民安得不为盗!(《赵忠毅公文集·计开》)

今之士人以官爵为性命,以钻刺为风俗,以贿赂为交际,以嘱托为

当然,以徇情为盛德,以请教为谦厚。(《赵忠毅公文集·蒙恩再出力挽干进疏》)

以政治现实与东林学旨的政治理想相对照,东林人士切感其间的反差巨大,对于他们自身背负的君父百姓救世致用之责更加有了自知之明。正是在这样的历史"语境"中,东林人士凭借着他们的所学所思,追循着一种"道王统一"的现实理想社会,形成了具有普遍性的价值取向。

东林人士完全继承了儒家文化的忠孝主旨,强调忠孝的绝对和统一。高攀龙说:"只以孝、弟、慈为矩,絜此矩而放之四海,无不准也。其本只在忠信。"(《东林书院志·高景逸先生东林论学语上》)所以顾宪成极其看重孔子删削《春秋》的政治约束意义。他提醒诸君子:"看得一王字明白,则知《春秋》正名定分之书也,所以告天下万世之为人臣子者也。看得一天字明白,则知《春秋》端本清源之书也,所以告天下万世之为人君父者也。"(《小心斋札记》卷一〇)对于他们自己来说,在朝忠君,在家尽孝便是处世为人的全部内容,明乎此,方才解得"道王统一"的真义。有一副对联最能说明此中分寸:

王仲山题其厅,曰:

居官者不知有家,尽职而已;

居家者不知有官,守分而已。(《小心斋札记》卷一七)

不过,在实际社会政治生活中,东林人士关于道与王的选择多少有些侧重,往往根据其人其事其时的特点而有所不同。例如:高攀龙受学虽晚,却学而有成。万历四十年(1612年)顾宪成病故,"攀龙乃专讲席,徘徊家居三十年"(《东林列传·高攀龙传》)。在他的道王倾向上,循道是根本,入仕居官则是以道殉君。天启元年(1621年)高攀龙终于结束了多年的林下讲学生活,征为光禄寺丞。九月,"别东林诸友,启行至京,以会讲事属叶闲适(茂才),吴觐华(桂森)主盟。再拜嘱曰:'毕竟此事(按指东林讲学——引者注)为吾辈究竟。弟此行原殉君亲二字,当归即归,不使东林草深也'"(《东林书院志·东林轶事》)。高攀龙说得很清楚:入仕只是为了"殉君亲",亦即为了君父而入仕,在道的政治实践中实现道王统一。当然,其言"不使东林草深"表明高攀龙的侧重在循道。

与高子相异的是赵南星,他的倾向是尊王。赵南星认为,君子入仕求取功名,为的就是实现道的理想。他说:"夫布衣之位不可以行志,监门之养不足以及人。故君子之欲富贵,犹夫人也。"但这只是表面现象,究其动机、目的则不同:"君子视其身之富贵甚轻,而以为不富贵,则济物之性无所施,故欲之耳。"(《赵忠毅公文集·贺松翁周老亲家荣膺台奖及令孙入学序》)赵南星把求取功名富贵视为济物行志的必要条件,非此不足以循道,君子尊王就是实现了道王统一。

如果说高、赵二人的选择是以个人的人生追求为起点的,那么,杨涟的选择动力来自于强烈的政治责任感。首先,杨涟是绝对尊王的士人典型,他在著名的《劾魏忠贤疏》中,历数魏忠贤二十四大罪,立意的核心是魏阉已然独揽大权,皇上有名无实,君权旁落。他说:

> 掖廷之内,知有忠贤,不知有皇上;都城之内,知有忠贤,不知有皇上;即大小臣工,积重之所移,积势之所趋,亦不觉其不知有皇上,而只知有忠贤……宫中府中,大事小事,无一不是忠贤专擅。即章奏之上,反觉皇上为名,忠贤为实。且如前日忠贤已往涿州矣,一切事情必星夜驰请,一切票拟,必忠贤既到始敢批发。嗟嗟,天颜咫尺之间,不请圣裁,而驰候忠贤旨意于百里之外,世事至此,尚知有皇上耶? 无皇上耶? 有天日耶? 无天日耶? "(《杨大洪先生集·劾魏忠贤疏》)

魏忠贤僭越擅权,使君主的权威和尊严落到了名存实亡的境地,这才是以尊王为己任的杨涟所不能容忍者，这才是追循道王统一的东林党人必须与阉党愤而抗争的根源。

其次，杨涟之追循道王统一是要以道制约王，请君主回到理想而合理的政治原则上来，重新树立王的权威。他说："生杀予夺，帝王御世之大权也，是非可否，士君子持身之大义也。权之所在，人主可以行令；义之所在，匹夫可以行意。"这是说，君子可以用其尊奉的道义原则与王权相匹敌。君主虽然位尊九五，却不可以任意胡为。因为"夫天下者，祖宗之天下，法度者，祖宗之法度也。皇上亦在祖宗法度之中，即欲私喜一人，私怒一人不可得"。魏忠贤乱政正是乱了祖宗法度，皇上宠信魏阉则是私意喜怒，君主理应"法祖宗之懿美，全尧、舜之令名"（《杨大洪先生文集·止内批屡降疏》），惩治权珰，重整秩序。

杨涟提出的"匹夫可以行意"是东林人士高度政治责任感的典型表述，亦是儒家"德权相匹""道高于君"思想的延续。臣制约君权的认识由来已久，春秋时期，晋国大夫丕郑就提出，臣事君要以道义作为最高权威，对于君主的不合理要求和作为，应当予以抵制，叫做"从其义，不阿其祸"（《国语·晋语一》）。其后，战国时代的孟子和荀子都明确提出了"从道不从君""以有道伐无道"，强调臣对违道君主的相对制约。其中尤以孟子的表述最精彩，他列举了这样一件事：

> （鲁）缪公亟见于子思，曰："古千乘之国以友士，何如？"子思不悦，曰："古之人有言，事之云乎，岂曰友之云乎？"子思之不悦，岂不曰，"以位，则子，君也；我，臣也；何敢与君友也？以德，则子事我者也，奚可以与我友？"（《孟子·万章下》）

在这里，孟子明确规定德与权的关系是可以相互匹敌的。在政治领域，以权位为上；在德行方面，则以道义原则为最高权威。对于士人来说，循道和尊王是同样的价值选择,只不过在道义方面,他们是主宰,是王者师,因而他们是精神与道德上的巨人。反之,在政治领域,他们是从属,是臣仆,是崇高王权统治下的侏儒。一般而言,士人一旦从政,往往以尊奉王权作为自己的根本行为规范,只有少数的杰出人物才会真的将"从道不从君"融入自己的实际选择之中。这类士人在道与王发生冲突的时候以道义为首选,"违上顺道,谓之忠臣"(《申鉴·杂言上》)。他们是官僚系统中头脑清醒,品行较好的一伙儿人,绝大多数是直言敢谏的忠臣和视民如伤的清官。他们之中的佼佼者,可以真的做到"见过即谏,不用即死,忠之至也"(《韩诗外传》卷四)。与一般官僚士大夫们不同的是,这类士人要把精神与道德上的巨人气概带入政治领域,与王权形成对峙之势,他们不愿做行动上的矮子。在权力私有的年代,竭力顺应王权者尚且危机重重,所以古人有"伴君如伴虎"之谓,何况明目张胆要与王权相对峙,他们怎么会有好下场!

晚明东林党人之中的中坚人物,以及绝大多数人员都应当划归为"积极求道"的士人。他们念念不忘圣人之教,努力在社会政治实践中实现道王统一。他们是用道来统一王,让君主回到道义原则上来,而不是相反。这一点已经得到了后世士人们的充分肯定。

例如稍后的大儒刘宗周就指出,高攀龙"当日以道自重,未尝轻进一人,惟躬修力践,发明君父大伦,以卫世道"。他深感时势世风每况愈下,愤而质问道:"试问今天下亦有开首善之堂,讲明圣学如冯从吾者乎? 亦有处统均之席,扶植善类如赵南星者乎? 亦有纪纲是司,讨君侧之奸如杨涟者乎? 亦有昌言封驳,以澄清自任如魏大中者乎? "(《东林书院志·诸贤轶事引【刘子节要】》)实际生活中的东林诸子正是这样,他们立意做君子,刻意追求君子人格的正面形象。他们对矿监税使、贪官污吏残民以逞极憎恶,对官场中的腐败黑暗深恶痛绝,对无权无势的平民百姓则怀有深切的同情。[①]或许,正是由

---

① 关于这方面的研究,参见侯外庐:《中国思想通史》,第四卷(下),第 25 章第 2 节;王天有:《晚明东林党议》第 5 节;刘泽华《中国政治思想史》(隋唐宋元明清卷),第 12 章第三节等。

于他们要在政治选择上变侏儒为巨人，所以才引火烧身。从这个意义上说，他们最终大难临头亦是意料之中的。

二、绝对忠君与端方品性

在东林人士的实际政治选择中，循道与尊王几乎同等重要，哪一方都难以割舍。他们要用道来统一王，然而最终的落点却是尊王。于是在他们心中凝结成了根深蒂固的忠君情怀，表现出绝对忠君的价值取向。

天启五年，六年（1625，1626年），魏忠贤阉党一派连兴两次诏狱，严厉打击东林人士。杨涟、左光斗、袁化中、魏大中、周朝瑞、顾大章六君子于天启五年被逮捕，下镇抚司狱，受尽酷刑，考掠而死。周其元、周顺昌、周宗建、缪昌期、李应升、高攀龙、黄尊素七君子于天启六年被逮捕，其中除高攀龙未等就逮即投水自尽，其余六人也被下狱，受尽酷刑而死。

就在东林人士蒙受冤屈，被逮入狱之时，他们首先想到的是忠君。他们明知前途凶险，却不愿违抗君命，不想落得不忠的恶名，而是要以死报君。例如缪昌期已经想到了，"至于意外之外，法外之法，更有不可测者矣。嗟乎，人受命于天，臣受命于君，岂以风雨雷霆二其心哉，顺焉而已"（《从野堂存稿·与周绵贞》）。他打定主意要顺从天命与君命。李应升明确表示要以死报君，他在家书中写道："吾直言贾祸，自分一死以报朝廷，不复与汝（其子逊之——引者注）相见。"（《落落斋遗集·付逊之儿》）高攀龙闻知被逮凶讯，决意自裁。他在投水之前留下《遗表》，表明自己虽然已经削职为民，但曾为大臣，不可受辱。"大臣受辱则辱国"，他要自裁以顾全国体，以表达忠君之情："君恩未报，愿结来生"（《碧血录·高景逸先生绝笔》）。左光斗闻讯亦早，却坚决不愿自裁，奋然道："死何恨哉！但人臣即死，当归命君父，伏刀锧毂下，而先时择便，如惧死何？"（《东林列传·左光斗传》）真是所谓"怕死非忠臣"。

东林人士身处季世，或朝或野，即使不算老于世故，也可算得上是老于官场，怎能不知晓权奸擅政，左右朝纲，颁发诏令者名为皇上，其实无不是魏忠贤一党阴谋促成的。然而,只要诏令来自朝廷,有皇上之名,那么就不论是非真伪,只有绝对遵从。对此他们有一个说法,叫做"雷霆雨露,莫非天恩"。意思是,君是臣的绝对主宰,生杀予夺都是皇上恩典。正像钱一本的解释:"亲造子命,喜怒惟亲。而喜不忘,怒不怨,则子之顺受其正。君造臣命,进退惟君。而进以礼,退以义,则臣之顺受其正。"(《明儒学案·东林学案二》)所以君要臣死,依照道义原则,臣只有顺受为忠。正如周顺昌在与友人的信中所写:"弟忽罹死,所谓雷霆雨露,均属圣恩。在臣子只应欢喜顺受,臣罪当诛兮,天王圣明。古人之言,殆非欺我也。"(《周忠介公烬余集·与孙钟元孝廉书》)东林罹难诸君无不怀有这样的忠君情怀,而将这一情怀表达得淋漓尽致者,当属杨涟。

杨涟史称"为人磊落负奇节",万历三十五年(1607年)进士,曾任知县,举廉吏第一,迁兵科右给事中。杨涟因拥护光宗而受知遇,又受光宗顾命,佐助熹宗即位,在"移宫"(移宫案为晚明三大疑案之一。明光宗即位月余即驾崩。宠妃李选侍与郑贵妃相勾结,占住乾清宫,阻碍熹宗即位,经杨涟、刘一燝等大臣抗争,六日后移居仁寿殿。)事件中为群臣首领,竭尽心力,以至"须发尽白,帝(熹宗)亦数称忠臣"。后升任左副都御史。杨涟身为"可以托六尺之孤"的耿介忠臣,当然容不得魏忠贤一派胡作非为,他上疏参劾魏阉二十四大罪,阉党恨之入骨。天启五年被逮,与同难诸公备受苦楚。据《碧血录》载,镇抚司许显纯秉承魏忠贤旨意,对入狱诸公均施以酷刑,立限追赃,不容置辩。状况极惨,不忍卒闻。如:

天启五年七月十三日,是日,各毒打三十棍,棍声动地。嗣后受杖。诸君子股肉俱腐。各以帛急缠其上,而杨公独甚。

七月十九日,杨(涟)、左(光斗)、魏(大中)俱用全刑。杨公大号而无回声,左公声呦呦如小儿啼。周(朝瑞)、顾(大章)各受二十棍,拶敲五十。袁(化中)拶敲五十。

　　七月二十一日，杨、左俱受全刑。魏三十棍，周、顾各二十棍……杨、左投户限之外，臀血流离，伏地若死人。已而杨大声曰："可怜！"后乃舁入。左公转回向东，顾其家人。是日雨，棍湿重倍常，且尽力狠打，故呼号之声更惨。

以上仅摘录三则，即见诸公惨状。记录之人化名"燕客"，自述"易吏人衣，日逐与舆夫马围相欢狎，久之，混入镇抚，因得见诸公之颠末"。录名《天人合徵纪实》，字字血泪，凿凿可信。

　　杨涟在同难诸公中，受刑最重。他心里很清楚，"此岂皇上如天之仁，国家慎刑之典，祖宗待大臣之礼！不过仇我者立迫我性命耳"（《杨大洪先生文集·狱中绝笔》）。他当然愤恨之极。不过，他的愤恨只针对那些奸佞小人。在被逮途中，他想到的是："但所恨者，人借某以结内外之欢，因借忠贤以快恩仇之报。如刘一燡、周嘉谟等之削籍；如左光斗、魏大中之银铛。徒伤明主手滑之威，益乱祖宗干政之制。某一身一家何足道，而国家大体大势所伤实多……而积势所成，权奸骑虎不下，九阍既已云深，举国尽为舌结，气运攸关，有不忍言者。"（《杨忠烈公文集·祷岳武穆王文》）入狱受尽折磨之后，杨涟也只痛恨奸佞"借封疆为题，追赃为由，徒使枉杀臣子之名，归之皇上"。除此而外，杨涟对君主只有满腔忠心。他在《狱中绝笔》中写道：

　　涟以痴心报主，不惜身家，久付七尺于不问矣。日前赴逮，不为张俭之逃亡，杨震之仰药①，亦谓雷霆雨露，莫非天恩。故赤日长途，银铛不脱，欲以身之生死，归之朝廷。

杨涟明知自己是"痴心为国，妄趋死路"，对此他只能表示"生有累于朝绅，死

---

　　① 张俭，汉末"党锢之祸"中人物，事见《后汉书·张俭传》。杨震，东汉安帝时名臣，受谗言，饮鸩而卒，事见《后汉书·杨震传》。

无裨于君德"。但是,对于自己的忠君情怀,他从未犹豫过,故而绝无谦辞:

> 仁义一生,死于诏狱,难言不得死所。何憾于天?何憾于人?唯我身任副宪,曾受顾命。曾子云:"托孤寄命,临大节而不可夺。"执此一念,终可以见先帝于在天,对二祖十宗与皇天后土天下万世矣。

杨涟之忠君,忠到百分之百。他身受莫大冤屈,亦明知"今死杖下矣",再无生还之理,但他没有一丝的怨言和牢骚:

> 涟即身无完肉,尸供蛆蚁,原所甘心。不敢言求仁得仁,终不作一怨尤字也。
>
> 然守吾师致身明训,先哲尽忠典型,自当成败利害不计,乃朝廷之所以不虚养士也。
>
> 即范滂临刑,欲汝为善,则我不为恶,父子相决。涟谓何不更勉以忠义,而作此激愤之语!

范滂是东汉桓灵之际"党锢之祸"中的头面人物,志高行洁,为士人表率。据《后汉书》,建宁二年(169 年),"大诛党人"。范滂就逮前"顾谓其子曰:'吾欲使汝为恶,则恶不可为;使汝为善,则我不可恶。'行路闻之,莫不流涕"。(《后汉书·范滂传》)今观其言语之间,不无怨望之意。杨涟则责其"激愤"。

至于杨涟本人,他非但毫无激愤,而且再三表达了忠君遗愿:"但愿国家强固,圣德刚明,海内长享太平之福。""还愿在朝臣子,共以君父起念,于祖制国法国体,大家共当留心"。杨涟至死还要追循道王统一,诚如他自己所言:"痴愚念头,到死不改。"(《杨大洪先生文集·狱中绝笔》)

从杨涟的种种心志表述之中,我们可以清楚地看到"不计利害""求仁得仁""君父百姓"等东林志向的影子,由此可以察知,东林人士的忠君情怀涵容着君子人格所有的价值准则,是君子人格道德恒定的终极表达。如果从另一个方面看,也可以说,正是君子人格内涵种种政治价值和道德理想,构成了东林人士的精神支柱,支撑着他们忍受极其惨烈的非人酷刑,走完了人生的最后路程。东林人士们坚信自己的选择是正确的。杨涟就认为:"作忠臣孝子者胜于为大官百倍,成就杨门一家兄友、弟恭、妻贤、子孝,落得好名,又胜似金宝堆齐北斗矣。"(《杨忠烈公文集·家书四》)"人生梦幻,忠义千秋不朽,难道世道只是浑浊的?"(《杨忠烈公文集·狱中寄子书》)所以,在"生死顷刻"之际,杨涟与其余诸公均能表现出卓绝的勇气和超凡的坦荡:"不悔直节,不惧酷刑,不悲惨死。但令此心毫无奸欺。白日冥冥,于我何有哉!"(《杨大洪先生文集·狱中绝笔》)

东林人士之中的杰出人物为了追循道与王,付出了生命的代价。他们之所以做出这样的选择,是基于他们全部的学旨与理念?还是与他们的品性相关?毫无疑问,学旨与理念是决定他们行为选择的主要动因之一,但是,我以为也不能忽略其个人品性的作用。因为,他们都是七情具备的血肉之躯。

事实上,顾宪成对于品性与行为际遇的因果关系已经有所察觉。他说:"均之为君子也,而以廉洁见者,其取忤犹少;以正直见者,其取忤常多。何也?廉洁惟务守己之是,正直兼欲匡人之非也。"这是从君子一方讲品性之不同。若从君主权贵方面看:"均之为正直也,而以之取人主之忤者,其获罪犹自可解;以之取权贵之忤者,其获罪常至不测。何也?人主惟恶人之咈己,权贵兼虑人之倾己也。"(《小心斋札记》卷四)顾宪成的见解极为深刻,向世人揭示了这样一个道理——任何个人行为选择的背后,常常带有品性的印迹。如果从东林人士普遍存有的忠君情怀来看,显然与他们广泛具备的端庄品性有关。而且东林诸君不论仕与不仕,其端庄品性大体相类。例如:

顾宪成,"孝友慈惠,浑然天成"。据高攀龙描述:"先生于世无所嗜好,食取裹腹,衣取蔽体。居取坐卧,不知其他。四壁不垩,庭草不除,帷帐不饰,一几一榻,敝砚秃笔,终日俨然,冥坐读书,四方酬答而已……语言简重,喜怒

希形。"(《东林书院志·诸贤轶事》)

冯从吾，"先生自讲学而外，惟工书法，不营产业，不畜妾媵，不赴宴会，不喜饮奕。即园亭图画之玩，亦弗涉也"(《东林书院志·诸贤轶事》)。

顾允成，"端毅清栗，不以私徇人，人亦不敢以私混之。对客不作套语，与朋交，表里洞彻，迩不狎，远不忘，往来竿牍，不作寒暄语"(《东林书院志·诸贤轶事》)。

叶茂才："非分所得为者，不以萌诸心；非躬所允迪者，不以宣诸口。自其为诸生，壁立矩趋，防闲甚设，严若处子，至扬历内外。卒为名公卿，犹然故吾也。"与顾宪成、高攀龙等论学，"或此唱而彼和，或以否而济可，辨析争论，不能出一违心之语，亦或终日危坐，寂不妄发"(《东林书院志·诸贤轶事》)。

陈幼学："为孝廉时，名家争延致师塾。独江陵相(张居正)欲致之，坚持不住。""守湖州日，题其堂云：'受一文枉法钱，幽有鬼神明有禁；行半点亏心事，远在儿孙近在身。'"(《东林书院志·诸贤轶事》)

刘元珍："先生明足烛奸，刚能疾恶。启新钱(一本)先生尝言：'吾辈不乏有心人。至眼尖胆决，必推本孺(即元珍)。'识者以为冰鉴。""先生持身以严，处身亦以严，闺门之内，肃若公庭。"(《东林书院志·诸贤轶事》)

张梦时(弦所)，"自维生平无他长，然语及鲜衣怒马，穷奢极欲，弗羡也，天幸予我淡素心。性喜读书……酷爱先贤语录。若裨官小史，淫词艳典，鲜所涉猎，天幸予我专一心。燕闲自娱，惟书画两者。若琴棋蹴踘诸戏，素所不解，天幸予我以拙朴心。遇快意能止，遇拂意能忍，终身无疾言遽色，天幸予我以镇定心。持论宁宽无刻，施予宁滥毋吝。事涉货财出入，宁漏毋密，天幸予我以忠厚心"(《东林书院志·诸贤轶事》)。

以上征引，只是随手选取。其他如许世卿、高攀龙、华允谋、丁元荐、于孔兼、刁包等东林诸君，无不品性端庄方正。固然，史传所载难免溢美，但是溢美或夸张不同于向壁虚构，我们从中仍然可以感受到他们的卓越品性。

如刁包之耿正："平生未尝作一诳语，作一媚态。人有过，正色让之，不少

讳。居恒木讷,似不能言。及事至当言,或利害关桑梓者,则议论风生,上下倾听。"(《东林书院志·诸贤轶事》)

如顾允成之仗义:"性慷慨好行义。邑大祲,饿莩载道。季时(即允成)廪粟仅盈百,辄捐其半以赈。其业师尤公、张公殁,并为经纪其丧。门人孙申卿以遗孤托,悉力维持,不恤恩怨。"(《东林书院志·顾允成行状》)

如周顺昌之清廉:"长安作宦者,那一人不饮酒食肉,那一人不娶美姬以自娱。弟独居蔬食,公余之暇,念佛千声,绝似老僧行径。计如京来,馈送尽可作一富翁。弟一切却之,今书仪亦不敢及门矣。"(《周忠介公烬余集·与吴公如书三》)

这些叙述或表白是作为历史的记述展示给后人的,我们从中可以切实体味到那些生命的躁动,那是些时日旷久却又历历在目的真实的经历。所谓"正色让之""悉力维持""一切却之"有多少谎言的成色?也许在这些话语背后演义着一桩桩感人的故事。当然,也可能索然寡味,平淡无奇。只是时光流走,生命逝去,令后人无从确知。不过,有一点可以肯定,东林人士是普遍具有端方品性的。

东林人士物欲稍寡、律己颇严、处事直躬,故而得以道义相交,朝夕相聚,互为影响。在端方品性的基础上形成的理念,使他们在遵循道与王,扶助正气做忠臣等方面相互激励,从而酿出了广泛存有的忠君情怀。

倘若品性与性格相重叠,对行为的影响就更为明显,凡士人遭际困厄,甚至患及性命者往往与性格有关。如周朝瑞之罹难。据《东林列传》,周朝瑞"万历丁未(三十五年)进士,由给事中迁太仆卿。性刚介不阿,居官以清节著。在朝侃侃而言,群小皆惮之"。天启初,邹元标、赵南星在京师设馆讲学,遭小人攻击。"朝瑞辄大声疾呼曰:'讲学者,二祖列宗之教也。今攻之,殆欲攻二祖宗耶'!"于是权奸小人皆恨之入骨,"嗾魏广微言于逆珰魏忠贤,下诏狱,拷掠死"(《东林列传·周朝瑞传》)。

再如丁乾学,字天行,山阴人。万历四十七年(1619年)进士。"为人端方,不苟言笑。所往来者皆东林贤士大夫。"他眼见阉党势力愈盛,"而大臣若魏广微者,阿附特甚,不禁太息流涕,仰天哭呜呜不已。家人不知,以为忽得狂疾也"。由于他在朝堂上"以正言讽广微"。魏广微恨极,欲想搜罗罪名,治其于死地,暗查月余,一无所得,"广微怒,密令锦衣佥事高守谦率中官数十人殴杀之"(《东林列传·丁乾学传》)。

周、丁皆为刚正之士,丁公尤为性情中人,只因得罪权奸小人,便遭大难,谁谓性格与行为无关联呢? 类似这样的事例还可以举出吴裕中、吴怀贤等,不过最为典型者莫过于周顺昌、缪昌期和杨涟。他们同为陷难者,但遭际有别。杨涟是主动出击,周顺昌是甘心卷入,缪昌期则受朋友牵连,无奈而已。杨公事迹前面已有述说,周、缪二人后面有详细介绍,这里只是说明,他们之所以罹祸捐躯,除了道义理念和生命意识,还与他们不畏强势的刚烈性格有关。

杨涟"性耿介,于人无所容"。据史载,明光宗"宾天",杨涟领着阁部大臣们直趋乾清宫,"阉人格不令入。(杨涟)攘臂大诟,阉人却,遂得入"。李选侍占踞乾清宫不肯搬出,阻碍新君即位。(杨)"涟抗论于朝房、于掖门、于朝廷者日以十数。叱小竖于麟趾门者一,叱阁臣方从哲及大阉于朝者再"。李选侍迫于压力,只好搬出,"而太子复还乾清宫。移宫之日,(杨涟)奋髯叫呼,声彻御座"(《东林列传·杨涟传》)。可知杨涟品性端而性格刚,他不是谦谦唯唯的祥和长者,而是气势咄咄,怒发冲冠的猛士。由此可见,杨涟成为参劾魏忠贤的首义之士,与他冲锋在前的刚烈性格很有关系。

周顺昌为人率直而热心,曾任福州府推官,以抗击税监高寀深得民心。后擢升吏部主事,"谢绝请托,人不敢干以私",其品性端方可知。天启党祸兴起,本来与他无干,但"顺昌素与珰忤",遂以结交魏大中为由而卷入。被逮后,"拷掠惨毒,抗詈不屈。(镇抚司)许显纯槌其齿尽落。顺昌喋血溅其面,詈益厉"(《东林列传·周顺昌传》)。其性格刚烈可以想见。据周顺昌扪心自检,其一生得咎在于性格:"弟以口太快,心太直,肠太热,忠告太过,反开猜疑之隙。"(《周忠介公烬余集·与文湛持孝廉书一》)诚哉斯言!! 忠直过了头,行为必然过激。常人避之唯恐不及的祸事由头,周公却要顶风而上,自触霉头。这样的性格偏偏生逢小人当道的时代,其命运焉能不困厄!

缪昌期文名极高,仕途却不顺,万历四十一年(1613年)才"成进士",已年届五十矣。"平生不识酒醴,不好歌舞",不善经营,"至于屏营箱箧,筹算钱谷,心慵手懒。虽庸夫稚子,皆睨而笑之"(《从野堂存稿·缪公行状》)。他亦自称"仆平生不问产业,无他长物,敝庐仅蔽风雨,薄田稍足饘粥"(《从野堂存稿·与门生文汝止》)。可见缪公当属于清廉寡欲的夫子之类。他因为结交东林诸子,名声在外,以致受到牵连而被逮,但他绝不申辩,直至惨死。纵观其所由来,与他的性格关系密切。

缪公为人极富于责任感,做秀才时,即关切"民瘼吏蔽",加之口舌疾利,"勇于为人,急于疾恶,疏于防奸,忽于酬物"。他与人交往,极重情谊,"邦君大夫,少受一言之知,使车往来,必枉道过其家,哭其墓"。又极仗义:"推贤让能,救过分谤,死丧急难,为之侧席而坐。"他个人品性极为端庄方正,而且言语冲直,"好为人规切过失,不少鲠避。或其人护前讳短,面劲发齿,更刺刺不已"。缪公刚烈正直,威严自是不小。《缪公行状》中记有这样一件事:

> 同年进士醵金宴会,咸里接席,觥筹交错。(缪)公至,兀傲据上坐,视肴蔵,嗅茗碗,卒发一语,举座愕眙失色。久之,欠伸思睡,顾左右取马去。坐客始叫呶相庆,更酌尽欢。

缪公固然不失端直本色,却也不免有些煞风景。其实是他性格如此,只是"信心而行,冲口而言。事过语阑,如飙回浪息,却不省记"(《从野堂存稿·缪公行状》)。缪公从不考虑直言的后果,故而规劝他人常常不讲情面,不知分寸。当时魏忠贤一派势力高涨,有的士大夫选择中立的态度,希冀免祸。"(缪)公从众中面数之,其人报而亡去",缪昌期竟然不解,"顾问曰:'彼得无未喻吾指乎？'盖犹以为有隐乎尔也"（《从野堂存稿·缪公行状》）。对于魏阉一派，缪昌期亦毫不留情。魏忠贤在玉泉山营造墓室，"雅重公名"，派人请缪公撰写碑文。"公正色曰：'吾生平耻谀墓，况肯为刑余辱吾笔耶！'忠贤闻之，衔益切。"（《从野堂存稿·文贞公年谱》）缪昌期敢直呼"刑余"①，完全没有把魏忠贤一派放在眼里。等到杨涟的奏疏出台之后，争斗更为明朗，缪公与杨涟、左光斗等过往密切，更加放言无忌。"往往离立长安道上，停车拊马，戟手骂詈。阉刺探已十余曹，公等故自若也"（《从野堂存稿·缪公行状》），他（们）根本不在乎。缪公烈性如此，又怎能不受牵连呢？

缪昌期对于自己的性格颇有自知之明，曾说："通籍以来，率其直口快肠，而疑不肖者过甚，往往见左。"（《从野堂存稿·与高景逸》）但是禀性难移，不易更改。其实，在缪昌期的内心深处，未必不以这样的禀性为自豪。他曾经给前朝御史贡安甫作传。贡御史字克仁，弘治八年（1495 年）进士。明武宗当朝时，大珰刘瑾专擅朝政。贡御史上疏参劾，被逮，发镇抚司狱，"刑讯拷掠，公楚不胜，意气自如。旋收锦衣狱，械系者久之"。后经王守仁"疏救"，廷杖三十，贬为平民。"公自是直声动天下矣"。贡御史的性格亦属刚烈一族。缪公述曰："盖公（贡安甫）性负骨鲠，见正德（武宗年号）中，时事多舛，每裂眦出血，叫呼不能已。"（《从野堂存稿·贡御史传》）缪昌期与贡御史非亲非故，替百余年前的古人树碑立传，如若不是在内心深处引之以为同道，则又所为何来呢？再看看贡御史的所为与性格，活脱一个缪公影子。如果我们据此而断言缪公非但不以"直口快肠"为非为悔，反而引以为荣，虽然多少有些揣测，可也绝非无稽之论。

东林人士是君主政治的殉道者，他们是中国古代士大夫群体中最有品性与性格的杰出之士，故而青史留名。不过，并不是由于他们为了理想或信念付出了生命才使得个性得以彰显，成就杰出之士；而是由于他们先天独具

① 刑余：古代社会对宦官的称呼，含有蔑视的意味。

的性格及其端方品性使得付出的生命具有千钧的凝重,方才显得卓而不凡。也不是因为他们终于标名史册而使得生命有所凭借而隽永,而是因为他们性格鲜明的本真生命的"曾经出席",才使得典册具载的历史得以永存。铸就民族的史诗总也离不开个体生命的壮烈,东林罹难诸公的"曾经出席"使得中华史诗的这一阕哀婉动人,荡气回肠,萦绕千古!

第三节　进退取舍之间

天启罹难的东林人士毕竟是少数,其他参与讲会的、追随东林的为数众多。他们在治学倾向和性格特点上各不相同,遭际亦相异。有人急流勇退,归隐自全;有人知难而进,无所畏惧;也有人四处奔走,营救被逮诸公。其种种表现均不失君子之风,衍绎着党议士人际遇的另一方面。

一、退守归隐

儒家文化的传统之一是讲究"天下有道则见,无道则隐",归隐林下独善其身不是懦弱,而是智慧,是君子人格的本色之一。东林人士之中,有不少人即以讲学治学作为生活方式。这些人经历了晚明党议,因为处身不在风口浪尖,故而以柔道得以避祸全身。

例如王永图,字惟怀,一字新之,宜兴人。少年时随父赴东林书院听讲,顾宪成见到永图,颇为赞赏,称道"此子凝道之器也",竟"许妻以女",并且亲自授学。王永图学有真传,自然不同于众人。据载,"其为学以澹泊为宗,而自信则在'勿欺不争'四字。故处钝,处厚。见者靡不化服"(《东林书院志·王俭斋先生传》)。王永图称得上是谦和君子,其仕途也颇为顺当。历任冀州学正、国子博士、户部司务、刑部员外郎等。晚明党议没有受到波及。崇祯初,任刑部郎中,参与惩治阉党。王永图以"不争"和"处钝、处厚"为宗旨,既保持了君子人格之本色,遭际又极平稳。

再如吴觐华,名桂森,其人志向本不在仕进。他曾于万历四十四年(1616年)"以序贡应廷试",此后即绝意功名,甘愿"被褐以老",自称"东林素衣"。他曾代替高攀龙主盟东林。东林书院被毁之后,吴桂森继续在道南祠堂聚众讲会,并勉励诸君,"吾辈今日但肩后死之责"(《东林书院志·吴觐华先生墓志铭》)。其人之志向抱负于此可见。吴公治学禀承高子传统,讲求心性与工夫,又极看重仁义戒慎。曾对与会学友说:"今日之会,所祝者惟是不随末俗,矫矫自立。大要有三字,曰让,曰忍,曰厚。"吴桂森抱定这样的宗旨,在生活中当然不失仁厚长者之风范。他"好行仁义,每切'己溺己饥'之思,而于亲戚故旧,注情尤笃。或闵其嫠。或恤其贫,终身不厌。闻人急难,密为解纷,不令知,且助以金钱"。从其为人处世来看,吴公属于寡欲避世的君子。他平时"自奉甚菲,所食蔬一盂,所衣布一缕,充然有余"。他深居简出,不与官府交结,"有逾垣闭门之风"。只有友人相访,"则启扉酬答,茗碗炉香。所谈惟义理,所证惟身心。友退,复扃关静坐,终年不惹一事"(《东林书院志·吴觐华先生墓志铭》)。显然,吴桂森是唯学为务,不问政治,安居避祸的典型。

从吴桂森的端方品性来看,他并非没有正义感,但是在"莫谈国事"告诫下,他的正义感受到了压抑。"逆珰变起,(吴)龈龈齿击,谓刑余何足责,独恨须眉化为阴耳。"(《东林书院志·吴觐华先生墓志铭》)

王与吴的安贫乐道很有代表性,类似的东林人士亦不在少数。与周顺昌、杨涟诸公相比较,他们不能"立节于朝",却可以"明道于野",从而给那些急流勇退以避祸的人们指明了出路。典型者有叶茂才。

叶茂才乃东林元老之一,为官清正廉明,史称其"始终不循一毫情面,人亦无敢以私己而请告"(《东林书院志·叶茂才行状》)。其讲学论政皆历历可观览,品性端方,曾自言,"吾上半生受贫之益,下半生受多病之益。惟贫故知节俭,惟病故知养",不屑于交结权贵。天启初,任太仆少卿,转太常寺卿,又任南京工部侍郎。见"权珰乱政",势力愈大,叶公"忧形于色",上疏辞官,声言"从此不入春明梦矣"。归后生活恬淡,"所居陋巷,门不得容轨,室不能布席。布衣蔬食,淡淡隐隐。升其堂,无世俗辉煌,扁额止标'三世无讼'四字,以戒子侄。薄田百亩,聊贡饘粥,晏如也"(《东林书院志·叶茂才行状》)。眼见一幅关门杜祸景象。其后,党祸大兴,高攀龙"以不辱身殉",锦衣卫奉旨"欲洗其家"。叶公"即呼:'天乎!胡至此极也!'又重惧破巢之取卵也",殃及高子家人,遂"匍匐至毗陵、澄江,得道府力护"。叶茂才心下稍稍释然,说:"吾身名遑恤,令罪不及其孥,足矣。"(《东林书院志·叶茂才行状》)

观叶公生平及奏疏言论等,绝不是胆小怕事之徒,否则他不会在党祸已经酿成之后,"匍匐"到高子家乡,为救护其家人而奔忙。可知叶公之出仕与休致归隐,皆不出儒学祖传的处世之方,不过是"达则兼济天下,穷则独善其身"罢了。叶茂才的去从选择固然有其个人的利弊权衡,但是无论怎样,都是符合儒家文化的道义原则的。

事实上,在实际生活中,在权力支配社会的时代,放弃权力即意味着割舍利益。叶茂才们能够辞去官爵,对于乱政宵小采取了不合作的态度,这种选择本身就是君子人格的一种体现。不过,由于他们从殿堂之上归转山间林下,从"积极求道"之势转为"消极守道",避祸心意可以感知,于是他们的政见表达形式必然发生变化,从奏疏抨击转向诗文议论,前者旨在寻求权威支持,击败对手;后者不过是个人的情感发泄或精神寄托而已。如邹期桢,"为人严气正性",心忧社稷。"天启间,三案议起,不胜愤激,长歌短咏,以鸣不平。题曰《委巷谣》。"(《东林书院志·邹经畲先生传》)这样的表达形式可以寻得个人心态上的平衡,但往往于事无补。也就是说,正义感的表达形式过于曲折,或是影响面过于狭小,是不能形成有效的舆论冲击的,因而难以改变士人在政治领域仍然做侏儒的境况。

二、勇者不惧

孔子早就有言:"君子道者三……仁者不忧,知者不惑,勇者不惧。"(《论语·宪问》)勇是君子人格的内涵之一。东林人士之中的绝大多数是为勇者，他们遭遇压力的时候，通常的反应不是退而据守，以求万全，而是知难而进，很有些大丈夫气概。不过每个人的具体人生际遇不一样，他们的表现亦各有特色。

最常见的君子之勇是直言敢谏，几乎每位入仕为臣者，都能做到这一点，事例不胜枚举。事实上，东林诸子们正是勇于进谏，恣议朝政，才纷纷落马，败下阵来，最终归于林下的。这里只举一例，以略见勇谏之士之心态。

华允诚，字汝立，曾经师从钱一本学《易》，后为高攀龙弟子，属东林晚辈，主要活动在崇祯朝，勇谏不让乃师。其时，温体仁、闵洪学擅权乱政，华允诚上《三大可惜四大可忧疏》。据他的仆人追述，华允诚"草疏时，秉烛独坐，披疏对勘，中有一字不着落者，即抹去，以根据实之"。华允诚知道奏疏递上之后，皇上必然责令回话，于是立即起草第二疏。温体仁、闵洪学有疏辩解，他又起草第三疏。"疏次第上，(华)呼两仆曰：'天威莫测，廷杖受刑是意中事，治棺十二金足矣。棺停锡山，勿令太太风闻。俟太太百年后，扶我枢送葬过，方掩予骨于壤土。汝归语小主，不可有讳。'"华允诚在上疏中"以小臣指斥阁臣，自分无生理，而忠义所发，披肝沥胆，有之死靡悔者"(《东林书院志·诸贤轶事》)。华允诚在学问上秉承了高攀龙主静之学的真传，在人格上则继承了东林人士的端方品性，可以为东林诸子作典型。

东林人士之中有许多人因直谏、强谏而免官，回归故里之后，便以讲学传道为务。他们面对来自朝廷的种种压力毫无畏惧。例如钱一本，因谏立太子削职为民，归里后"绝迹公府"。时郡守欧阳东凤建"先贤祠"，又于祠旁建"经正堂"，推举钱一本主持讲学。据载，"时宜兴有明道书院，史孟麟主之；无锡有东林书院，顾宪成主之。三人往来讲习，四方士大夫兴起者众"(《东林列传·钱一本传》)。文人只要形成声势，便会有结党之嫌，"于是小人害正，指为朋党"。然而"先生(钱一本)不以是生退心，曰：'不见是而无闷，不见知而不悔，正吾辈得力处，亦吾辈受益处。'往来讲习如故"(《东林书院志·诸贤轶事》)。

再如刘元珍,字伯先,万历二十三年(1595年)进士。历任南京礼部主事,职方司郎中等。因参劾首辅沈一贯弄权售私,削职归里。"与顾宪成讲学东林,自喜得归宿地。"(《东林列传·刘元珍传》)刘元珍"少苦贫,故勤于理生,而恤人之穷,未尝意倦。性方严,尤肃于闺门,而体人之情,未尝不周"(《东林书院志·诸贤轶事》)。从性格看,刘元珍"平居以子路自负",属刚烈一路,故而"卫道甚力"。史称其"不使恶言入于东林。讲论稍涉附会,辄正色曰:'毋乱我宗旨'"。有人诽谤东林为"好名",刘元珍驳之:"彼訾吾党好名,以为口舌,其实彼之不好名,乃专为决裂名教地也。"当东林成为天下舆论的焦点,刘元珍对高攀龙说:"吾辈入火时也,无令其成色有减可矣。"(《东林列传·刘元珍传》)又据许献说:"东林自壬子癸丑(万历四十、四十一年,1612、1613年)而后,锋镝纷起。先生(指刘元珍)顾谓:'此吾辈一大炉鞴,不如是,真者不成其真,赝者不成其赝,东林不成其东林。'"(《东林书院志·刘本儒先生传》附)可知刘元珍不惧舆论攻击,坚信真金不怕火炼,表现出其人格内蕴的凛凛正气。

刘元珍、钱一本在东林人士中辈分尊长。孟子有言,"天下有达尊者三,爵一、齿一、德一"(《孟子·公孙丑下》),刘与钱都是三尊居二,故而很受学人尊敬。他们的浩然正气及人格魅力对于东林风气的形成有着无形的巨大影响,他们自身的君子人格教化并覆盖着整整一代人。其魅力所及,恰如高攀龙为刘元珍作的《墓志铭》所言:"有时吐气成长虹,犹能三褫奸雄魄!"(《东林书院志·刘元珍墓志铭》)

天启后期,党祸大作。小人施奸,正人罹难。就在权奸法网作泰山压顶之势扑向东林君子之际,偏偏有那么一批人士,他们无所顾忌,偏要同情救助这些注定要遭受劫难的人们。形式亦有所不同。例如:

据《东林书院志·东林轶事》载,高攀龙自溺之后,邑令吴公将高攀龙的长子世儒押解到毗陵郡衙。郡守"曾公樱惊谓吴曰:'若欲使忠臣子孙必为豺虎所鱼肉耶!'遂匿世儒,不使见"。这时,奉命逮捕周顺昌的旗尉在吴门受阻,以义民颜佩韦、杨念如、马杰、沈扬、周文元五人为首,群情激愤,击毙缇骑一人，"余俱逾墙走脱"。致使东厂爪牙气焰稍挫，"自是过梁溪，遂不敢大恣，需索而去。皆(曾)公力也"。其后，"奉旨勘问漏泄根因，抚院道勘皆有'攀龙与上年(指天启五年)被逮诸臣同恶相济'之句，府详独以'同朝共事'四字易之"。郡守曾公并非东林中人，却敢于救助钦犯家属，宜乎青史有名，誉之为"忤阉之强吏，卫道之功臣"(《东林书院志·东林轶事》)。

据《东林列传》，有诸生朱祖文，字完天，世袭苏州卫指挥。因旌表寡母事，感戴周顺昌。"及顺昌被逮"，朱祖文心知"此行必无全理，愿相随视其后事"。遂于夜间到公廨探视周顺昌，并问及："有缓急，谁可告者？吾当先往为地。"周顺昌思忖良久，告之："徐银台如珂，肝胆如雪，必能相济；顾侍御宗孟，新入台中，意气不薄，可与计事。此外则定兴之鹿善继，吴桥之范景文，热肠急难，皆可告者。"朱祖文先后奔走，不辞辛劳。后闻知被逮诸君的罪名是收受熊廷弼贿金，周顺昌名下"悬赇数千。祖文私幸旦夕告完，或得缓死。百计丐贷，都门不足，则走定兴；定兴不足，则走吴桥。单骑冒暑，间关千余里，逗留数十日。掮撠稍就，而顺昌已毙狱矣"。朱祖文回到京师，哀伤凄恻，"竟以劳悴愤懑发病死"(《东林列传·周顺昌传附朱祖文》)。朱祖文以一介书生，奔走救护不成，竟然以命相随，颇有以此生酬知己的古侠士之风。令后人闻之涕下，敬佩由衷。

周顺昌提到的徐如珂、鹿善继等都属于东林分子。其中救助患难者当以鹿氏父子为典型。鹿善继，字伯顺，定兴人，世家出身。其祖父鹿九徵，万历八年(1580年)进士，任河南息县知县、陕西道御史等。为政以正直"敢言"而著称。其父鹿正，字成宇，亦豪杰之士。少年时"以孝闻"。天生不好饮酒，却极好客，"客常满座"。"为人倜傥好奇。能急人难。至激于大义，力为排解，虽自弃其身家不恤。"(《东林列传·鹿善继传》)人称"鹿太公"。鹿善继万历四十一年(1613年)进士，历任户部山东司主事、山东盐运使判官、兵部职方司主事等。受其父、祖熏陶，鹿善继为人端方仗义。天启祸起，"光斗、大中、顺昌先后逮诏狱拷死。皆坐赃追比，三氏子弟踉跄至，无敢留者。卒主善继家，太公为之周旋,橐饘醵金比。善继闻之,又力助之。人皆咋舌,而鹿氏父子不顾,一时义声动天下"(《东林列传·鹿善继传》)。又据《东林书院志》载,为营救遭难君子,他们想过多种方法。如左光斗曾经"督学三辅,又屯田,有惠政"。于是孙奇逢与鹿太公商议,为凑集被诬赃银以救忠良,"设瓯建表于门,曰:愿输金救左(督学)者,听于是。乡人投瓯者云集"。不久闻知左督学已被害死,"则又按籍俵散去"。他们的募捐活动是公开的,"京师不二百里,举幡击鼓,不畏阉知。亦竟不知也"(《东林书院志·孙苏门先生墓志铭》)。

鹿氏父子、孙奇逢与左、魏、周等为至交好友。为了朋友尽力相助,甚而公开募捐,这显然不能用什么乐善好施、古道热肠的一般道德来评价。别忘了,他们是顶着压力,冒着风险,是在人人退避三舍之际挺身而出的。一旦受到株连,他们也要丢掉身家性命。这种行为除了缘自他们坚信不移的价值观念和自身的君子人格之外,还能是什么呢?

救助罹难君子的事例尚有许多。有的只是一介书生,或素昧平生。如徐汧,字九一,长洲人,天启年间尚为诸生,"即以名节自任"。魏大中"被逮,过吴门。(徐)汧慕其忠直,以内子簪珥质二十金赠之"。徐汧"少孤贫",却将妻子的佩饰典当二十两银子赠与钦犯,其人忠肝义胆,确乎不同世俗。难怪周顺昌"闻而叹曰:'国家养士三百年,如徐生者真岁寒松柏也'"(《东林列传·徐汧传》)。

也有人对罹难君子着意结纳,以示告慰。如吴钟峦,字峦稚,一字峻伯,武进人。从学于顾宪成、高攀龙,为东林嫡传。据《东林书院志》,"当忠毅(李应升)触珰被逮,亲戚交游俱避匿不敢送。缇骑自江阴过郡城",吴钟峦则相迎于道,"舍之家,论学数日,订婚姻然后去"。嗣后,应升"就狱惨死",吴钟峦"辑其前后诗文书札为《端友集》,以表之"(《东林书院志·吴霞舟先生传》)。

这些勇而不惧的人格表征与退隐避祸者形成了鲜明的对比,那么,在人格评价上,勇者的所作所为说明了什么呢?从道德修为方面来看,勇进者与退隐者都是一种道德自律的选择,只是前者的选择更富于一种牺牲精神,他们在道德理想上走得更远。

道德自律本是儒家政治文化传承的祖训之一，自孔子的"自省""自戒"，孟子的"尽心知性知天"到《中庸》的"修身、齐家、治国、平天下"，无不以培养和增强士人的道德自律为标尺。因而，儒家社会政治价值体系驯化下的君子人格以"慎独"作为路径，以实现道德的恒定性作为理想境界。宋末元初，世道乱离，许衡逃难，"尝暑中过河阳，渴甚，道有梨，众争取啖之，（许）衡独危坐树下自若。或问之，曰：'非其有而取之，不可也。'人曰：'世乱，此无主。'曰：'梨无主，吾心独无主乎？'"（《元史·许衡传》）许衡日后成就一代大儒，他的"吾心独无主乎？"一语传布于后世，如今可以视为关于道德自律的至为形象的典型表述。

东林人士关于道德的他律或自律均有所感悟，顾宪成在讨论性善问题时便有所涉及。他说，有这样一类人，总是以善恶是非标准针对他人，事一关己，便"一切糊涂""十分颠倒"。"讲学之会，此等人平时必且指而笑之。乃今一堂之上，雍雍济济，试引而进之在列。渠见大家端坐，亦必端坐；见大家拱让，亦必拱让。虽欲放出那些无赖，自然惶恐不敢也。岂入此门性便善，出此门性便不善耶？"（《虞山商语》卷下）顾子尚不知"他律"概念，但他的列举显然涵指道德他律现象。顾宪成又说，做秀才有岁考、季考，事关功名；做官则"三年有外考、六年有内考"，事关黜陟，"所以各各有个怕惧，各各有个惭愧"。至于人心善恶，由于"没人来考，便看得等闲"。其实上有父母，下有妻子，近则僮仆，远则亲戚朋友，一举一动，人人可见，"还瞒得些子否"？这是就他人而言。"反而参诸吾心，是是非非，明明白白，纵瞒得父母，瞒得妻子，瞒得僮仆，瞒得亲戚朋友，还瞒得自家否？校勘到此，真令人不容不十分怕惧，不容不十分惭愧，虽欲饱食安眠，悠悠过日，不可得也。"（《仁文商语》）顾宪成在这里讲的"自家明白之心"，便是关于道德自律的体悟。东林人士正是遵照儒家祖训，或讲工夫，或重本体，专一在修习自家心性上用功。他们的道德境界当然并不划一，但是当其面对是非善恶之时，他们大都能够有所分辨，作出选择。假如我们断言东林人士普遍具有一定程度的道德自律性,恐怕并不为过。

只是那些选择了知难而进的勇者,他们更具有不计利害得失,不顾身家性命的勇气,这确是十分难得的。一般而言,除了"重赏之下必有勇夫"的利诱之辈,世上的勇者大体上可以归为五类。一是置于死地而后生的坦然之勇,如井陉之战的韩信,破釜沉舟的项羽,以及揭竿大泽的陈涉等皆是。他们没有了后路,反而置生死于度外,凭着一鼓作气而反败为胜,绝境逢生。二是路见不平,拔刀相助的奋然之勇,从"摩顶放踵"的墨者到"侠以武犯禁"的朱家、郭解,以及传布民间的任侠之士等都属于这一类。他们扶危济困,救死扶伤,奋不顾身。虽则其志向比不得"博施济众"的圣人,可毕竟给世上的孤苦与弱小带来了生的希望。三是饱受欺凌而忍无可忍的愤然之勇,如小说家者流笔下的大郎武植,便可视为这类勇者的典型。他们是平头百姓,胆小怕事,只求温饱,然而有权有势者偏要骑到他们头上撒野。他们只有奋起匹夫之勇,以死相拼,结果不啻以卵击石,反而会召来更大的欺凌,信乎武兄死矣!四是愚昧无知胆大妄为的茫然之勇,譬如《水浒传》里以项试刃的"没毛大虫"牛二。这类勇者由于凶恶且混横而不知利害,或是品性卑劣不知羞耻而肆无忌惮。他们也会表现出不避生死的勇气,但这类勇气总是对弱小者施展。五是基于道德理想和政治理念而形成的洞然之勇,洞者洞识、洞察,正所谓大智方能大勇,大凡世上的节烈之士均可以归于这一类。这类勇者历代不乏其人,仅就有明一代看,则文天祥、张煌言、史可法,以及东林罹难诸君和救助东林之士皆应计入。他们在道德价值、政治信念与个体生命的比较中,毅然选择了前者,儒家传统的"杀身成仁"在他们的身上成为现实。

洞然之勇是一个民族的正义感的壮烈展现,在专制政治即极权主义时代,假如没有了这些智勇之士的怒发冲冠,拍案而起,则人世间委实不再有生路。换言之,正是由于"洞然之勇者"的曾经"介入"和"出手",中华民族的历史才是跌宕起伏、波澜壮阔和可圈可点的。

三、君子的凡人层面

语云："人非圣贤，孰能无过。"①这句话的反命题是"人是圣贤，即能无过"。在一般人的心目中，凡夫俗子总是利欲缠身，目光短浅，他们的人格不可能完美，如果他们也有人格的话。反之，一旦尊为圣贤，就要做到尽善尽美，圣贤人格的完整性是不容置疑的。

东林人士的人生鹄的是努力做圣贤，他们不免会自诩为圣人之徒，世人及后代也常常以贤人或君子目之。然而，现实生活中的东林诸君却是血肉之躯，他们都有其各自的性格与个性，优长和弱点，以及各自的机缘或际遇。即使是罹难诸君，他们也并不是人们想象中那样彻头彻尾地坚定不移，或是自始至终勇气十足，或是从头到脚都是刚铸铁打的。不错，他们确实坚强英勇，有着"赴火蹈刀，死不旋踵"的英雄气概。但是，他们不是口碑流传催人泪下的民间故事，也不是小说家者流苦心孤诣的艺术创作，他们是"曾经出席"过的本真生命，我们不能因为他们的"当下缺席"就对那些曾经有过的畅笑、怒斥和呻吟视而不见。东林人士也有他们的凡人层面。

高攀龙天启四年任左都御史，不久，党争愈烈。他明显感受到了威胁，遂引咎辞官，随即被削籍，这时节党祸已经酿成了。据《东林书院志》载："乙丑（天启五年，1625 年）东林既毁，有为先生（指高）危者，（高）以居易俟命谢之。曰：'吾辈今日一切听天，一切靠天。一日无祸，即一日享福而已。'屏迹湖干，自称湖上老人。不见宾客，不谈一时事，谓大臣见废，时义当然。"（《东林书院志·诸贤轶事》）这时的高攀龙显然只有一心避祸。他在写给缪昌期的信中说："世事至此，吾党亦有过。"他一方面表示"丈夫志千古，何屑计一时"；另一方面又叮嘱"恶雨腐麦，民分必死；盗贼塞野，所在戒心，但思闭户耳"。这封信写于天启六年之前，杨涟等六君子遇难之后，信中提到"近都下盛传姑苏词

① 出处本于《左传·宣公二年》："人谁无过？过而能改，善莫大焉。"又《论语·卫灵公》："子曰：'过而不改，是谓过矣。'"

林作六臣吊忠文"一事。又说:"刘念老(即刘宗周)书来,且欲约同志为大会,以吊忠魂,正落其纲中,弟力止之矣。当此之时,闭户谢客,乃正当道理。反有以为非者,弟诚不知其解也。"(《从野堂存稿·附录》引)大凡敌强我弱之时,理应避其锋芒,不宜硬闯,高攀龙力主避祸亦是儒家文化传统的智慧耳。不过,观其自称"湖上老人",又思无祸即是福,又缄口不言等状,高子心中不无恐惧,这时的生死当然没有置于度外。

以高攀龙的学识和洞察力,他当然知晓大难即至,却又解困无术,他甚至把希望寄托在辽边外患上。天启六年(1626年)二月,高攀龙在致缪昌期的信中说:"弟居湖干,久不见报,未知外患何如。党祸有限,外患无穷,外患成,吾党求为党人不可得矣……有新闻幸广孤陋。"(《从野堂存稿·高景逸书》)高攀龙不惜以外患救"吾党",倒也不是不讲天下兴亡大义或家国利益,而是慌不择路,切实表达了他急于摆脱困境而郁郁惶惶的焦灼心态。

杨涟上书参劾魏忠贤之后,即已盟退志。他在家书中写到:"我今日日图归。诸君子又以大义相责,谓有我在朝,内廷还愁忌,不敢放肆。一去便放心,以为无足难矣,臣子不当只为洁身计……但我想天下事是一人做不尽,不如以微罪行,听世道于天于人可耳。"(《杨大洪先生文集·甲子参当后寄回家书》)盖杨涟上疏之后,并没有得到明熹宗的支持,"长安逆珰如故",一时传言甚多,他心中颇有些失势之感。与当年争移宫,拥立熹宗时的景况大不相同。他意识到"今官家(指熹宗)已另用一番人矣"(《杨大洪先生文集·与高景逸》)。这不能不令他心灰意懒,而且多少有些惧祸之虞,遂谋归计。他在家书中再三叮咛:

> 即汝等亦当百事慎重,无轻干谒。至于人情分上,虽饿死穷死苦受,即亲友相托,亦莫轻易承任,惹人是非口舌。即县公好歹,亦只闭口莫言,或人传说某事不好,某事甚丑,只作不闻不见,莫轻传说。或有人挑拨以成仇怨,县官管土三尺,莫说我口语好轻易也。盖在外朋友话长话

短,县公不当甚事;惟汝兄弟话,便多打听传播,故要谨慎,莫轻开口。此谨厚正道,亦保重身家,免小人倾害之道也。慎之慎之。(《杨大洪先生文集·甲子参珰后寄回家书》)

天启四年(1624年)十月,杨涟被削籍,这倒合了他"以微罪行"的本意。他在给高攀龙的信中写到:

> 猛风恶雨,骤暗晴天,善类真成卷堂散矣。不肖涟亦得从大君子之后,领臭骂一顿而归,可谓厚幸。不惟结却忤权奸一局,而得微罪以行,不见君父为嬖幸逐法官之迹,于初心甚安,并不属见几先逃……惟是痴愚一念,于当日凭几依依,丝毫无朴,只落得一去卸担。夜气清明,每一想及,不禁涕落,又窃笑其梦未醒也。(《杨大洪先生文集·与高景逸》)

杨涟在信中透出了三点消息。其一,以削籍了却得罪权奸之事,颇感万幸。其二,罪在自身合乎儒家道义,所谓"过则称己"(《礼记·坊记》),勿彰君过,再次表达了绝对忠君的情怀。其三,仍然抱有致君尧舜,惩奸去恶的王道理想,惜乎壮志未酬,只有解嘲而已。由此可知,杨涟真不愧是忠贞君子的典型。不过,他表露出明显的失势之感和将政治责任委诸"世道人心"的心态,显然是从一心为了"君父百姓"的东林志向中退却了一步,显现出君子人格中的凡人本色。

缪昌期才高而外露,有"江南第一才子之称",他不是东林讲会中人。据史载他"未尝心许东林"(《从野堂存稿·缪公行状》)。万历二十三年(1595年),缪昌期曾经专程到锡山拜谒顾宪成,"退而语同志曰:'东林诸君子,有为讲学而有意立名,党锢道学之禁,殆将合矣。'遂自锡山归里,课弟及诸子。"(《从野堂存稿·文贞公年谱》)所谓"未尝心许东林"盖源于此。

这一次经历反映了缪公为人的两个特点。一是眼光敏锐,能洞知天下祸败,常有先见之明。如钱谦益的称道:"榷情伪,计成败,揣摩天下事,不失毫发。"(《从野堂存稿·缪公行状》)他觉察到东林中人不都是笃忠悫义之士,颇有些得意扬名之徒,他很不以此为然,认为东林一派很有可能重蹈汉末"党锢之祸"及南宋朱子"伪学之禁"的覆辙。缪昌期不幸而言中。二是心中常存避祸之念。这里有一旁证。据缪公的《示子》书云:"生当季世,种祸容易,种福极难。《小宛》不云乎:'掘粟出卜,自何能谷。'此大夫兄弟相戒以免祸之诗也。"他随即摘引了《小宛》诸章诗句,又说:"每诵其诗,为之流涕,愿吾弟吾子日诵一遍,以当座右铭也。"(《从野堂存稿·示子》)缪昌期之归里教训子侄,正有规避之意。

或许是性格使然,缪昌期常常感愤于时事,"每叹曰:'吾惟恐人为伪君子,肯与人为真小人乎!'往往盱衡扼腕,形于言色。朝论遂以东林目公,公(指缪)弗辞也"(《从野堂存稿·缪公行状》)。他又与左光斗、魏大中结为挚交。左光斗,杨涟等谋议参劾魏忠贤,缪昌期参与其事。但他明知成功的把握并不大,内廷没有内援接应,外朝缺少权臣主持,故而深虑"一不中而国事随之"。杨涟参劾魏阉的上疏,朝野盛传出于缪昌期之手,魏忠贤闻听之后,极其恼怒,必欲置之于死地而后快。天启六年(1626 年),缪公被逮之后,亦坦然承认与杨涟"同谋是实","草疏是实"。缘此而令阉党恨极,以至缪公刑极惨毒,"死之夕,状甚秘,外人莫得知。敛之日,十指堕落,捧掬置两袖中"(《东林列传·缪昌期传》)。显然是魏党恨他起草奏疏,而着意施虐加害。

据缪昌期自言得祸之由:"总缘应山(杨涟)一疏,兼以桐城(左光斗)、嘉善(魏大中)之交。"不过,"仆即死不负朋友,此心自可对天日耳"。(《从野堂存稿·答门生陶圣洋》)。"若夫道义交知之累,岂有怨尤?仆虽不肖,窃睹于义命之分矣。"(《从野堂存稿·答门生毛六翮》)话虽铿锵,但缪昌期对于自己得祸被逮显得估计不足。他曾经回味这一段心情说:"仆之初被谴也,自谓青山无恙,白社可依,视一官如脱屣耳。不谓风波转恶,雷霆转迅,投闲不已,继之削籍。削籍未厌,重以株连。嗟乎,亦以酷矣。"(《从野堂存稿·答门生毛六翩》)危难之中,缪公总还抱有一线希望,担忧惧祸之情,亦如跃纸上。如《寄杨大洪》:"自兄跨驴而南,惊风怪雨,日甚一日。诇弟者无所不至,相爱者劝弟稍避形迹……而外之最黠者日夜思算。据识者云,另有巧著,非此不足以为除根之计也。已矣,听之而已。或又云,保不至是。所谓天若祚宋,必无此事也。然安可必耶?"这封信应当写于天启四年(1624年)十月杨涟削籍归乡之后,其时缪公掌南翰林院,魏忠贤一派视为钉刺,必欲拔除之。"外之最黠者"似指魏广微、崔呈秀辈。再如《答门生陶圣洋》:"今世局日新,人情叵测。仆所犯魁人之党,中央之忌,其能保此残躯,一丘一壑,长为吾有,如门下所云者乎?度眼前事体,或不至是。若更有不可知,则亦听天听君父而已。"(《从野堂存稿·答门生陶圣洋》)这封信当在免官之后,文中"或不至是"及"不可知"云云,足见缪公心中忐忑。

据天启六年(1626年)三月五日缪昌期手书《自录》,杨涟之疏确实不是缪公手笔,而是讹传所致。原委曲折。简言之,缪昌期的座师是叶向高,当时官居首辅,与东林人士颇有交往。杨涟上疏之后,一日缪公往见叶向高,叶说:"大洪这疏亦太容易。彼其人(指魏忠贤,下同)于上(指熹宗,下同),时有匡正。一日有飞鸟入宫,上乘梯手撄之,其人挽上衣不得上。有小珰赐绯,叱曰:'此非汝分,虽赐不许穿。'其认真如此。恐大洪疏行,难再得此小心谨慎之人在上左右。"缪昌期闻之而不悦,说:"谁为此说以欺老师,可斩也。"叶向高闻言色变。据《自录》所述:

> 其语闻于应山(杨涟,下同),应山愤愤。福堂(叶向高,下同)闻而书抵李公(李公先,当日叶、缪对语时的在场者——引者注),大约如前指而淡其词,但辩未尝抵大洪之短。应山益愤,即欲发抄。予(缪公)闻,力止之。福堂不知也,而含怒于前语不解。(《碧血录·缪西谿先生自录》)

倘若事只至此,倒也不一定就会殃及缪公,这里又有其他缘由:

> 先是,应山书上,言者响合。福堂亦密具一揭,讽上(指熹宗)准其(指魏忠贤)退归私寓,过加优渥,比于大臣勋臣者,然则上不失恩意,下明其退让,两得之道也。揭入,大拂内(指魏忠贤)意。福堂惧,思有以自解者,乃扬言此揭非出我意,自为门生所迫也,而流言自此起矣。(《碧血录·缪西谿先生自录》)

于是沸沸扬扬,流闻大内,"且谓应山之疏",出于缪昌期之手,"不知何人所造。而忌者附会其说,益不可解"。叶向高趁机大造舆论,逢人便告:"西谿(缪公)骂我,彼与大洪二人日夜往来。"意在与"代草之说"相呼应,"以实其出揭非本意之言"(《碧血录·缪西谿先生自录》)。

叶向高嫁祸他人,行径直与"与人同逆而旋背之"的小人无别,加之心胸狭窄,"名宽大而不能受",罔为师尊。缪昌期对此亦不免怨望:"福堂名为宽大,岂真欲杀我哉,不过借以自解,而余遂不可解矣。"缪公辩曰:

> 予谓"此说可斩",属之于欺老师之人,则明明不指老师矣,福堂岂不知?故曰借以自解也。然"可斩"二字,虽不指福堂,亦自碍耳。则词气之失平,宜任其咎矣。福堂于我不为不知己。予自童子诸生,凡有司一词之褒,如前所称者,终身不忘,况于登进者乎?况福堂之为辅,何至可斩之出之予哉!

缪昌期承认"可斩"二字说得有些过头,但借此诿过自保,则是座师有意所为,故而他的言辞也就不再客气了:"恶规喜谀,福堂亦太甚矣。"(《碧血录·缪西谿先生自录》)

至于身受朋友牵连,缪昌期则大义分明,声言"不敢营私背君,欺心卖友一念,亦天地神明所共鉴也",表现出君子人格的正己精神和宽广胸怀。然而,缪公之取祸最终是由于交往和言辞,而不是直接与魏忠贤一派对阵所致,故而言及于此,缪公亦不无些许悔意。他在《与高景逸》信中说:"知有今日久矣";在《与门生刘振贤》信中说:"不肖以笔札交游之故,致有今日"(《从野堂存稿》卷六中)。缪昌期自知大难临头,祸不可免,"何也?有代草之说,而安得免?宜其有今日也。予亦不以求免而辞代草也"(《碧血录·缪西谿先生自录》)。他最终选择了杀身成仁,"与李膺、范滂①同游地下,亦复何憾!"(《从野堂存稿·与高景逸》)。不过在他的凛然和从容之中,也带有几分无奈:"祸机之来,凡百辏集,岂非天哉!"(《碧血录·缪西谿先生自录》)

高、杨、缪诸君在东林党议之中皆非等闲人物,我们通过揣摩和体味他们的内心世界,不难得出这样一个认识:君子也是凡人,激昂壮烈的行为背后也有平凡的一面。因之,东林人士如同常人一般,他们面对大难大厄,也曾有过恐惧和焦虑,也会萌生退守自保的念头。当他们面对生与死的选择时,也有如同常人一样的求生欲望,甚至,他们偶或也有软弱的瞬间。

天启党祸的罪名是贪赃受贿,被逮诸君子各坐赃银若干,限期缴还。据赵翼《廿二史札记》统计:

> 时坐受赃者,(魏)大中三千金,周朝瑞万金,袁化中六千,顾大章四万,周起元悬坐十万,缪昌期三千,周顺昌三千,周宗建万三千,黄尊素二千八百,李应升三千,熊明遇千二百。而赵南星亦以汪文言狱词,悬坐赃万五千。杨涟两万,左光斗两万。(《廿二史札记·汪文言之狱》)

对于被逮君子们来说,受诬贪赃固然冤屈,可也并非必死的罪名。据赵翼说:"(左)光斗等之被诬受贿也,初不肯承,而恐为酷刑所毙,冀下法司,得少缓,

---

① 李膺、范滂都是汉末"党锢之祸"的首义之士。

遂俱自诬服。"(《廿二史札记·汪文言之狱》)可是,魏忠贤意在令诸君子必死,他没有将诸君子转系刑部,而是押在锦衣卫北镇抚司。北镇抚司堂官许显纯系魏忠贤麾下五彪之一,秉承魏忠贤旨意,决计加害,按限追赃只是表面文章,掩人耳目。有的人醒悟较早,如杨涟。据《天人合徵纪实》,天启五年七月十五日,"是日,公(杨涟)始知珰意不可回。每晨起,多饮凉水以求速死……前此犹望生还也"(《碧血录·天人合徵纪实》)。

有的人则始终抱有一线生还希望,如周朝瑞。《天人合徵纪实》载,天启五年八月十四日,"周公赃完"。十九日,"是日,显纯上疏云,周某病剧。上命拨医调治。次日(二十日),医来,显纯呵之以出。彼时周公(朝瑞)自以赃完,裹巾结袜,逍遥狱中。方怨顾(大章)相累,不得速发西曹,未尝有恙也"(《碧血录·天人合徵纪实》)。又据《天人合徵纪实》匿名作者记述:"周公(朝瑞)固憨直之士。居狱中,常大言曰:死亦何难,只须尺布便了。又念赃银已完,可望生路,不思处置家事。"(《碧血录·天人合徵纪实》)又据《诏狱惨言》:"诏狱诸公入狱后,意气皆不减。独袁(化中)、周(朝瑞)二公,以为珰深恨杨(涟)公,杨死余犹可望免,累迫顾(大章)公劝之速决以舒祸。顾正色曰:'人故自有主张,且死生之际,岂朋友所宜劝?诸兄必相强不已,弟当先绞颈以谢。'嗣后乃不复言。"(《碧血录·诏狱惨言》)

如果这些记述无误,那么我们大致可以断定,天启被逮诸君之渴望生命与平常人无二。只是在"人为刀俎,我为鱼肉"的景况下,他们别无选择。当然,他们的勇气并不因为具有求生的渴望而稍减,反之,他们的勇气恰恰在于为了生命不被无端剥夺而经受住了非人的磨难。他们直面死亡的威胁,没有屈膝跪下说"我忏悔"。事实上,承认曾经胆怯过的勇者更应当令人敬佩,这不仅仅是因为他们的勇气是真实可信的;而且,与不曾害怕过的勇者相比较,战胜不为人知的内心恐惧并且承认这一点,需要双倍的勇气!

东林君子们在厄运真的降临之时,毕竟坚持了信念。他们义无返顾地以身殉道,以道殉君。"死于王事,男儿常事"(《东林书院志·诸贤轶事》),东林人士用一腔碧血给他们终身探寻的君子人格划上了句号。

四、逐利媚权之辈

有关东林党议的研究已经指明，魏忠贤为首的阉党与东林派的直接冲突发生较晚。在明熹宗即位之前的很长时期内，是浙党、齐党、楚党、宣党、昆党等与东林党人聚讼不已。天启初，魏忠贤与熹宗皇帝的乳媪客氏相勾结，惑主弄权，矫杀太监王安，魏忠贤得以升任秉笔太监，又统领东厂，从而势力日隆，几可左右朝政。谢国桢指出："天启初年，那一般东林党人，布满了朝局，凡是反对东林的人，都被摈斥。因此齐、楚、浙三党的人物象王绍徽、阮大铖、崔呈秀、魏广微、冯铨与东林不合的一流人物，都趁著机会起来，投到魏忠贤的名下专与东林作对。"①

据史载，万历年间至光宗朝的诸多争端，如争三案、争国本、福王之国，以及京察、科场案等等基本上与魏忠贤没有直接的关联，魏忠贤亦根本不知道"东林"为何物。直到天启四年（1624 年）杨涟疏出，才逢人便告"东林杀我"。是知天启党祸的魁首虽然是魏忠贤，但其间更有挑拨酿祸者、出谋划策者、推波助澜者，不过是有人"恶清流清议为害己，欲除而去之者也"（《从野堂存稿·缪公行状》）。这些依附魏忠贤的宵小之徒不乏科举出身的士人，他们心甘情愿为一内侍宦官充当爪牙和打手，或号称虎、彪、狗，或甘为儿、孙，洋洋自得，不可一世。其实他们人性卑劣，人格低下，心性恶劣。总括其表现，主要有三。

表现之一，居官的目的在于追逐利、权。

东林人士的反对派人数众多，其中依附魏忠贤最得力者有崔呈秀、魏广微、顾秉谦、霍维华等人。他们皆为进士出身，却性好利与权，或被东林一派拒之门外，遂转而投靠魏忠贤。

---

① 谢国桢：《明清之际党社运动考》，中华书局，1982 年，第 50 页。

例如崔呈秀，万历四十一年进士，他最初是想投靠东林党的。"天启初，擢御史，巡按淮扬。卑污狡狯，不修士行。见东林势方盛，将出都，力荐李三才，求入其党，东林拒不纳。"（《明史·崔呈秀传》）崔呈秀在淮扬任上，收受贿赂，"赃私狼籍"，如霍丘县知县郑延祚贪赃是实，他向崔呈秀行贿"千金"，崔即包庇藏匿，使之免于参劾，郑延祚再贿"千金"，竟然被崔呈秀举荐升迁。类如崔呈秀这样的官品及人格，与东林人士形成了鲜明的对照。

天启四年，高攀龙任都御史，职掌监察，"尽发其贪污状"，吏部尚书赵南星职掌铨选，"议戍之"，诏令"革职候勘"。崔呈秀知道自己罪责不小，难脱惩处。为了摆脱窘困，逃避责罚，他"夜走魏忠贤所，叩头乞哀，言攀龙、南星皆东林，挟私排陷，复叩头涕泣，乞为养子"。这时节的魏忠贤正在谋划揽权，扩张势力，正想得到外朝大臣相助，以便形成内外呼应之势，故此大喜过望："得呈秀，恨相见晚，遂用为腹心，日与计画"（《明史·崔呈秀传》）。崔呈秀并非不学无术之徒，但他的人生志向只是一心谋利，以道谋官。见到东林一派势盛，就想投靠东林；其后为了逃脱贬斥戍遣，又转而投靠魏忠贤，且甘为养子。可知在崔呈秀的价值观念中，没有什么是非道义的踪迹，唯有一个"利"字与之相伴，人格之劣，难以评说。

再如魏广微，万历三十一年进士，由庶吉士转任南京礼部侍郎。依明朝官制，南京本是留都，官阶建制及官秩品级与京师相同，但其职权形同闲置，不可比拟。这对于一心想着逐利谋权的魏广微来说当然不能满足。天启二年（1622年），魏广微看到魏忠贤势力扩张，认为有机可乘。他已经多年远离权力核心，不由他不着意经营。于是魏广微以同乡、同姓为借口暗中与魏忠贤交结，果然奏效。当年即召拜礼部尚书。翌年，兼东阁大学士。魏广微终于如愿以偿。

魏广微之父魏允贞，曾任右通政，右佥都御史，政声卓著，史称"素刚果，清操绝俗"（《明史·魏允贞传》），又与赵南星交好。魏广微的品性及所作所为与乃父大相背离，颇令同道慨叹。本来赵南星对魏广微很是看顾，"素以通家子畜之"。及至魏广微"以同姓严事忠贤,幸至揆地,而南星待之益峻。每叹曰:'见泉无子'。见泉者,允贞号也"(《东林列传·赵南星传》)。

魏广微闻知赵南星的态度,心中怀恨,及至他入阁之后,曾经"三及南星门,阍人辞不见"。广微心中恼怒,说:"他人可拒,相公尊,不可拒也",从此"益恨南星"(《明史·魏广微传》)。魏广微以同姓而父事魏忠贤,到底尝到了拥有权力地位的滋味。明明是自己厚颜,却又恨极他人非议,这正是小人人格的典型表现。正如当年荀子的判定:"致乱,而恶人之非己也;致不肖,而欲人之贤己也;心如虎狼,行如禽兽,又恶人之贼己也。"(《荀子·修身》)

魏广微与魏忠贤"表里为奸",又"遍引邪党"。他之所以衔恨东林,一个主要原因是他为人"阴狡",又面薄心狭,报复心极强。诚如黄尊素指出的那样:"广微,小人之包羞者也,攻之急,则铤而走险矣。"(《明史·黄尊素传》)他一旦遭到东林一派的拒斥,便立意与东林为死敌。魏广微之所以"曲奉忠贤,若奴役然",完全是出于嗜利之心。为了谋求利与权,他根本不讲廉耻。与崔呈秀相比较,魏广微在作恶方面具有更强的主动性。天启党祸中的许多整人阴谋都是自他而出。极端嗜利加上心胸狭窄恐怕是小人人格及品性之中最险恶阴毒而无可救药的了。

又如曹钦程,本是贪酷之吏。他也是进士出身,"授吴江知县,赃污狼籍,以淫刑博强项声"。(《明史·曹钦程传》)后被巡抚周起元参劾,贬秩降级。为了尽快升官,曹钦程百般钻营。他先打通汪文言的门路,"谄附汪文言,得为工部主事"。汪文言在明末政坛上是个特殊人物。他出身不高,最初做过县吏,后来"输赀为监生"。汪文言为人"智巧任术,负侠气",交游极广。他看到"东宫(光宗朱常洛)伴读王安贤而知书",便"倾心结纳"(《明史·魏大中传》)。以监生的身份交通内监,神通确乎不小。据史载,明光宗即位后,王安升任司礼秉笔太监,权掌批红,深得信任。王安又极交好汪文言,听从汪文言的建议,"劝帝行诸善政,发帑金济边,起用直臣邹元标、王德完等,中外翕然称贤"(《明史·王安传》)。可知王安与汪文言的关系非同一般。曹钦程"谄附"

汪文言,就能直通秉笔太监王安,从而实现了升官的愿望。

天启初,魏忠贤设计除掉了王安,将秉笔太监的头衔抓到自己手里,又两兴汪文言之狱,以打击反对派,扩张势力。王、汪失势,魏党一时气焰熏天。曹钦程看到风向变了,便转身投靠魏党,通过座主冯铨"父事魏忠贤,为'十狗'之一"(《明史·曹钦程传》)。曹钦程打通了魏忠贤的门路,再次官运亨通。为了利和权,他甘心做"狗",其嗜利之心急渴难耐,委实不堪。

以上稍做列举,就可以清楚地看出,东林一派面对的都是一些什么样的人物。他们抨击对手为小人是很有道理的,对方确乎都是一些善于钻营,为了利与权可以不要尊严,不择手段,居官贪酷的小人。依照善恶绝对两分的思维定式,自认为东林君子者当然要断喝一声:"是可忍,孰不可忍!"

表现之二,为了谋取利与权而极尽阿谀奉承,万般讨好,实属寡廉鲜耻。

例如刘志选,"万历中,与叶向高同举进士",历任刑部主事,合肥知县等。因政绩劣差,"以大计罢归,家居三十年"。至熹宗朝,叶向高为首辅,顾念同年之谊,将赋闲在家的刘志选召任南京工部主事。刘志选再次步入仕途,年纪已有七十余岁了,却"嗜进弥锐"。他看到魏忠贤一派权势如日中天,便极力讨好。遂上疏追论"红丸案",攻击孙慎行、王之寀、杨涟、左光斗等东林分子。《三朝要典》是魏忠贤一派镇压东林人士的依据和定罪的"铁案",刘志选极力称颂:"命德讨罪,无微不彰,即尧、舜之放四凶,举元、恺,何以加焉,洵游夏无能赞一词者。"又称颂魏忠贤、魏广微,"慷慨忧时,力障狂澜于既倒者,魏广微也,当还之揆席,以继五臣之盛事。赤忠报国,弼成巨典于不日者,厂臣(指魏忠贤)也,当增入简端,以扬一德之休风"(《明史·刘志选传》)。阿谀确实带来了好处。天启七年(1627年),刘志选终于擢升右佥都御史。

再如梁梦环,进士出身,"历官御史,父事忠贤"。他既能为魏忠贤效力,又最擅长阿谀。史载梁梦环"建祠祀忠贤,三疏颂功德。宁锦之役,复称忠贤'德被四方,勋高百代'"(《明史·梁梦环传》)。梁梦环因善于逢迎而升迁,擢太仆卿。

梁梦环为魏忠贤建生祠,却也不是他的发明,他只是当时众多的阿谀者之一。据《廿二史札记》,给魏忠贤建生祠始于天启六年六月,首倡者为浙江巡抚潘汝桢。"建祠西湖,疏闻于朝,诏赐名普德……自是诸方效尤,遂遍天下。"谀者相互攀比,极尽奢华,对魏忠贤的生祠偶像顶礼膜拜,忠贤的气派焉然拟于帝王。如巡按鲍奇谟在开封建祠,"毁民舍二千余间,创宫殿九楹,仪如帝者"。巡抚朱童蒙"建祠延绥,用琉璃瓦"。巡抚刘诏"建祠蓟州,金像用冕旒"(《廿二史札记·魏阉生祠》)。建祠诸臣"凡疏词一如颂圣,称以尧天顺德,至圣至神。而阁臣辄以骈语褒答"。宁海县督黄运泰"迎忠贤像,五拜三稽首。率文武将吏,列班阶下,拜如初"。黄运泰又"请以游击(官名)一人守祠。后建祠者必有官守"。甚至有一监生陆万龄,提出"孔子作《春秋》,忠贤作《三朝要典》;孔子诛少正卯,忠贤诛东林党人。宜建祠国学,与先圣并尊,并以忠贤父配启圣公祠"(《廿二史札记·魏阉生祠》)。魏忠贤本来目不识丁,在这些两榜出身的士大夫们吹捧下,竟然与孔子"并尊"。以陆监生为典型案例,我们可以确知,恰恰是那些知书达礼的嗜利之辈在想方设法地推波助澜,他们为了阿谀讨好获得利益可谓殚思极虑,可以无所不用其极。这种状况源远流长,迄今尚未绝迹。这不禁使人想到,只要抛却人的自尊和理性,不再顾忌什么廉耻,那么,什么样的人间奇迹或政治奇迹不能吹捧出来呢? 也许人类社会曾经有过的诸多政治神话、政治神物或政治圣人就是这样缔造出来的吧。

前文提到的"宁锦之役",即天启六年正月的"锦宁三捷"。后金魁首努尔哈赤于在该战役中受重伤,随即不治身亡。这是明代经营辽东的一次难得的胜利。据《玉镜新谭》载:"自奴酋发难,我朝用兵十余年,未有此大捷也,皆(袁)崇焕之力,而逆珰魏忠贤归功于内,攫为己有,唛言官挤之去,而盈廷颂其功焉。"梁梦环正是抓住了这个机会,拍马成功的。不过,他也只是歌功颂德队伍之中的一员而已。从《玉镜新谭》收录的奏疏来看,类似梁梦环的阿谀者为数不少。作者朱长祚在《凡例》中申明:"凡忠言告君者,标出姓氏。间有谀辞媚珰者,止列官衔某字。第显其事而晦其人,隐恶扬善之意也。"我们从

这些奏疏中,可以清楚地感受到媚权者之奴颜可掬,用心良苦。如:

> 此我皇上英明天纵,圣德神功,而心膂元臣,赤心报主,爱国如家,事事精勤,处处周到,致有此丰功茂绩也。
>
> 昨者宁、锦之困,赖厂臣干国精忠,一切器械粮草,尽心筹划。诸臣亦莫不兢兢然,同心济事,奏此肤功。
>
> 我兵何前弱而后强也?赖皇上聪明神武,得厂臣筹画于帷幄,故内镇督抚道将,戮力于疆场,中外协心,接济立援,应手奏未有之肤功。
>
> (《玉镜新谭·锦宁三捷》)

古代臣僚百官上疏祝捷称颂,总要竭力赞颂皇上圣明,像这样将"厂臣"与天子并列,一同称颂者,却不多见。

此外,《玉镜新谭》"大工鸿绪"条下,还收录有贺颂三殿建成的奏疏,其谀词之机巧,几可叹为观止,不妨一阅。如:

> 皇穹烈宗,显佑阴隙,笃生元臣魏,尽诚映日,谋画规天。
>
> 以治国之法治工,曲木不加梁柱;以课吏之条课艺,秋毫莫肆侵年。
>
> 圣明知人善任,委心膂以勿贰勿疑;赖厂臣矢日沥诚,弼元首于可大可久。
>
> 圣上以离照当阳,厂臣以纯忠辅运,创亿万载之丕基,殛数十年之狂寇。

兹仅摘数条,即能窥知簇拥在魏忠贤周边的卿士大夫们为何种人格,何等品性了。

人类的政治文明发展史告诉我们:其一,当政治权力成为获取利益的最佳手段时;其二,在政治权力的分配过程中,程序和规则的权威性让位于私人关系与个人意志时；其三，最重要的是，权力分配的参与者对于获得利益的兴趣远远超出了对于政治规则的信守程度和对于政治理想的信仰程度时。这时，官场中的阿谀奉迎就是不可避免的了。

阿谀逢迎与真诚的赞誉有着本质的不同。其中最重要的是，阿谀是不顾事实的夸大其辞，奉承讨好。而且一般来说，阿谀与人的文化程度或出身背景等没有关联。魏忠贤的追随者们正是处于上述的境况中。他们为了权力和利益而争相献媚，"依媚取容"。他们是助纣为虐的帮凶。史家有言曰："明代阉宦之祸酷矣，然非诸党人附丽之，羽翼之，张其势而助之攻，虐焰不若是其烈也。"（《明史·阉党传序》）说的极是！

表现之三，以"逐利"聚而多倾轧，世势变则善伪装，开脱罪责，舵随风转。

小人逐利，患得患失。他们本来就是以利相聚合，利害冲突在所难免，故而小人聚也容易散也快，集团内部多倾轧。

例如顾秉谦，万历二十三年（1595 年）进士，改庶吉士，官礼部右侍郎、礼部尚书等。天启二年（1622 年），魏忠贤揽权，谋划交结外廷，顾秉谦与魏广微"率先诏附"，自此官运亨通。秉谦之为人，史称"庸劣无耻"，是残害东林党人的主谋之一。他在内阁职掌票拟，"事事循忠贤指"，算得上是俯首帖耳。不过，唯有两件事的处理意见与魏忠贤稍有差异。一是他秉承魏忠贤旨意，矫旨陷害丁乾学，又调旨杀杨涟、左光斗等。唯有对周顺昌、李应升等人的处理，他不同意下到镇抚司，而是"请付法司，毋令死非其罪"。二是关于"内臣出镇"之事，"秉谦撰上谕"，随即又与丁绍轼一起提出罢除。这两件事与魏忠贤"微有执争"。但这已经足以令他立足不稳了。加之冯铨入阁，使得魏党内部"日夜相轧，群小亦各有所左右。（顾）秉谦不自安，屡疏乞休"（《明史·顾秉谦传》），于天启五年（1625 年）"致仕"。

关于冯铨入阁、同党交轧事见《明史》的《吴淳夫传》和《孙杰传》。冯铨以攻击熊廷弼起家，他投书魏忠贤的侄子魏良卿，"劝兴大狱"，得到了魏忠贤的赏识,却引起崔呈秀的妒恨。《明史·吴淳夫传》载:"大学士冯铨释褐十三年登宰辅,为忠贤所昵。(崔)呈秀妒之,(吴)淳夫即为攻(冯)铨。"又据《明史·孙杰传》:"大学士冯铨由李鲁升、李蕃拥戴为首辅,素与崔呈秀睨。而(孙)杰与霍维华以呈秀最得忠贤欢,欲令入阁,谋之吴淳夫等,先击去(冯)铨。又恐王绍徽为吏部,不肯推(崔)呈秀,令袁鲸疏攻(王)绍徽,而龚萃肃上《阁臣内外兼用疏》以坚之。自是,(李)鲁生、(李)蕃与(孙)杰等分途,其党日相轧矣。"

魏忠贤一派既然专以逐利谋权相交结,那么争宠、争利、争权就是他们政治选择的全部内容。争宠者一旦失宠,便会失去了根基,如堕九渊,利与权就会处于失重状态, 随着失宠者地位的下滑而终至烟消云散。正如某智者言,天下有三样事物是靠不住的,曰:"冬日暖、老来健、君宠。"小人争宠是权力私有政治时代的普遍景观,相争相轧者从不讲什么道义和情分,因而愈见其人格卑劣。

倘若形势有变,小人们就会顺风转舵,以逃避惩罚。正如王夫之所指:"与人同逆而旋背之,小人之恒也。"(《读通鉴论·梁武帝》)

例如霍维华,万历四十一年(1613 年)进士,曾任知县,兵科给事中。"(霍)维华故与忠贤同郡交好", 他了解到魏忠贤与王安有隙,"遂乘机劾(王)安",使魏忠贤除掉对手,立下首功。魏忠贤得势之后,霍维华官运大通,"益锐意攻东林",其人"性险邪",与崔呈秀同为"(魏)忠贤谋主"。后来因为霍维华进献仙方灵露饮,致使熹宗病倒,魏忠贤"颇以咎维华"。霍维华很害怕,"而虑有后患, 欲先自贰与忠贤"。魏忠贤觉察到他怀有贰心,"降旨颇厉"。及至熹宗驾崩,忠贤失势,霍维华即利用前此与魏忠贤的芥蒂,而"弥缝百方",竟然得以官爵不失。"其年(天启七年)七月,以兵部尚书协理戎政"(《明史·霍维华传》)。

霍维华曾在天启七年(1627 年)十二月二十五日的上疏中极力为自己开脱,说:"(锦宁之役)忠贤又诎抚臣袁崇焕之级,而削其世荫。职(霍维华自称,下同--引者注)遂语科臣许可征曰:'长安中目不见虏之人,累累加级荫子,抚臣身家性命在彼觊觎面虏者,何反禁塞应得之恩典?本部职掌安然,何颜以对天下士大夫……'遂具疏争之,且愿以职之级与荫让之。忠贤遂大怒,面诟职于大工之次,又诟职于问安之日,而职毫不为之屈也。"(《玉镜新潭·称颂》)观其疏中为袁崇焕辩白之文,霍维华并不是事理不明、是非不辨的昏聩之人。再观其疏中多有诸如"不得不争""是以恨职入骨""不意职之慣执如故也"等表白之语,是知他确将自己竭力装扮成与魏忠贤作过坚决斗争的坚贞之士。然而,他忘记了,一篇奏疏焉能遮得住天下众人耳目,巧舌如簧又怎可封得住天下悠悠之口?给事中颜继祖一语道出他的本来面目:"维华狡人也,珰炽则借珰,珰败则攻珰"(《明史·霍维华传》),不过是个惯于故意为恶的十足小人罢了。

类似霍维华这样企图蒙混过关的魏阉余孽为数并不少,如石三畏、李恒茂、贾继春、阮大铖等。

石三畏曾任知县,"大著贪声",因铨选受抑,而极恨赵南星,"及忠贤得志,三畏诡附之",升为御史,从此官场得意,是魏忠贤的"十孩儿"之一。石三畏"又倚(崔)呈秀为荐主,锻成杨(涟)、左(光斗)之狱,咆哮特甚"。某日,石三畏宴饮大醉,"误令优人演《刘瑾酗酒》一剧"。魏忠贤听说了这件事,"大怒,削籍归"。等到魏忠贤倒台,石三畏"借忤珰名,起故官"(《明史·石三畏传》)。

李恒茂曾任礼科给事中,与崔呈秀交往厚密。又与李鲁生、李蕃"日走吏、兵二部,交通请托,时人为之语曰:'官要起,问三李。'"(《明史·李恒茂传》)。后来因为与崔呈秀"交恶"而免官,"削籍归"。魏忠贤失势后,李恒茂亦以曾受打击为由,"起故官"。

贾继春为万历三十八年(1610年)进士,历任知县,升任御史,因争移宫案,天启四年(1624年)四月被"除名永锢"。魏忠贤认为贾继春很有利用价值,遂将他召回,用以攻击杨涟。贾继春心下感激,竭力献媚,建议"宜速定

《爰书》①布中外,昭史册,使后世知朝廷之罪涟等以不道无人臣礼也"。及至思宗即位,贾继春"知忠贤必败,驰疏劾崔呈秀及尚书田吉……群小始自贰"(《明史·贾继春传》)。由于贾继春"反复善幻",定"逆案"时,没有将他列入。阁臣们认为他虽然"反复",可是"持论亦可取",倒是明思宗一语定案:"惟反复,故为真小人。"(《明史·贾继春传》)

阮大铖为"十孩儿"之一的李鲁生推荐,很得魏忠贤器重。他"为人机敏猾贼,有才藻"。天启四年(1624年)因升迁不成,痛恨赵南星、高攀龙、杨涟等人。依附魏忠贤后,与霍维华、杨维垣、倪文焕结为死友。他"事忠贤极谨,而荫虑其不足恃,每进谒,辄厚贿忠贤阍人,还其刺(名贴)"。魏忠贤倒台,阮大铖准备了两份奏疏。一是劾崔呈秀、魏忠贤,"谓天启四年之后,乱政者忠贤,而翼以呈秀"。另一攻击王安和东林党,"(天启)四年以前,乱政者王安,而翼以东林",并且"传语(杨)维垣,若时局大变,上劾崔、魏疏"。如果时局未定,则上奏另一本。阮大铖之善于作伪,巧于应变,活脱一副小人嘴脸。他曾因此而升官,"崇祯元年,起光禄卿"(《明史·马士英传附阮大铖传》)。不过,阮大铖用心再缜密,再奸猾,却也难逃惩治,最终还是被列入逆案,"论赎徒为民"。从此,"废斥十七年",为士林所不齿。直到南明时,再次兴风作浪,终也未改其恶劣本质。

荀子曾有言:小人者"言无常信,行无常贞,唯利所在"(《荀子·不苟》)。从东林党议中的具体表现来看,凡是称为小人者确乎极其恶劣,在他们的人格构成中,只有欲望的冲动和追求,没有什么道德约束。东林人士抨击"小人无忌惮",确是一语击中要害。一般评价东林党议,常常把批判中心指向魏忠贤,这固然不错。魏忠贤以一市井无赖而登庙堂,目不识丁却职掌秉笔批红,若无奸诈过人之处焉能做到?不过,魏忠贤可没有受过儒家文化的熏陶,在他个人的"政治社会化"(political socialization)过程中,并没有直接禀受儒学

---

① 《爰书》:中国古代记录罪犯供词的文书。

主流文化的洗礼，因之，他的所作所为虽说与儒家崇尚的伦理道德大相径庭，却也是意料之中。

值得惊异的倒是，在魏忠贤的身边，成为他的左膀右臂的，恰恰不是什么市井之徒，而是正宗科举出身的士大夫！如前面列举的崔呈秀、魏广微、曹钦程、刘志选、梁梦环等等，无不出身进士。他们可是些饱读诗书，饱受儒学熏陶之人，在他们的政治社会化过程之中，直接经受了儒学价值观的教诲，但是他们却与儒学的道德理想背道而驰，成了助纣的帮凶，嗜利的小人。原因何在呢？顾宪成有一段议论似乎可以给我们作个提示。他说：

> 就一人论，谓只是一个性，孰不信之；通众人论，知愚贤否，千态万状，有许多般样，孰谓只是一个性，鲜有不疑者也。乃予所疑，不特在众人。第据一人细加较勘，亦多可疑，何则？始终是善，上知而已；始终是恶，下愚而已。乃其间盖有少而驯良，壮而放恣者焉；又有壮而修检，老而颓落者焉。分明两截人也，不似乎有两个性耶？此犹自一生言也。盖有旦而清明，好恶与人相近；昼而牯亡，违禽兽之不远者焉，不似乎一日之间，亦有两个性耶？此犹自一日言也。盖有方以为是，俄以为非；方以为非，俄以为是。理欲公私，交战而不决者焉。不似乎一念之间，亦有两个性耶？”（《虞山商语》卷下）

顾宪成讲的是人性，我们从中至少可以得到两点启发。其一，人性多变，顾宪成已经明确认识到了实际人格的多样性、双重性，只不过他的表述语言是传统的。其二，导致人格多变、价值混乱的是“理欲公私”的冲突，这似乎已触摸到了形成双重人格或卑劣人格的个人原因问题。

一般而言，个人欲求与社会政治的约束是一对难解的矛盾。在文明社会的条件下，个人的欲望、情欲和追求，总要受到普遍认同的社会道德和政治道德的约束或引导，这是形成社会政治秩序的一般前提。在个人行为与社会制约之间,个人的选择更带有某种主动性和决定性。儒家所谓"君子有所不为",指的就是这个意思。从东林党议最后对峙的双方来看,东林人士代表了儒家社会政治道德的规范化和理想化的层面。儒学理想的道德价值和政治价值强化了他们的政治人格,从而树立了那个时代的正面形象。附丽于魏忠贤的士大夫们则代表了个人欲求的层面,对于他们来说,他们所受到的儒学道德说教根本抵不住利与权的诱惑,他们选择的人生价值定位是竭力满足其个人的利欲和权欲,因而他们大多是贪官。他们之所以投靠魏忠贤,就是要从这里寻找谋得利与权的捷径。因而从某种意义上可以认为,魏忠贤不过是这类士大夫嗜利欲求的政治代表和人格凝聚。假如上述分析无误,我们就可以得出这样的结论:这些"知书识礼"媚权之辈才是东林惨祸的实际制造者;列出东林党人"黑名单"的不是魏忠贤。所以,李应升惊呼:

　　嗟乎,狼当道而兰是锄,鬼张弧而凤已冥。小人之祸,烈于猛火!
(《落落斋遗集·谨再疏纠驳以听圣裁疏》)

他所指的正是这类智能型的小人之祸。

　　中国历史上"士人整士人"的原因可以列出许多,诸如君主政治体制、王权主义政治文化,以及社会生态、经济条件,等等。但我以为更重要更直接更深层的原因是整人者自身无限膨胀、无可遏制的利与权的欲求。当个人的利权欲求扩张到突破了道德自律的边界,引发了自身道德认同的滑落,个人的行为选择便会摆脱必要的约束而趋向"无忌惮"。当然,君主政治"权力私有"的政治本质以及"君权至上","权力支配社会"等政治文化条件,也是促成个人利权欲求的重要原因。不过这些当属于客观因素,相较之下,人的主观因素更重要。故而我坚持认为,在东林党祸中充当谋士和打手的士大夫们,其个人仍然难辞其咎。将自己曾经暴虐甚而血腥的行径推诿给时代、社会或某种趋势的推动,无疑是显而易见的文过饰非,骨子里是深刻的人性卑鄙与丑陋。因为,在同样的政治环境和政治文化条件下,确乎有人在坚持理想价值,有人为朋友承担罪责,也有人保持价值中立,在政治风云变幻、神鬼莫辨之际选择了沉默、独行及不合作。文选郎中范景文与魏忠贤是同乡,魏忠贤得势时,范景文"不一诣其门,亦不附东林,孤立行意而已"。他的名言是:"天地人才,当为天地惜之。朝廷名器,当为朝廷守之。天下万世是非公论,当与天下万世共之。"(《明史·范景文传》)

与范景文相较,附魏诸公,夫复何言?!

第五章 士人精神

东林党人际遇的惨烈直可感动天与地，他们在思维方式上的弱点或是思想的局限并不妨碍他们的人格感召力，东林人士以其真实的道德形象和政治人格对于世道人心产生了巨大的影响。清初，江阴人陈鼎撰《东林列传》二十四卷，自称"外史氏"，关于东林人士的社会影响是这样描述的：

> 当其讲学(按指顾、高等聚讲东林——引者注)之意，原以发明人心道心，纲常伦理；出则致君泽民，斥邪扶正，以刚介节烈为重，以仁义廉耻为贵，故胥天下而化焉。于是庙廊之上，或以清流自负者，小人辄忌之，嫉之；挤以污垢之秩，曰：毋使其耀口。或点盐榷之役者，必攒眉蹙额，环妻子而流涕曰：自兹不可以为人矣。故莅任必矫其廉洁，顾以自赎。然腥膻之名，卒不可洗，遂负没齿之恨。每罢官归里者，若破车罢马，残书数簏，乡党卒以为贤，愿与约婚姻，结金兰，相与往还不倦。若归有余赀，买田宅，高栋宇，即亲弟侄亦鄙以为贪夫。至于亲戚朋友，老死不相往来。宗族父老之严者，拒不令入家庙，曰：恐辱吾祖宗也。曰：吾祖宗亦羞见汝此等贪夫也。由是深山穷谷，虽黄童白叟、妇人女子，皆知东林为贤；贩夫竖子，或相诮让，辄曰：汝东林贤者耶？何其清白如是耶？至今农夫野老相传，以为口实，犹喋喋不休焉。(《东林列传·高攀龙传》附)

据陈鼎自序，他是因为担心东林诸贤青史失传，"乃囊笔奔走海内，舟车所通，足迹皆至，计二十余年"。倘若陈鼎确乎曾经走访过民间，那么，关于东林影响的描述或许有所溢美，但大体上应该是可信的。

陈鼎认为，东林讲学垂五十年，"天下靡然从之，皆尚气节，重名义，及国亡，帝后殉社稷，公卿百职以及士庶人、百工、技艺、妇人、女子，皆知捐躯效节，杀身成仁。讲学之功效在五十年之后，亡国有光，于明为烈"。他明确指出，如果不是东林诸子讲明圣学，阐发义理，激扬礼义廉耻，天下官民士庶又怎能在国破家亡、山河倾陷之际视国如家，视君如父，趋义如流，视死如归呢?"呜呼!非讲学之成效欤!"(《东林列传·序》)陈鼎对东林诸君子情感至深至厚,这不免会影响到他的认识倾向和价值判断。不过有一点可以确定,东林诸君子基于为了君父百姓的道德精神及政治理想确实做出了他们的选择,为了道义而不惜捐躯的崇高精神也确实存在过,张扬过。惜乎于今久远,史鉴封尘。唯此,似乎更有必要将东林君子的政治精神展现出来,以追思先贤,昭示今人。

第一节 内圣外王:着意追寻真、善、美

东林诸子以治学讲学作为立足之本,以循道做圣贤作为人生志向,以致力于君父百姓作为社会政治实践之鹄的。诚如赵南星说冯从吾:"先生进则直谏以匡时,退则修身以正人。"(《赵忠毅公文集·冯少墟先生集序》)他们的所思所行完全是儒学基本路线"内圣外王"的翻版或复制,充分说明了他们才是儒家文化正统的真正承载者。

一、道德之真

统观东林诸君子的言与行,不难看出这样一个特点:他们在沿顺着"内圣外王"道路前进的过程中,注入了真心与真情,他们笃信儒学思想价值的绝对合理,并且着意追循和体味其中蕴含的真、善、美。这里需要说明的是,作为人类文明的理想追求,真、善、美在东西方文明的发展过程中形成了各自特点。概言之,西方文明以追求真理为根本,只有在真理性得到确认的前提下,道德和美才是有意义的。中国传统文化则不然。古人的词汇中没有现代意义上的"真善美"的概念。作为传统文明发展的标识,儒家文化是以追求善即道德为中轴的。所谓真善美,只有在伦理道德的认识领域里才是可以被理解和有意义的。这一表达方式可以视为一种普遍的文化现象,做到了"内

圣外王"的圣人则是儒家文化之真善美的模式化或形象化。至于东林人士，他们继承了儒学传统，专一在"真"上用功，他们追求的道德之真本身又是一种美的意境。

首先，东林人士追求的是真道德，他们在其个人的道德修习中，追循一个"真"字。

如顾宪成论"无欲"，认为"这个欲自人生落地时，便一齐带下，千病万病，皆从此起"。唯有与之"一刀斩断，拔出自家一个身子来，然后要为善，便真能为善，要不为恶，便真能不为恶。仁真仁，义真义，礼真礼，智真智，恰好铸成一个信字也"。(《泾皋藏稿·与友人》)

又如高攀龙论"仁圣忠信"："忠信只是人的真心。此一点真心，盖天盖地，亘古亘今，只看人学问如何。若学之不已，此一点真心愈广大，愈肫切，这便是仁。学之不已，此一点真心愈微妙，愈通明，这便是圣。此中境界无穷，阶级无穷，滋味无穷，非实修实证者不知。"(《高子遗书·好学说》)

顾宪成说的真仁、真义是指道德修习的真实性、实在性，人们只有斩除"欲心"之后，才能修习并洞解真德行。高攀龙说的"真心"，指的就是人所固有的善心，只有在道德修习中坚持不懈，才能达到仁圣之境，而且滋味无穷。在这一过程中，高攀龙还要求做到真心实意。他说："人只是一个真，真便做得大事业。自古大人物做大事业，只是一个老老实实，有一毫假意便弄巧成拙。"(《东林书院志·高景逸先生东林论学语下》)高子的意思是以真心来修炼真道德。

邹元标提出"真精神"。他说："习气自大圣贤皆所不免。惟是一点真精神落地来，果不昧的。然在万叠波涛中，自能骧首。吾辈所恃，一生千生，此真精神耳。"(《愿学集·答史纬占宪副》)又说："初学人，从一念之欲即当克去，此初入门法。既学人，善念当扫，此是进一步法。若论究竟法何欲、何善、何克、何扫，非真彻性体者未易言矣……从生至熟，从熟至化，有非人之所得而致力者，惟在精神逼真耳。精神逼真，金石为开。"(《愿学集·答贺修吾》)邹子所说的"真精神"，显然指的是人的高尚本性和锲而不舍的道德追求，正所谓

"人生天地间,只是一副真骨头,真精神"(《愿学集·答钱肇阳明府》)。人生只要有这种"精神"在,则必然"金石为开",学有所得。这就叫做"一真百真,一不真百不真"(《愿学集·柬周山泉总漕》)。邹子的认识与高攀龙相近。

顾、高、邹三子从不同的方面理解道德修习中的真,再次证明了儒家文化中的真与美是在善即道德的领域里才是可以形成的。他们既要修习真道德,体味真精神;同时在方法和态度上要真而不欺,如此方有德行之美,达到一种道德精神的享受。这种境界明儒陈白沙(献章)谓之"凤凰翔于千仞之意"。高攀龙唯恐研习者不明白,遂解读曰:"人心清净中,一物不可着,何处着一官。若一念未融,其道不光矣。了此,便凤凰翔于千仞。"(《东林书院志·诸贤轶事》)

东林诸子对于修习方法的真实无伪表现出了特别的关注,为此他们极为痛恨假道学和伪君子。顾宪成论辨"好名"时,曾经严厉抨击明儒李贽,但是他并不以人废言,对于李贽治学求真很是欣赏:"李卓吾(贽)曰:'与其死于假道学之手,宁死于妇人女子之手。'卓吾平日议论,往往能杀人,此语却能活人。吾不得以其人废之。"(《小心斋札记》卷九)顾宪成还援引王塘南的批评:"学者以任情为率性,以媚世为与物同体,以破戒为不好名,以不事检束为孔颜乐地,以虚见为超悟,以无所用耻为不动心,以放其心而不求为未尝致纤毫之力者多矣。可叹也!"(《小心斋札记》卷三)顾宪成认为"此数语,字字拿著禁处。所谓一棒一条痕,一掴一掌血"。(《小心斋札记》卷三)王塘南的概括给东林人士的道德求真在方法上提供了反证。

邹元标从另一个角度指出,伪道学似不足忧。但要注意,不能因为厌恶他人之伪,而丢掉了自己的真。他说:"夫既称为学道人矣,而复落声色货利进取坑臼。彼虽得一世浮名,利一世进取,然君子视之,如见肺肝。其与不学者卒同归于淹灭腐朽而已,此不足忧也。惟是弟观世之愤人之假者,多弃己之真。夫彼之假可嫉也,我之真可寻也。我精神若逼真,直贯日月,同四海,流万古,矧今世之人不可以感动乎!"(《愿学集·启盛平寰主政》)邹元标认为,在伪善充斥的人世间追循真道德,切不可意气用事,而是应当保持充足的自信。

其次,在社会政治实践中,要将"求真"的精神融入君子人格,坚持"真"的彻底性。

东林人士主张学以致用,他们修习道德,就要身体力行,在社会政治实践中完善自己的政治人格。顾宪成认为,想要做成圣贤,谈何容易,没有"六真",难以实现。他说:

> 是必有日忘食,夜忘寝之真精神焉;是必有独立不惧之真力量焉,是必有行一不义,杀一不辜而得天下不为之真操概焉;是必有遁世无闷,不见是而无闷之真胸次焉;是必有夭寿不贰之真骨格焉;是必有为无地立心,为生民立命,为往圣继绝学,为万世开群蒙之真气魄焉。六者备矣,然后可云能发是愿耳。(《泾皋藏稿·虞山书院记》)

顾氏所说的精神、力量、操概、胸次、骨格、气魄,实际上已经涵盖了人的全部精神,是儒家理想人格所应具有的全部内容。唯有在这六个方面全都贯之以"真",才能说"愿学孔子",才得以在社会生活中真的做君子。

然而,茫茫人海,漫漫人生,难道非得"六真"皆备,才能成为君子、实现道德之真吗?顾宪成认为,其中最为关键的其实只是一条,那就是要有坚强的意志和百折不挠的信念。为了说明这一点,他特别举了两个事例,一是宋代朱寿昌寻母,二是本朝赵重华寻父。

北宋周寿昌年七岁时,其父将其生母刘氏休出,嫁到民间,不知流落到何处,母子不相知者达五十年。朱寿昌长大后,四方寻找而未得,伤心欲绝,"饮食罕御酒肉,与人言辄流涕"。熙宁(1068—1077 年)初,朱寿昌弃官入秦,与家人诀别,立誓寻母,否则不复还乡。某日来到同州,"避雨于逆旅,忽有老妇冒雨拾薪而归,因伤而叹息曰:'吾儿寿昌,安知母今日若是!'"朱寿昌闻言大惊,仔细询问,果然是生母。朱寿昌历尽艰辛,终于母子相聚。

　　赵重华七岁时,其父赵廷瑞出游,一去不归,十七年音信不通,赵重华长大成人,思念其父,"日夜欷歔而号"。不久丧母,重华"竭力营葬"。然后替姐妹办了婚事,使她们有了归宿。赵重华没了牵挂,决意寻父。他"榜其背曰:万里寻亲。又缮写里系及父年与貌数千纸",到处张贴。某日来到毗陵,一老僧告之,其父在无锡南禅寺。赵重华经历千辛万苦,终于父子团聚。

　　这两个事例与儒家的道德修习本无关涉,顾宪成却偏偏看到了其中蕴含着的巨大精神力量。他说:"夫时之相去,远者至五十年,近者几二十年,如此其悬绝也。地之相去,东西南北,不知其所定,如此其辽廓也。今也渺茫而索之,卒如券而获之;踣顿而求之,忽造次而遭之。何也?缘两人一副真精神,足以格天地,贯日月,破金石而泣鬼神。是故若启若翼,若将若迎,不意之中,巧相奏合。"(《虞山商语》卷下)表面看似偶然,其实这是一种顽强意志的必然结果。有了这种精神力量,才会真的将"道德之真"贯通到自己的道德实践中去。顾宪成不是在给他的听众讲故事,而是给他们指明了一条追循真善美的必由之路。

　　前引诸子大都只讲"真",不讲善与美。其实,他们说的"真"已经涵融了善与美的内容。关于这一点,我们可以从冯从吾辨析"君子真"与"小人真"中得到佐证。

　　有人问冯从吾:春秋时齐桓公、晋文公"最是魁杰",他们做的一些事真假难辨,如何进行评判呢?冯从吾说:"天下事,真者断不能假,假者亦断不能真。伊、周,真者也,虽丛流言,何损于真。桓、文,假者也,虽费弥缝,何益于假。"问者举出"涛涂之执""元咺之听"为例,认为桓、文也有"真心"。冯子答:"君子有真,小人亦有真。涛涂之执①,元咺之听②,是小人之真心发见也。于此

_____

　　① 涛涂之执:鲁僖公四年(公元前 656 年),齐桓公执陈辕涛涂,伐陈;后又和解,将涛涂放归。事见《左传纪事本末》卷一八。

　　② 元咺之听:鲁僖公二十八年(公元前 632 年),晋文公听从元咺的请求,许卫侯盟。事见《左传纪事本末》卷二五。

可以观桓、文之假,而不可以此概天下之真。若概以此为真,则日肆愒淫,无所忌惮者为真,而一介不苟,赤舄几几者反为假矣。故君子之真不可无,小人之真不可有。毋徒诿曰:吾真也,吾真也,而置君子小人于不辨。"(《冯少墟集·宝庆语录》)

在东林人士的思维模式中,君子与小人分别是德和利的化身。冯从吾认为,小人或许和君子一样,也有真心表露,但那只是个别现象,偶一为之,而且与德无涉,与"天下之真"不可相类比。君子之真才可以称其为真。冯从吾的辨析恰恰说明了真与德有着必然的联系。冯从吾又说:"今人以敬为伪,以肆为真,即有好修者见道不明,欲敬,恐人说伪;欲肆,于心又不安。此所以耽搁一生,良为可惜。不知恐人说伪,只当在敬中求真,不当在肆中求真。敬中求真是真君子,肆中求真是真小人。真之一字亦不可不辨也。"(《冯少墟集·庆善寺讲语》)这就是说,真有敬肆之别,小人有真,但不足取。敬中之真才是东林人士认可的道德之真,也就是他们向往中的真善美。敬中求真的真君子则成为真善美的一种表征。

那么,说到底,东林人士追循的真善美的确切内涵是什么呢? 说起来并不玄虚。薛敷教做有一则《真正铭》,或可给我们提供答案。其铭曰:

> 学尚乎真,真则可久。学尚乎正,正则可守。真而不正,所见皆苟。正而不真,终非己有。君亲忠孝,兄弟恭友,提身以廉,处众以厚,良朋切劘,要于白首。乡里谤怨,莫之出口,毋谓冥冥,内省滋疚。毋谓琐琐,细行匪偶,读书学道,系所禀受。精神有余,穷玄极趣,智识寡昧,秉拙省咎。殊途同归,劳逸难狃。世我用兮,不薄五斗;世不我用,徜徉五柳。无贵无贱,无荣无朽。殉节逢时,今生谅否,必真必正,夙所自剖。寄语同心,各慎厥后。(《明儒学案·东林学案三》)

薛敷教说的真与正,追求的是一种纯粹的道德境界。这一境界源本于学,操练于自身,在君亲兄弟朋友乡里的关系网络中恪尽德行修为,同时在精神上超脱利害,行为上仕隐进退顺势而自如。因之,东林人士向往的是一种纯真的,发自内心,诚信不疑,笃行不辍的道德境界。其中内涵的是对于儒家理想价值的真心真情,没有丝毫虚伪遮掩。

二、"外王"中的真精神

东林诸子依照儒家传统的"内圣外王"规划自己的人生,又在这一规划中突出了真善美,这不只是精神上的领悟和感受。同时,在他们进行的"外王"实践中,也常常可以看到这种真精神。主要有两方面的表现。

第一方面,由于向往纯真道德,因而容不得谎言。

有人问:"有人于此,自负甚伟,及叩以时事是非,又往往鹘突。何也?"顾宪成答:"人须是一个真。是非之心,人皆有之。何缘述谬?只以不真之故。不真便有夹带,是非太明,怕有通不去,合不来的时节,所以须要含糊。少间又于是中求非,非中求是,久之且以是为非,以非为是,无所不至矣。总总自为自家开个活路。"(《小心斋札记》卷四)从顾宪成的答对来看,东林诸子决非不通世理、不明世故之人。事实上,恰恰相反,他们都是些"老名场"(叶向高评缪昌期语),老官场,久经历练,何事不晓?只是他们率意求真,便不肯"有夹带",装糊涂。他们只讲真话,根本不在乎什么是非毁誉。如冯从吾言:

> 吾辈为学,非所以学孔孟耶?孔子讲学,或人疑其为佞;孟子讲学,外人讥其好辨。不特此也,伊川(程颐)有洛党之嫌,紫阳(朱熹)有伪学之禁,真西山(真德秀)称为真小人,魏了翁号为伪君子。自古圣贤未有不从是非毁誉中来者……金不炼不精,玉不琢不美,可见是非毁誉,圣贤方籍以为锻炼砥砺之资也,又何计人之议论哉。(《冯少墟集·宝庆语录》)

东林人士讲真话,无疑是他们向往的纯真德行的具体表现。正是基于这样的精神境界,他们甚至敢于对皇上横加指责,直言不讳。这里摘录三则。

例一,钱一本谏国本①:"前者有旨不许诸司激扰,愈致迟延,非陛下预设机阱,以御天下言者乎!使届期无一人言及,则佯为不知,以冀其迟延。有一人言及,则御之曰'此来激扰我也',改迟一年。明年有一人言及,则又曰'此又来激扰我也',又改二三年。必使天下无一人敢言而后已,庶几依违迁就,以全其衽席昵爱之私,而曾不顾国本从此动摇,天下从此危乱。臣以为陛下之御人至巧,而为谋则甚拙也。此等机智不可以罔匹夫匹妇,顾欲以欺天下万世耶!"(《明史·钱一本传》)

例二,冯从吾于万历二十年(1592年)上疏:"陛下郊庙不亲,朝讲不御,章奏留中不发……近颂敕谕,谓圣体违和,欲借此自掩,不知鼓钟于宫,声闻于外。陛下每夕必饮,每饮必醉,每醉必怒。左右一言稍违,辄毙杖下,外庭无不知者。天下后世,其可欺乎!"(《明史·冯从吾传》)

例三,天启元年(1621年)冬,"奉圣夫人客氏既出宫复入"②,周宗建抗疏极谏:"天子成言,有同儿戏。法宫禁地,仅类民家。圣朝举动有乖,内外防闲尽废。"(《明史·周宗建传》)

这三例上疏中,为臣者径直指责神宗皇帝欺天下万世,揭露皇上酗酒,给朝臣设圈套,又批评熹宗皇帝出尔反尔,如同儿戏。这样的言辞出于君主专制条件下的朝臣之口,确乎值得惊诧。直言敢谏本是儒家的政治传统,但孔子确曾教人察言观色,荀子也曾教人婉言表达。历史上各朝多有忠谏之臣,但大多数谏言都很讲究章法,常常假借天谴,引据圣人之言,以缓和冲突。东林人士却言辞激烈,直截了当,根本无需掩饰。这与其说是秉承了儒家文化的直谏传统,不如说是在求真精神观照下的特殊谏言形式,他们将道德价值与君主行为的巨大反差不加任何修饰地展现给众人。对于他们来说,这

---

① 国本:指立太子。明神宗宠郑妃,不立太子,引起朝臣不满,各派为此争斗不已。
② 客氏为明熹宗乳母,与魏忠贤结党为奸,封为奉圣夫人。在正派大臣的攻击下,曾一度出宫,旋复入宫。

样做无非是在道德上求真，在精神上与真善美保持着逻辑一致，但在实践中，却难免要吃苦头。他们的言辞凡人闻之尚且不快，况位居九五之尊的天子乎！如钱一本，"帝衔之"，借故斥责他"造言诬君，摇乱大典，遂斥为民。屡荐，卒不用"（《明史·钱一本传》），钱一本从此与仕途断绝了干系，家居二十五年。如周宗建，屡因忤旨而受"诘责""夺俸"，后因参劾魏忠贤而惨死，为天启六年七君子之一。再如冯从吾，险遭廷杖，终被削籍，家居二十五年。直到光宗践祚，才被起用。这是他们为求真而付出的代价。

第二方面，由于东林人士追循真精神，故而胸怀极其坦荡，他们要用理想中的真善美去应对现实中的虚伪和丑恶，以至有时显得呆气十足。典型者如顾宪成。

万历朝的党争已经十分激烈了，顾宪成败下阵来，退居林下。他没有从中吸取教训，又不甘寂寞，竟然想用儒家的心性修习之法来化解党争。他在给朋友的信中这样写道："窃观近局，诚若冰炭。弟从傍静察，亦只是始于意见之歧，成于意气之激耳，未始不可以转移联合也。"他想到的方法是，令局内与局外之人互换位置，"局内者置身局外，以虚心居之，乃可以尽己之性；局外者宜设身局内，以公心裁之，乃可以尽人之性。何言乎虚也？各就己分上求，不从人分上求也。各就独见独知处争慊，不就共见共知处争胜也。何言乎公也？是曰是，非曰非，不为模棱也。是而知其非，非而知其是，不为偏执也。夫如是，将意见不期融而自融矣，何所容其歧。意气不期平而自平矣，何所容其激"。（《高子遗书·泾阳顾先生行状》）

顾宪成把政治中的利、权之争和势力相争看作是"意气之激"，未免过于浮浅。他设想让争辩双方各具虚心与公心，依照儒家的心性说，"尽人之性""尽己之性"，于是意见融解，意气自平，干戈化为玉帛，党争烟消云散。顾宪成的设想确乎显得天真而有呆气，他竟然笃信儒家的心性修习具有抵消结党相争的威力。然而，我们正是在这种天真和呆气中，感受到东林诸子的胸怀和境界，他们把毕生追循的纯真道德看作了高明的救世之方，并且相信真善美未始不可以化解假恶丑。

在君主政治条件下,政治权力的家族私有是导致政治特权、特殊利益和一切社会不公正的最终政治根源,也是促成普遍存在的人格虚伪和种种丑行的主要政治根源。东林党人笃信一个"真"字,他们要用理想中的纯真道德裁量政治,结果只能是到处碰壁,铩羽而归。他们又要用德行之真裁量社会与自身,于是,愈益提升的精神境界反而使他们进一步拉开了与现实的距离,而且,追循纯真道德的彻底性有时还会使当事人陷于某种生存的两难境地。为了寻得道德精神的出路,保持心态的平衡,甚至还要付出生命的代价。典型者如陈正卿。

陈正卿是无锡人,其父"东林之儒者也"。陈正卿曾中举人,"屡上公车不第,退而闭户读书,深求理学之奥"。他深受高攀龙器重,又随钱一本学《易》。陈正卿品行极为端方,"见有不宜乡饮而以势相射者,必攻击之。见有未当铨除而以贿侥幸者,必指摘之。不通私牍于公门,不树声援于贵戚。邑之人莫不敬而畏之曰:此真道学家风也"。看来陈正卿是将道德之真贯彻到了实际生活之中。"先生家故贫,瘠田数亩,仅供饘粥。时值饥馑,指其困语家人曰:吾欲出此以赡桑梓,则苦不给;欲自食之,则不忍独饱,奈何?从此唯日啖三枣,下以泉水,递减至一枣,越八日,卒。"(《东林书院志·陈并渔先生传》)陈正卿奉行的是纯真道德,来不得丝毫虚伪和自欺欺人。当他的道德价值与实际选择发生冲突,再也没有什么出路的时候,他竟然选择了死。陈正卿的选择看上去很有些迂腐,然而,我们正是在这种似迂似呆的行为中,看到了他们的精神追求。东林人士要将精神上的真善美融贯到行为上,达到知行一贯,表里如一。说到这里,我们似乎可以理解为什么东林人士在晚明政局中,总要与对立的诸党过不去。

真善美是人类社会的永恒追求,也是人类文明的永恒理想境界。东林人士在他们自己的追循过程中有所体会,也付出了代价。他们对于道德之真的理解和具体选择已经成为历史,但是,对于今天仍然不那么完美的人类社会来说,他们的得与失将是最有价值的认识参照之一。

第二节　生命意识与生命价值

　　东林人士用他们的生命为代价,诠释了什么是以身殉道和视死如归。在他们的壮烈行为的背后,是对于儒家文化生命意识和生命价值的认同。

　　追求生命的永恒是人类文明的原发性思维,对于这一难题的解答体现着不同民族的文化特点和思维特点。公元前 549 年(鲁襄公二十四年),鲁大夫穆叔出使晋国。晋范宣子问:"古人有言曰,'死而不朽'何谓也?"穆叔回答:"鲁有先大夫曰臧文仲,既没,其言立,其是之谓乎! 豹(穆叔自称)闻之:'大上有立德,其次有立功,其次有立言。'虽久不废,此之谓三不朽。"(《左传·襄公二十四年》)此"三不朽"正是中华先民摆脱了巫觋文化之后的理性觉醒。值得注意的是,"三不朽"的价值设定是现世的,此岸的,这个认识给稍后的儒家文化定下了基调。

一、走出原始恐惧

　　现代文化人类学的研究表明:人类的幼年时期,在先民们的观念中,人的灵魂是永生的。英国文化人类学家詹·乔·弗雷泽指出:"正如动物或人的活动被解释为灵魂存在于体内一样, 睡眠和死亡则被解释为灵魂离开了身体。睡眠或睡眠状态是灵魂暂时的离体,死亡则是永恒的离体……那么预防死亡的办法就是不让灵魂离体,如果离开了,就要想办法保证让它回来。"①先民们认为,人的肉体的消亡不等于生命的结束,正像法国社会学家列维-布留尔揭示的那样,"对于原逻辑思维来说, 人尽管死了, 也以某种方式活

---

　　①　[英]詹·乔·弗雷泽:《金枝》,徐育新等译,中国民间文艺出版社,1987 年,第 269 页。

着。死人与活人的生命互渗,同时又是死人群中的一员"①。所谓灵魂永生或思维中的"互渗律"②无非是年幼的人类为了解答生命现象和消除对于死亡的原始恐惧,用他们幼稚的头脑努力思索的结果。作为人类的一个普遍文化现象,灵魂不死的观念也曾经存留在中华先民的头脑中。如今我们从殷周时代的文献中,仍然可以找到其踪迹。

例如,《尚书·盘庚》"汝有戕则在乃心,我先后绥乃祖乃父。乃祖乃父乃断弃汝,不救乃死"。③《诗·大雅·文王》:"文王陟降,在帝左右。"显然,殷周时代的人们仍在相信,帝王们身体寂灭,可灵魂尚存,或是仍旧生活在另一个世界,其权威一如往昔。这些文化现象不能简单的斥为迷信,其中蕴含着先民们的生命意识。

春秋战国是中国历史上"哲学的突破"时期,以反思人性自我为主要标识的文化理性在这一时期有了超越性的发展。在"天道远,人道迩"的现世性思维的带动下,以诸子之学为代表的理性精神得以全面高扬。其中,儒家文化的理性精神之一,就是对于人的生命意义的现世把握。孔子对生命的流程有着清澈的悟解。"子在川上曰:'逝者如斯夫,不舍昼夜。'"(《论语·子罕》)既然逝者已矣,不知其终;加之孔子治学本就严谨,毋意,毋必,不作妄语,故而对于未知事物,包括生命以外的世界采取了"不知为不知"的老实态度。所以"子不语怪,力,乱,神"(《论语·述而》);"祭如在,祭神如神在"(《论语·八佾》)。子路问"事鬼神",孔子答道:"未能事人,焉能事鬼。"子路"敢问死",孔子答:"未知生,焉知死。"(《论语·先进》)事实上,孔子并不打算解开生命的

---

① [法]列维-布留尔:《原始思维》,丁由译,商务印书馆,1986年,第298页。

② 列维-布留尔提出的"互渗律"指:"在原始人的思维的集体表象中,客体、存在物、现象能够以我们不可思议的方式同时是它们自身,又是其他什么东西,它们也以差不多同样不可思议的方式发出和接受那些在他们之外被感觉的、继续留在他们里面的神秘的力量、能力、性质、作用。"参见《原始思维》,丁由译,商务印书馆,1986年,第69~70页。

③ 据王世舜:《尚书译注》,四川人民出版社,1982年,第93页"译文",大意是:"如果你们心里藏着恶毒的念头,先王就会把他的意见告诉你们的先祖先父。你们的先祖先父就会抛弃你们,不把你们从死罪里救出来。"

奥秘,他把这个难题留给了后学。不过,孔子的现世立场和老实态度对于后世儒学的影响是不言而喻的。于是我们看到儒家文化关于生命的理解形成了两个要点。

其一,儒家文化认为生命是一个自然过程,通达之士并不相信羽化而成仙和长生不老。

儒家文化在人的自我认识中,确认人是万物之中最高贵的。荀子有一段论述最典型。他说:"水火有气而无生,草木有生而无知,禽兽有知而无义;人有气、有生、有知亦且有义,故最为天下贵也。"(《荀子·王制》)荀子的目的是赞美人,方式是通过比较,他成功地得出了令人信服的结论。不过,我们从中恰恰可以看到,荀子眼里的人是与水火、草木、禽兽相类的一种存在物,虽然"最贵",可仍然是万物中的一类而已。类似荀子的论述还有许多,如《礼记·三年问》:"凡生天地之间者,有血气之属,必有知……古有血气之属者,莫知于人。"如汉儒董仲舒:"生五谷以食之,桑麻以衣之,六畜以养之,服牛乘马,圈豹槛虎。是其得天之灵,贵于物也。故孔子曰:'天地之性人为贵。'"(《汉书·董仲舒传》)这些认识都指出了人的高贵之处:人有智慧,能驾驭自然物。这固然在认识上表明了中华先民作为"类存在"的主体意识,不过这种意识越明确,越强烈,人就越要与其得以存在的客体世界连在一起,而不得超越。儒学宗师们的头脑很清醒:人异于物,又存容于物。

既然如此,人的生命便是一个自然过程,喜生而恶死便是人之常情,"凡血气之属,皆知怀生畏死,因而趋利避害;虽明暗不同,不出乎怀生畏死者同也"(《孟子字义疏证·性》),于是"人情莫不欲寿"(《汉书·晁错传》)。虽然"人之所贪者,生也,所恶者,死也",但是人却无法驾驭或超越生命,"虽贪,不得越期,虽恶,不可逃遁"(《晋书·皇甫谧传》)。在通达明理之士看来,任何试图超越生命极限的神仙梦都不过是痴迷妄想。建安文学的代表人物之一曹丕就曾经指明:"夫生者必死,成之必败,天地所不能变,圣贤所不能免。然而惑者望乘风云,与螭龙共驾,适不死之国。"(《昭明文选·七哀诗》)注)霞举飞生,实属荒诞。宋儒石介也批评说:"自古皆有死,而莫不饮食,今不食以求长生,惑之甚矣。"世间的神仙长生之术"此出于方士怪妄之说,后生不知圣人大道,愚惑至此"[①]。儒家文化的主流认知在生命意识上始终保持着现世性思维,宗教迷信和神仙术则属于"百姓日用而不知",或有俗儒陋儒趋之若骛,但终究为通儒智士所不取。

其二,确认人的本质,以现世生存中的人兽恐惧抵消生命的原始恐惧。

当年荀子断言唯有人"最为天下贵也",是因为他看到了人所具有的独特品性:礼义道德。这是人与万物的根本区别,也是人的本质。这个认识在《礼记·冠义》中表述得很清楚:"凡人之所以为人者,礼义也。"事实上,认为人的本质是礼义道德的观点具有绝对的真理性,因而一再被人们重述。汉儒董仲舒:"入有父子兄弟之亲,出有君臣上下之谊;会聚相遇,则有耆老长幼之施,粲然有文以相接,欢然有恩以相爱,此人之所以贵也。"(《汉书·董仲舒传》)宋儒朱熹认为:"故人为最灵,而备有五常之性,禽兽则昏而不能备。"(《朱文公文集·答余叙》)儒家文化很以他们的这一发现而自豪,道德本质使人终能脱离蛮荒而步入文明,成为世界的主宰。为此他们豪迈地宣称:"自然者天地,主持者人。人者天地之心。"(《周易外传·复》)

然而,构成人与万物之别的只是礼义,儒学宗师们并没有因此而自鸣得意,反而有些忧心忡忡。如孟子曰:"人之所以异于禽兽者几希,庶民去之,君子存之。"(《孟子·离娄下》)这就是说,人兽之间只有跬步之隔,稍有不慎,就会丧失礼义,堕为禽兽。明儒陈献章明确指出了这种危险性,他说:

> 人具七尺之躯,除了此心此理,便无可贵,浑是一包浓血裹一大块骨头。饥能食,渴能饮,能著衣服,能行淫欲。贫贱而思富贵,富贵而贪权势,忿而争,忧而悲,穷则滥,乐则淫。凡百所为,一信气血,老死而后已,

---

① 石介:《徂徕石先生文集》,中华书局,1984 年,第 75 页。

则命之曰"禽兽"可也。(《白沙子全集·禽兽说》)

文中说的"此心即理"与"礼义道德"在"所指"上是同一的,这不过是宋明理学的一种表述形式。

正因为礼义道德如此重要,故而儒家文化历来认为道德重于生命。孔子教诲说:"志士仁人,无求生以害人,有杀身以成仁。"(《论语·卫灵公》)孟子亦明辨曰:"鱼,我所欲也,熊掌亦我所欲也;二者不可得兼,舍鱼而取熊掌者也。生亦我所欲也,义亦我所欲也;二者不可得兼,舍生而取义者也。"(《孟子·告子上》)在儒家文化的价值天平上,礼义道德是高于一切的。

因而,在儒家文化的观照下,最令人感到恐惧的不是生命的寂灭,而是人的道德本质没能得以彰显,甚而在生命的行进途中即沦为禽兽,中道崩殂,哀莫大焉。《礼记·曲礼上》说:"鹦鹉能言,不离飞鸟;猩猩能言,不离禽兽。今人而无礼,虽能言,不亦禽兽之心乎……是故圣人作为礼以教人,使人以有礼,知自别于禽兽。"因之对于士人而言,人生在世的首要事务就是汲汲于道德修习,坚固自家本性,以免禽兽之厄。然后,正如孔子的教导,"行有余力,则以学文"(《论语·学而》),通过自身的人之本质得以彰显,光大德行,建功立业,最终可以垂名宇宙,与天地同寿,与日月同辉。就这样,遵照儒家文化设计的人生之旅,唯恐本性泯灭的"人兽之惧"恰好抵消了生命的原始恐惧,故而宋儒张载放言:"尽性然后知生无所得,则死无所丧。"(《正蒙·诚明》)又据明儒袁中道《李温陵传》:

(李贽)初未知学,有道学先生语之曰:"公怖死否?"公曰:"死矣,安得不怖。"曰:"公既怖死,何不学道?学道所以免生死也。"公曰:"有是哉!遂潜心道妙。(《焚书》前附)

如果这个记述是真实可靠的,那么我们对于下面的结论将更加自信:儒家文化通过确认人的道德本质和生命的现世价值，成功地在观念或意识上抵消了人类与生俱来的原始恐惧，于是追循生命的现世意义便成为儒家文化塑造的理想人生的最终鹄的。

如果说，鲁大夫穆叔所言"三不朽"是中华先民们对于生命意义的自发感悟，表现为对于殷周时代"灵魂永生"观念的理性超越，那么儒家倡导的内圣、外王和代圣立言正是"三不朽"的理性承续和发展，这种对于生命意义的理解最终归结为现世人的道德价值。自孔子起始，儒家文化关注的是人的生命过程中的道德化程度，重视的是人的道德修习及其实践结果。有意义的人生是将个人的"生命实践"纳入儒家理想的道德价值体系，进而对于理想社会政治的追循过程中，最终归入"虽久不废"的历史永恒。这一过程本身正是个人生命意义的实践过程：以个体生命的有限融入人类道德理想的无限，凭借着历史流程的"不舍昼夜"，使个体生命的道德价值周流不已，代代传延。当然，儒家文化中关于生命意义的把握始终是一种精神活动，是个人对于生命的一种意识和体验。

二、体味生命意义

东林诸子对于儒家文化有关生命价值的设定有着深入的理解，这正是他们给自己的"生命实践"寻找到的精神坐标。形成这一认识的前提是正确的生命意识。

一般而言，东林人士关于生命意识的理性思考并不普遍，主要集中于领袖东林的讲学诸君。他们大都有着明确的生命意识，认为生死事大，要勘破生死。在这个问题上，顾宪成可以作代表。他说："罔之生也幸而免，生犹死也。圣人盖曰：人不得草草而生也。朝闻道夕死可矣，死犹生也。圣人盖曰：人不得草草而死也。死生之际大矣哉！"（《小心斋札记》卷一）顾宪成援引孔子之言，认为圣人是很看重死生之际，亦即重视人的生命意义，不得草草对待。

那么,儒家文化内涵的理性与智慧能不能解答这个问题呢?

晚明时代,佛、道宗教文化相当流行,尤其在士大夫阶层,信奉者为数不少,东林人士也有笃信者。一般的看法是"二氏(指佛、道)一大事,为了生死;吾儒一大事,为了性命"(《东林书院志·吴觐华先生传》)。因而有人贬抑儒学,以为心性之学无法解释生命意义的问题。如邹元标就指出:"近有厌弃吾儒,曰糟粕,曰不足了生死。"(《愿学集·赠吴明水序》)不过他本人对于儒家文化的理性深度和学术魅力是深信不疑的:"夫吾儒学足以治天下国家,君君、臣臣、父父、子子,未尝不了死生。特诸儒不深言,以滋人惑耳。"(《愿学集·赠吴明水序》)邹元标无疑是晚明士人中的通达之士,他继承了儒学的现世传统,反对道家仙术,霞举飞升之说,认为纯是无稽之谈。

然而面对佛、道的冲击总得有所答对,顾宪成是这样解释的:儒家文化的生命意识最高明,一方面,能够以"无形生死"超越"有形生死"。他说:

> 人身之生死,有形者也;人心之生死,无形者也。众人见有形之生死,不见无形之生死,故常以有形者为主。情欲胜而道义微,即其耳目人也,口鼻人也,四肢人也,不过行尸走肉而已耳。圣贤见无形之生死,不见有形之生死,故常以无形者为主。道义胜而情欲微,即其耳目人也,口鼻人也,四肢人也,固已超然与造物者游矣。而今理会生死,须把这二字勘得明白然后可。(《小心斋札记》卷六)

顾宪成的用意是以道义胜情欲,以人心即精神来超越有形的身体,达到超然之境,几与造物者优游,从而跨越生死问题。

另一方面,也可以将生死一齐放下。"如之何能一齐放下?曰:有个源头在。《易》不云乎:穷理尽性,以至于命。穷理便说得生死,尽性便了得生死,至命便造得生死。如此且无生死可言。而所谓一齐放下者,亦成剩语矣。"(《东林书院志·顾泾阳先生东林商语下》)这就是说,要在穷理尽性的道德修习过程中将"生死"二字一齐放下,以心性的道德修习取代关于生命意义的思考。

顾宪成认为超越生死并不神秘,也不艰难,只是须从眼前、平时做起。他说:"贫贱富贵是眼前事,死生是末后事,其理只一般。若要末后超得过,须是眼前超得过……故功夫只在平时。若非死心塌地,将躯壳念头十分洗尽,纵饶你孙、吴之智,仪、秦之辩,贲、育之勇,输、墨之巧,到这里都使不着。"(《小心斋札记》卷八)顾宪成用儒学传统的现世道德修习回应了佛、道的"出世"或"来世"生命意识的挑战。

无独有偶,顾允成读书有得,通过比较齐景公与伯夷、叔齐,表达了与乃兄相近的认识。他说:"人之生也不是漫然而生,其死也不是漫然而死。须有物在。先辈云:生时一物带不来,此物却原自带来;死时一物带不去,此物却要完完全全还他去。极道得好。人若不在这里注定眼睛,扎定脚跟,何处有出头日子!"于是他举例说:"试看齐景公有马千驷,死之曰,民无德而称焉,亦与驷马之骨俱朽耳。那伯夷、叔齐,饿于首阳之下,民到于今称之。连首阳声价增高了许多。"顾允成将齐景公与伯夷、叔齐相比较,一方生前极热闹,死后极"冷清";另一方生前极冷清,死后却这等热闹。顾允成认为,生前短暂,身后无穷,故而"君子不以一时之生易万世之生"。由此,顾允成得出结论:

景公无德而称,死则死矣。夷、齐到今称之。其精神往来,直与日月争光,凛凛如生,不可谓之死也。此一义也。

死者人之所不免,景公枉了为景公,夷、齐落得做夷、齐。此一义也。

圣人一则曰:民无得而称焉;一则曰:民到于今称之。抹杀好名之嫌,广励为善之路。此一义也。(以上引文见《小辨斋偶存·齐景公有马章》)

顾允成以齐景公和伯夷、叔齐分别代表着利、权与道德,认为生命的意义在于舍掉一世之生,而得到永恒之生。顾允成与顾宪成一道将人们的思路从勘破生死,引向了探求人的生命价值。

如果说"三不朽"代表了儒家文化关于生命价值的全部认识,那么,东林人士的选择显见有所侧重,他们更看重生命价值的道德方面。邹元标就讲得

很明确,比喻生动。他说:

> 今有人焉,啼饥必与之食,一不得食则毙。有人焉,号寒必与衣,一不得衣则仆。此人人所易知也。倘有人语之曰:人不闻道,不知学,必有甚于饥寒者,尔知之乎? 则人应之也唯唯否否。惟真知学,宁可饥寒而死,不可不闻道而生。闻道即一日千古,一息万年。不闻道,即百岁亦于草木渐灭殆尽。(《愿学集·郑溪书院记》)

因而,在邹元标的选择次序上,功名科举是退居次位的:"夫竖立科第者,一时之计;竖立道德者,百千年之计。"竖立道德在于自修,在于与人为善。"盖人生世上,如石火电光,直当与人为善。与人为善不在哓哓争同异,惟在独知处密证自修。众人所欲者,我能不欲;众人所为者,我能不为,久之人亦自化于善矣。"(《愿学集·答杨惟举谢汝敬孝廉》)看来,闻道而生,密证自修,与人为善,这正是邹元标对于生命价值的理解。

冯从吾通过对"夭寿不贰,修身以俟之"的理解,来把握人生的根本意义。他说:"必夭寿不贰,才能修身以俟之,不然,鲜不行险以侥幸矣……有夭有寿是常事,而人多以夭为变,以寿为常。有毁有誉是常事,而多以毁为变,以誉为常。有得有失是常事,而人多以失为变,以得为常。有贫有富有荣有辱是常事,而人多以贫以辱为变,以富以荣为常。常者一也,分常、变而二之,则贰矣。故人生终日营营逐逐,有多少叛援欣羡处,那一件不从贰字上生来。若能勘得破夭寿乃人生常事,毁誉、得失、贫富、荣辱都是人生常事,便是不贰,便修身以俟之。"(《冯少墟集·疑思录四》)冯从吾所说的"常事",指的是生命或人生的规律,如同昼夜、寒暑为"天地之常"。他认为,把生命的过程连同人生的贫富荣辱等等一概视为一种规律,然后,以道德修身来顺应这一过程,这便是理想的人生把握。也就是说,生命的过程最终要在道德价值的认同中实现它的意义。所以他又说:"天地生我当吾世,而使人犹有所憾,则天地生我之谓何？须是为天地立心，为生民立命，为往圣继绝学，为万世开太平，使之天地不至于为人所憾，才不负天地生我之意。不然，无论为人犹有所憾之人，即不为人犹有所憾之人，而碌碌庸庸，不能使天地不至为人所憾，则天地又乌用生我为哉！可愧可惧。"（《冯少墟集·宝庆语录》）在冯从吾看来，人是天地的造物，人的生命只有在追循理想的道德及政治价值的过程中度过，才是有意义的，才会使天地无憾！

邹、冯的认识比较典型，东林诸子的认识大体与之相近。如缪昌期论寿："余闻之，士寿有三：寿国、寿家、寿身，而年寿不与焉。寿国者，安社稷无疆者也；寿家者，缵箕裘勿替者也；寿身者，保名行不亏者也。""且夫寿家非堂构之谓，而寿身非长生久视之谓也。河汾①有言：仁义不修，孝弟不立，奚为长生？"（《从野堂存稿·内兄李贯之先生七十寿序》）缪公说的"士寿有三"内涵的正是儒家的政治追求和道德实践，唯此才可以言寿。否则徒增年齿，即使积寿百岁，又有什么意义呢？

再如高攀龙论外物与身心："所谓外物奉身者，如宫室之美，妻妾之奉，饮食、衣服、器用、玩好皆是。欲一事好时，费多少精神。若事事要好，自家全副精神都到那边去了。终日营营扰扰，一个身心弄得猥琐龌龊，不觉醉生梦死，过了一生，岂不可哀！若能移这精神归向学问，探讨自性自命，当知吾性自有尊爵，吾性自有安宅，吾性自有膏粮，吾性自有文绣。"（《高子遗书·身心说》）能达到这一步，再"回视一切外物，真是性命斧斤，身心寇贼"。显然，高攀龙认为生命的价值在于修身养性，最痛恨醉生梦死过一生。

又如顾允成论召忽之死："管仲一匡天下，召忽一匡自己。管仲救得人被发左衽，召忽救得自家被发左衽。程子曰：不有躬无攸利不立己，后虽向好事，犹为化物。不得以天地万物挠己，己立后，自能了得天地万物。如召忽之

---

① 河汾：隋王通字仲淹，绛州龙门人。曾任蜀郡司户书佐。后弃官讲学于河、汾之间，受业以千数，时称"河汾门下"。著作今传《中说》。门人私谥文中子。

死,留下三纲五常,与当时后世做榜样,便是了得天地万物也。"(《小辨斋偶存·管仲非仁章》)春秋时,齐大夫召忽一死以殉公子纠,事见《左传》庄公九年。孔子曾评论管仲"如其仁",对召忽未置一词。顾允成则认为,召忽一匡自己,是以身殉主,体现了忠臣之道,符合三纲五常,他的生命价值就在于能与儒家的政治道德相契合。

以上征引的具体论述颇零散,但大家关切的主题只有一个,就是人的生命价值或人生的意义只能体现在儒家的道德理想和政治理想方面,"周道如砥,其直如矢",除此之外,再没其他的路好走。

三、生命的愉悦

儒家文化规划的人生道路是春光明媚,乐在其中的。人们为了追循生命的价值而播种,必然收获至善的果。故而孔子曰:"知者乐水,仁者乐山……知者乐,仁者寿。"(《论语·雍也》)孟子也说:"君子有三乐。而王天下不与存焉。父母俱存,兄弟无故,一乐也;仰不愧于天,俯不怍于人,二乐也;得天下英才而教育之。三乐也。"(《孟子·尽心上》)所谓"君子之乐"在汉代有了更为明确的表述。《韩诗外传》载曾子曰:"君子有三乐,钟磬琴瑟不在其中。"三乐者:"有亲可畏,有君可事,有子可遗,此一乐也。有亲可谏,有君可去,有子可怒,此二乐也。有亲可喻,有友可助,此三乐也。"(《韩诗外传》卷九)。由此可知,自孔子以来,"君子之乐"即乐在德行,乐在"事君、奉亲、教子、交友"等五伦之中,这里表露的愉悦正是儒家文化认可的人之生命价值的体现。当然,这种愉悦唯有君子能够感悟,从而构成了人格锻铸——道德修习的高层境界。

东林诸子对于生命价值的体悟之深,使得他们得以反观儒家文化的道德理想,愈发感悟而笃信不疑。当他们把诸如内圣外王的人生理想与生命的价值体验融为一体之时,就能摆脱无常的困扰,自内心升发出生命的凝重感与安全感,从而体味到生命的愉悦。高攀龙可以作典型。

　　高攀龙在东林诸子之中，"与顾宪成、邹元标、冯从吾辈齐名"，但在学术上，似乎又略高一筹，"哀然东林之冠"（《东林列传·高攀龙传》）。后人对他的学术地位评价极高："论者谓有明理学名儒，如陈献章之洒落，胡居仁之主敬，薛瑄之实践，王守仁之超悟，攀龙殆兼有之，而无其弊。"（《东林列传·高攀龙传》）正是笃学如斯的高攀龙曾经发出过这样感叹："真是为善最乐！不要说一生平稳，即反思此身乃父母所生，我不曾做辱亲事，岂不至乐。此身乃天地所生，我不曾做欺天事，岂不至乐。人有生，必有死，到瞑目时，无累心事，岂不至乐！"（《高子遗书·会语》）高攀龙从内心感觉到了一种道德价值得以实现后的满足感、成功感，在精神上，由于沉浸在用生命的历程而换取到的满足与成功感之中，从而体味到一种生命的愉悦和欣慰。

　　一般来说，士人对于得道之乐和对生活中优游之乐的感悟似乎比较普遍，东林诸子也时有流露。如赵南星谈得道之乐："夫道，至高也，至深也，至精也，至美也。小得之则小快，大得之则大快。著书者得其一隅，得其皮毛，思之于心，而达之于手。句成篇就，击节自赏，亦足以藐王公而轻千乘矣。"赵南星觉得"天下惟俗人常愁"，但有些人也懂得寻求生活的快乐，"而况于道德真有所得者乎！"（《味檗斋文集·答丁慎所》）

　　不过，真能在生命价值的高度体味到愉悦，却不是人人所能做到的。像高攀龙具有这样的精神境界，亦是东林诸君中的佼佼者。也许，我们可以这样推测：既然高攀龙曾在东林"专讲席"，那么，他的生命体验难免不去感染他人，对他的追随者和听众产生影响。

　　高攀龙对于生命价值的领悟越透彻，则对于生与死的选择就越坦荡，他清楚地认识到什么是"死得其所"。据他自述："昔有友问予曰：'朝闻夕死，何以为可乎？'答曰：'我有四字，人忽以为常，不必说。'其友极叩之，予曰：'当死便死。'彼亦不悟。"高攀龙的弟子参夫不像其友，毕竟受到过老师的教诲和思想熏陶，对于生命价值颇有领悟。参夫解曰："先生之言，虽是四字，曲尽其妙。当字即是道字，便字既是可字。"（《东林书院志·高景逸先生东林论学语上》)高子深以为然。当死便死,即要求人们为了道义,为了儒家的道德与政治理想而献身。死得其所,就是死得"值得"。高攀龙的另一番话,则把这个意思讲得明明白白。他说:"当今之世,乃扰攘之秋,只可闭门潜修。若要在世路上走,必须一双好眼睛,虽杀身也要成得一个仁才好。不然徒死无益,直如草木耳。"(《东林书院志·高景逸先生东林论学语下》)高攀龙的意思是:生命的价值决定了人不可以徒死,而是把死看作生命价值的实现。为道义献身恰恰是生命价值的最后成就。

统观东林人士,在他们的意识深处,对于生命价值的领悟或许有深有浅,但毫无疑问,在主要的认识导向上,与前引高、邹、冯、顾诸君大体相同。作为一种士人"精神",他们对生命价值的理解可以通过言辞表达,更可以通过行为来体现。而且,在实际社会政治生活中,后一种表达方式可能更多些,这是精神与思想的主要区别之一。换言之,思想的层面是认识主体对于认识对象的理性思考和逻辑表述,精神的层面则是理性思维的升华,是认识主体的理性认识、政治情感、道德及政治观念等在思想上的凝聚或凝练。这种凝练一旦形成,对于认识主体的行为选择就会产生强力的支配作用。从东林人士的行为来看,尤其是天启五年、六年的殉难诸君,在他们的精神深处,确实蕴有"死得其所"的生命意识。兹举二例。

例一,周顺昌,吴县人,万历四十一年(1613年)进士,为官清正,升任吏部主事。"天启甲子(四年,1642年),忠贤窃政,罗织忠良。顺昌每阅邸报,辄发叹息。适嘉善魏大中被逮,过吴",其时顺昌因故休官在吴,"独住,款语累日。临别涕泗,许女字其孙,买舟远送。梭尉呵止之,顺昌张目叱曰:'若不知世间有不畏死男子耶!若曹归语而忠贤,吾即故吏部周顺昌也'"。阉党御史倪文焕得知此事,诬劾周顺昌"贪横","矫旨削夺"。周顺昌说:"求仁得仁,正吾今日事,吾何憾哉!"(《东林列传·周顺昌传》)又据《年谱》,周顺昌任职吏部时,即与东林人士交往,并声称"盖臭味所投,自有不谋之合"(《周忠介公烬余集·年谱》)。他又自称"一生向志节一路著力",所以"出门,便与宦官作仇"(《周忠介公烬余集·与文湛持修撰书四》)。据此可知,周顺昌是努力向着理想价值安排人生的。天启六年之祸,他本可以躲过,但偏偏要顶风而上,"求仁得仁"正是他对生命价值的理解,他用自己的惨死诠释了"死得其所"的生命意识。

例二,李应升,江阴人,万历四十四年(1616年)进士,为官"律己清严,公庭如水"。迁福建道御史,"会逆珰擅权,应升草疏十六事,欲上矣,为杨涟所先"。李应升持论严正,"又善章奏",为邹元标、孙玮、高攀龙等人倚重,"凡属国家大政,必就商榷,有大奏议,必托代草"。遂为宵小忌恨,目为"东林护法"。天启六年,终被罗织,"缇骑到常,应升慷慨就道"。下镇抚司狱,"拷掠备至,大呼二祖列宗以死"(《东林列传·李应升传》)。李应升之所以无惧无畏,与他对人生意义的理解有关。天启四年(1624年)元月,他在家书中写道:"又欲日日做好官,又欲矫矫名节,天下无此两便宜之理。宁不做官,尚有清议之荣。"(《落落斋遗集·官西台寄父亲六》)同年十一月,时"珰焰方张,削籍者已十余人"。李应升在家书中写道:"父亲谓如此世界,尚可做官否?虽缄口不言以避祸,亦必不可久也。男此番出来,改邀封典,少遂人子之心,做得一二十疏,少吐读书之志。"(《落落斋遗集·官西台寄父亲十》)李应升的经历表明,他是沿着儒家传统的人生设计——读书做官、光宗耀祖来安排自己的前途的。不过,恰恰在这一过程中,他深切领悟到了儒学精湛的道德政治理想,而且要努力践行,因而他立志要一抒"读书之志","独不能容容默默,作寒蝉结舌之言官"(《落落斋遗集·官西台寄父亲七》)。李应升要将其平生所学付诸践行。诚如唐君毅的评论:"东林之以节义讲学,而更自躬行节义……此讲节义之学于先,更躬行之于后,即以其身之行,为其所讲之学之见证,以见其所讲者之不虚。"①在李应升的观念中,要将儒学倡导的忠孝节义贯诸言行,"是非明白,进退有礼,重廉耻而轻爵禄,畏清议而惜纪纲,则庶几问心无愧矣"

---

① 唐君毅:《中国哲学原论·原教篇》,中国社会科学出版,2006年,第299页。

(《落落斋文集·恳乞断以折邪荫疏》)。也就是说,在功名与道义、仕途与清议的掂量中,李应升毫不犹豫地选择后者。因为,这才是他所认同的人生价值,其中寄托着生命的意义。

东林人士把自己的志向、抱负及其所讲所学,不仅贯诸头脑,付诸足下,而且伸延到生命意识之中,潜入他们的政治精神的内蕴深层。从而使得他们对于儒家文化的理想价值合理性的把握转换成一种对于生命的体验,也使得他们的生命流程形成了一种"信仰的存在"。康德曾经说过,既然"幸福只能是一个有条件的目的,因而人只能作为一个道德的存在者才是创造的最后目的"①。东林人士不懂得康德,也不能用今人的话语解答什么幸福的相对性或道德的永恒性,但他们有他们自己的精神世界,有他们自己对于幸福、道德和永恒的理解。高攀龙说:"主宰定,更无物可夺得……可见古之忠臣义士,只是一个主宰定,虽杀身也不知痛。"(《高子遗书·会语》)为了道义而赴火蹈刀、死不旋踵,东林人士在这样的心境中体味到了人生的意义。他们做到了视死如归,也找到了生命的价值和无怨无悔的人生归宿。

① [德]康德:《判断力批判》(下卷),韦卓民译,商务印书馆,1987年,第101页注〔1〕。

结语：精神超越的落角

余英时在名作《从价值系统看中国文化的现代意义》一文中，用"内在超越"和"外在超越"分别概括中西文化的价值系统。这一思路源自乃师钱穆的中西文化精神"内倾""外倾"说①，不无睿智，令读者深受启迪。不过，余氏之论是从单一的文化层面着眼的，故而其讲论精神超越，可以站在精神的云端鸟瞰人间，只讲文化意义、现代意义，不必涉及行为。可是，如果我从政治文化的层面着眼，讲论精神超越就不能只在精神的云端流连忘返，同时还要站到政治的庭院里仰视云端，测量一下精神超越的"落角"，这样，才能真正洞悉儒家文化塑造的士人"精神超越"的确切内涵。

东林人士作为士人的典型，作为儒家传统文化的载体，他们当然要追寻精神的超越。而且，诚如余英时的提示，他们走的也是"内在超越"的老路。关于这一点，我们只要看一下东林人士关于心性、循道、崇圣以及道德修习等方面的讨论和心得体会即可了然。

概括而言，正是由于东林诸子们念念不忘精神的超越，故而他们笃信道的永恒，表现出典型的价值理性认知特点。邹元标说："道非一人之道也，千圣之所总萃也，天地日月之所昭鉴也，鬼神之所炳灵也。考三王，俟百世，一以真精神为之流贯。千古在前，千古在后，非人所得与。"（《愿学集·友庆堂稿

---

① 钱穆：《文化学大义》，台北正中书局，1980年，第50页。

序》)徐如珂说："天不已则道不已，人心不变则道亦不变。"(《徐念阳公集·尧舜以来相传之意》)一般认为，儒家文化的道是儒家理想的道德价值与政治原则的概括，因而，精神超越的内在理路就是做圣贤，即回归于道。高攀龙指出，读书而不志于道者，只是把读书看作求取功名富贵的手段——"以为非是不得工文词、取科第而致富贵"，这里当然谈不上超越的问题。只有那些读书而力求做圣贤者，才能达到精神上的超越。高攀龙说："无论天下之物，无一非吾所有，即吾之形躯，且如朽株块坏，与吾无与。而吾之所以为吾者，何物乎？不知吾之所以为吾，乃所谓道也。"(《东林书院志·诸贤轶事》)这里说的超越问题，在高攀龙看来就是道与俗的关系："如其道则道矣，非其道则俗矣。道与俗之相去如天渊。"(《东林书院志·诸贤轶事》)

从政治文化角度看，完成内圣，在心态及精神上与道合一，并不是精神超越的终结，"内圣"之后是"外王"，东林人士们还要以学致用，超越性的道德价值还要在实践的层面上与行为选择相一致，完成道德的回归。这一认识要点体现在东林志向之中，就是他们奉为治学金科玉律之一的致用之学，讲求事学合一，学政合一。当东林诸子从道德精神的倘佯中回到现世社会，汇聚到帝王的殿堂，他们不得不面临着两个最具现实性的问题。其一，如何解释个人与君权的关系；其二，如何调处道与王的关系。

关于个人与君权的关系，东林诸子禀受儒学的尊君传统，坚定不移地匍匐在了君主的宝座下。他们在观念上严守君臣等级的原则，如李应升说："臣闻分莫严于君臣，礼莫重于朝祭，罪莫大于不敬。此三者，尽人而知也。"(《落落斋遗集·谨平心参驳以折凶锋疏》)他们认定君主是天人之本，更是天下治乱之源。李应升亦有言："君心者，治乱之源，源之既清，流于何有？"(《落落斋遗集·以备圣时采择疏》)东林诸子从儒学传统的重民思想出发，承认"人心为天心之本"，这是"民本"认识的一种表述。可是，民的头上还有君，所以李应升说："皇上一心，尤天下人心之本"(《落落斋遗集·明政刑以答天眷疏》)。东林人士的终极抉择是君本。

正是基于上述认识,东林诸君认定君主是天下的最高主宰,君权的权威至高无上,君主在政治上一言九鼎,要绝对尊从。如赵南星说:"惟皇上为天之子,万邦黎民皆皇上之子;惟学能感父,惟父能率子。"(《赵忠毅公文集·复陈侍御整颓纲疏》)又:"国是者,皇上之国是也,惟皇上能定之。皇上一身,天下之大纪纲也,振之自皇上始。"(《赵忠毅公文集·定国是正纪纲疏》)"盖臣等虽焦心苦思,不如皇上一念足以孚格苍穹;臣等虽敝吻燥舌,不如皇上之一言足以鼓舞四海;臣等虽鞠躬殚力,不如皇上之一举动足以维新宇宙。"(《赵忠毅公文集·复陈侍御整颓纲疏》)既然君主的权威如此巨大,作用如此重要,那么,君主就不仅仅是人类社会的政治保障,而且尊君如同敬神、尊亲一样,是人类社会得以存在的必要条件。否"则人类绝矣,而天地毁矣"(《赵忠毅公文集·玉皇庙记》)。

东林人士尊君不只是一种理性的选择,而且充满着感恩戴德的忠君情感。高攀龙以君、亲并论曰:"君子举念而不敢忘其亲,念吾之一视一听一言一动者,皆亲身也。举念而不敢忘其君,念吾一饮一啄一卧一起者,皆君恩也……故曰,令人油然起忠孝之心焉。"(《高子遗书·周氏族谱序》)赵南星的表达更真诚:"臣等受皇上之高爵,享皇上之厚禄,每念时事至此,未尝不涕泗交集也。"(《赵忠毅公文集·复陈侍御整颓纲疏》)东林人士真不愧为传统士人的典型,他们在政治观念上坚守儒学内蕴的君权至上价值准则;在政治实践中又形成了诚挚的忠君情感。据此可知东林人士之尊君是表里如一、彻头彻尾和坚定不移的。

关于道与王的关系,即理想的政治原则、道德价值与实际君权的关系,东林人士秉承了儒学传统中最优秀的部分,他们要用道来约束王。他们的人生志向、政治理想、治学宗旨以及笃守价值合理性、成圣意识等等,均从不同角度不同层面促使他们在道王关系中做出这样的选择。于是他们常常进谏,态度时而激昂,给君主提出种种要求,匡正其非。例如,赵南星要求君主克己:"人主何可以不克己也。一念之正,鬼神畏敬;一念之邪,其祸无涯。"(《赵忠毅公文集·唐太宗》)"一念猛省,则必敬天地,必法祖宗,必礼大臣,必纳忠言,必念草木昆虫胥赖皇上以为命,皆生爱惜,何况于人。"(《赵忠毅公文集·复陈侍御整颓纲疏》)赵南星强调一个必字,表明在以道制约君主的问题上,他是颇为自信的。再如,黄尊素要求君主以道的标准来衡量臣下政见。他举出伊尹为例:"臣闻伊尹之告太甲曰:有言逆于汝心,必求诸道。有言逊于汝心,必求诸非道。夫言不论逊逆,大略轨诸道而后止。"(《黄忠瑞公集·劾阉人魏忠贤疏》)黄尊素的真正意见是要君主遵守道,以道的标准来评判是非。这样的例证极多,俯拾皆是,兹不一一列举。

东林诸子像历史上大多数士人一样,他们以道义标准制约君主,批评君主的目的是为了君主的根本利益,他们相信儒家传统的"大忠""大孝"理论。《孝经》有言:"昔者天子有争臣七人,虽无道,不失其天下……故当不义,则子不可以不争于父,臣不可以不争于君。"(《孝经·谏诤》)赵南星亦言:"古人不云乎:君虽至尊,以白为黑,臣不能从;父虽至亲,以黑为白,子不能听。是以大舜不逼皋陶,九官十二牧不阿君父。在位者存舜与皋陶、九官十二牧之心,则声称著于天下,福祉流于子孙矣。"(《赵忠毅公文集·重人》)

显而易见,质言之,东林人士不幸把孟子、荀子的话当了真。在先秦时代政治中心多元化的特殊历史条件下,孟子、荀子大讲"道高于君",孟子要臣敢于对不义之君开杀戒,或"易位",或放逐。荀子也要臣敢于以死相谏,或者强矫君命,以救国之大难。这些言论不无危言耸听之处,却也并无大碍。至多招致君主不爱听,不待见,"王顾左右而言他"(《孟子·梁惠王下》)而已。

进入秦汉以后,在大一统的帝国建制条件下,许多聪明的士人并不把孟、荀所论当真。盖此一时,彼一时,秦汉以降的官僚制中央集权君主政治条件下,比不得春秋战国的动荡年代,君主与士大夫之间已经没有了游离或选择的空间。士人一旦介入体制便镶嵌于其中,动弹不得。"道"已经与帝王结为一体,成为君主的工具,焉能为士人所用乎!东林人士不谙其中道理,他们"宗极孔门正学",偏要将"道高于君"付诸实践,然而这只是他们自己的一厢情愿。东林人士一心要尊君、忠君,他们一心扑在君父百姓上,又要用自己信奉的道义原则约束君主。只有当他们理想中的种种原则和准则在实际政治生活中得以实现,得到社会成员的普遍认同,他们的精神超越才可以算是功德圆满。为此,他们希望能够生逢盛世,得遇明君;君能广开言路,从谏如流。正如顾宪成的要求:"夫惟皇上超然远览,穆然深思,凝然独立,反躬责己,端本澄源。无论大臣、小臣、近臣、远臣而皆视之为一体,无论讽谏、直谏、法言、巽言而皆择之以用中。"(《泾皋藏稿·以端政本以回人心事疏》)君臣上下相互沟通,融洽和谐,君臣遇合,以正本清源。如徐如珂说:"自臣言之,则为一念爱君之心,自君言之,则为惓惓望治之心",君不"上亢",臣不"下抑",君臣"上下志同,此泰之所由致乎"。(《徐念阳公集·上下志同策》)为此他们羡慕历史上那些明君贤臣,李应升就说过:"唐宗、魏徵可谓君臣相遇,千载一时矣。"(《落落斋遗集·敢言之气疏》)

东林诸君能知行合一,无论颠沛、造次,能终身践行其所学所思。诚如唐君毅所言:"东林之以节义讲学,而更自躬行节义,则代表一明学之特殊精神。此讲节义之学于先,更躬行之于后,即以其身之行,为其所讲之学之见证,以见其所讲者之不虚。东林之士之殉难也,亦必先言其所是所非,申其所谓君子小人之辨于天下,以抗死力争其义之所在。"[①]然而,愿望毕竟不是现实,实际政治生活中的君和臣鲜能"不至暌隔",于是东林人士只有在循道、尊君、强谏、谪居、复起的环形路上周行不已。他们戒慎恐惧、锲而不舍,一心要在道与王之间寻觅精神超越的终点。

如果我们仅就东林人士们意欲超越的精神内涵来看,所谓尊君、匡君、循道无一不是理想的政治原则和道德价值,崇圣是尊君的理想表达形式,"圣王之治"是儒家理想的政治局面。因而,凡尊君、以道制约君主等实际上正是道的基本要求。如果说,循道的过程意味着东林人士的精神超越过程,

---

① 唐君毅:《中国哲学原论·原教篇》,中国社会科学出版社,2006年,第299~300页。

那么,其中内涵的尊君和以道制约君主便是精神超越的特定的落角,它规定了循道的抛物线必然指向君主政治,精神超越的终点不在精神的云端,而在帝王的殿堂。

由于君主政治的实质是君主的权力不受任何形式的有效制约,君主政治的程序性权威和制度性权威总是远逊于君主个人的权威,总要受到政治权力最高执掌者个人权威的控制和干扰。因之,君权不论处于正常状态,还是处于变异状态①,其中内涵的专制性质和至尊地位总是不变的。在这种情势下,东林人士的理想性超越是难以完成的。

在循道的过程中,在追循理想的精神活动中,东林人士是思想上的巨人,他们壮志凌云,气吞山河,高举着"为万世开太平"的旗帜,寻求理想价值的兑现。然而,一转入现实政治,他们马上回缩成了侏儒,在至尊至上的君权面前,他们又能有多少主动呢?有时,我们也可以看到他们的巨人气概,他们抗章强辩,宁折不弯,但他们的侏儒心态亦清晰可睹,随处可见。

冯从吾说:"仁者以天地万物为一体,只在心上论,不在责任上论。责任所在,无论山林不得侵庙堂之权,即庙堂之上,钱谷亦不得侵甲兵之权。一体之心虽同,而所居之位不一,素位而行,不愿乎其外,此之谓君子而时中,此之谓以天地万物为一体之学。"又说:"天下事各有职分,一毫越俎不得。只是讲学一事,无论穷达,人人都是当讲的,人人都是有分的。"(《冯少墟集·河北西寺讲语》)冯氏讲得很清楚,"讲学"即在思想道德领域,没有界限,无所谓"越俎",循道者可以理直气壮。一入庙堂,就要安于职分,恪尽职守,循道者小心翼翼,不得"越俎"。而且,"山林不得侵庙堂之权"。这种"行不越俎""思不出位"的行为选择,显然是侏儒心态的表露。所以高攀龙凿凿而言:"一入仕路,便不得自由!欲归不能,开口不得,致君无术,聊修职事而已。"(《高子遗书·答邹忠余》)在至高无上的政治权力面前,循道者往往只有无奈。这种

---

①　变异状态指的是权臣、后妃或内臣掌控王权的状态。

心态连自称有"忧世癖"的顾宪成也曾有所流露。《小心斋札记》卷十六载:"近作一热心事,适有巨室之仆为梗,竟做不成,而被冤者更罹荼毒,殊以自悔。既而思之,人间事尽多不平,如何一一管得? 却又哑然自笑也。书以志予过。"

然而,东林诸君毕竟志向高远,有孔夫子称之为"守死善道"的特点,他们心中虽然惴惴,戒慎恐惧,却也不惜得罪"巨室",要大张旗鼓地"清君侧"。孰料君侧未清,已入罗网,这时,他们只有将一线希望寄托在君主身上:"臣罪应难赦,君恩本自宽";"生还何敢望,解网颂汤仁"(《碧血录·李仲达先生就逮诗》)。此外别无良策。

东林诸子追循纯真道德,洞解生命价值,他们确实向往着理想价值的精神超越。然而,儒家传统的"道"的理想没有把这种超越导向纯道德的精神空间,引向主体性的道德完善;而是引向了人间、抛进了君主政治的庭院。于是,正如前面所析,东林人士无法摆脱君主政治的束缚,他们的超越必然扭曲变形。他们只有退而求其次,"超越"不成,只求"超脱",他们只好满足于精神胜利。天启六年(1626年)三月,缪昌期就逮,途经吴锡,与高攀龙诀别。攀龙"从容语公(指缪昌期)曰:'我辈处常胜之局。小人败,我辈胜。我辈败,青史上毕竟我辈胜。'"(《从野堂存稿·附录·文贞公年谱》)通达如高子、缪公者,也只能从生命的历史永恒中寻求精神的慰藉。

不过,在信念上,东林诸君始终坚持着道德理想的永恒不灭,正是这一点信念,造就了东林诸君的高尚气节和崇高道德境界。这也是他们给中华民族留下的最有价值的精神财富。天启五年八月,"毁天下东林讲学书院",高攀龙有诗凭吊曰:

> 蕞尔东林万古心,道南祠畔白云深。
> 纵令伐尽林间木,一片平芜也号林!

何其壮哉!

中国近代著名教育家、工学先驱、国学大师唐文治(1865—1954)先生在《重修无锡东林书院碑记》中论及:"人生当世,气节而已矣。有气节而后可以擎天柱地,维人心世道于不敝","东林之气节,岂非千古不朽者哉","故吾谓欲维今日之人心世道,惟在讲明气节。而激励气节,必师法东林诸贤"①。信哉斯言!东林党人用他们的悲壮结局昭示来者,在权力私有的政治条件下,人们最后拥有的可能只是一缕精神。然而,恰恰是这一缕精神的延绵不绝,引导着人们摆脱愚昧和偏狭,为民族文化的精神超越寻觅新的落角。

---

① 唐文治:《重修无锡东林书院碑记》,载《茹经堂文集六编》卷七,上海书店 1996 年版。

主要参考文献

一、著作

1.[德]马克斯·韦伯:《经济与社会》(上卷),阎克文译,上海世纪出版集团,2010年。

2.冯友兰:《中国哲学史新编》第五册,人民出版社,1988年。

3.高亨:《周易大传今注》,齐鲁书社,1979年。

4.[日]沟口雄三:《中国前近代思想的演变》,索介然等译,台北国立编译馆,1994年。

5.侯外庐等:《宋明理学史》(下卷),人民出版社,1987年。

6.黄仁宇:《万历十五年》,中华书局,1982年。

7.蒋伯潜:《十三经概论》,上海古籍出版社,1983年。

8.[德]康德:《判断力批判》(下卷),韦卓民译,商务印书馆,1987年。

9.[德]康德:《实用人类学》,邓晓芒译,重庆出版社,1987年。

10.[英]罗素:《西方哲学史》(上卷),何兆武、李约瑟译,商务印书馆,1963年。

11.钱穆:《文化学大义》,台北正中书局,1980年。

12.容肇祖:《明代思想史》,开明书店,1941年。

13.沙莲香:《中国民族性》(一),中国人民大学出版社,1989年。

14.石介:《徂徕石先生文集》,中华书局,1984 年。

15.唐君毅:《中国哲学原论·原教篇》,中国社会科学出版,2006 年。

16.王天有:《晚明东林党议》,上海古籍出版社,1991 年。

17.王先谦:《荀子集解》,中华书局,1988 年。

18.[美]西摩·马丁·李普塞特:《一致与冲突》,张华青等译,上海人民出版社,1995 年。

19.谢国桢:《明清之际党社运动考》,中华书局,1982 年。

20.杨伯峻:《春秋左传注》,中华书局,1981 年。

21.余英时:《中国思想传统的现代诠释》,台北联经出版事业公司,1987 年。

二、文章

1.刘泽华:《历史研究应关注研究》,《人民日报》,1998 年 6 月 6 日。

2.刘泽华:《王权主义:中国文化的历史定位》,《天津社会科学》,1998 年第 3 期。

3.刘泽华等:《道、王与孔子和儒生》,《天津社会科学》,1987 年第 6 期。

4.葛荃:《中国传统制衡观念与知识阶层的政治心态》,《史学集刊》,1992 年第 3 期。

后 记

　　《晚明东林党人政治精神研究》是我的博士学位论文。2000 年由浙江人民出版社出版。据悉书卖得差,这倒也在意料之中。博士学位论文的学术含量较高,受众范围狭窄。然而非此不能成文。

　　关于东林党的研究,国内学界当属谢国桢的《明清之际党社运动考》(中华书局 1982)、王天有的《晚明东林党议》(上海古籍出版社 1991)、日本学界小野和子的《明季党社考》(东林党と复社,同朋舍出版 1996)最为著名。这些著述当然被我被列入学位论文的参考文献。不过,诸前辈的研究集中在东林党事件本身,以明代党争作为主要切入点,均属于比较典型和成熟的历史研究。以现代政治文化理论作为方法论,剖析东林党人的政治精神则是全新的视角。我禀受南开师教,知悉南开史学研究的要求谓之"三新",即题目新、史料新、观点新。嗣后诸多历练,又有所感悟,以为方法论的创新是学术创新的重要推力之一。本书采用现代理论方法,必然超越前贤,多有推新之论。将东林党人的政治精神展现给读者,用为当代中国思想与精神的历史参照,或有助益。

　　1984 年 12 月硕士生毕业,留校到刚刚组建的政治学系教书。此后十年,无非是上课、编书、作文章。颇有收获,倒也没觉得博士学位有多么重要。再者,业师泽华先生由于某种原因没有获得博导资格,先生确曾要我报考历史系的老先生,具体可由他来指导。但我总觉得拜师学艺总得要个名分。孔子早就说过的,"名不正则言不顺"嘛。遂向先生表明,如果老师的博导资格下不来,学生就不读博士了,学问还不是照样做。这样一拖十年。1994 年,先生终于可以招收博士生了,遂以南开大学首届在职生攻读博士学位。晚虽晚矣,却也心安,至少在师门可以吹吹牛:作为泽华恩师的首届硕士生和首届博士生,何其幸运哉!

　　博士论文选择"晚明东林党人的政治精神研究"为题,主要是基于下面的考虑:我在研究中国政治文化过程中,陆续发表了几篇文章,自以为掌握了一定的研究方法,故此对中国传统政治文化做一个"个案研究",以此验证我所认定的方法论是否适宜。1987 年全国第一届政治文化学术研讨会在吉林大学召开。关于中国政治文化的界定,有三种观点。一是以中国社会科学院历史所的黄宣民教授为代表,认为中国传统文化本身具有强烈的政治性,中国传统思想与文化就是政治文化。二是以中国人民大学的王乐理教授为代表,肯认政治文化研究的现代性,指出政治文化是现代美国政治学理论,研究的对象是当下的行为着的人,与中国传统社会、文化等无关。三是以泽华师为代表,认为政治文化是现代政治学理论,这种理论可以作为"方法论"来研究中国传统社会、政治与文化。基于这样的认识,我以为东林党人实是传统士人的代表,堪为儒家思想文化传统最正面的展现。学界多有研究魏晋士人者,特别器重玄学竹林派诸君。但这类士人是传统士人中的特例。东林人士却是传统士人中君子人格的代表者,他们无限尊君,又秉持儒家道的理想,倚为匡正君主、抨击奸佞的依据。最终遭到全面打压,两次诏狱,横遭惨灭。但却依然忠心耿耿,所谓"雷霆雨露,俱是君恩"。其学养与心态,行为与精神,笃定可以作为传统政治文化研究的典型案例,以此探究中国传统政治文化的内在里路和传承密码。

　　此次重新整理出版,增加了些许征引文献,表述上也有所订正,但基本维系了原貌。感谢天津人民出版社总编辑王康女士的鼎力相助,使得拙作再次出版!感谢责编郭雨莹女士的辛劳,使得本书得以顺利问世!

欢迎学界达人批评指正。

葛荃于巢舍

2019 年 6 月 16 日